D'OR ET DE SANG

CATHERINE HERMARY-VIEILLE

La malédiction des Valois

D'OR ET DE SANG

roman

ALBIN MICHEL

© Éditions Albin Michel, 2016

*Pour mes professeurs
qui m'ont fait aimer l'Histoire.*

1

Orléans, dix-huit octobre 1560

Depuis des semaines, la ville d'Orléans prépare l'entrée solennelle du roi François II et de la reine Marie Stuart. Le long de l'itinéraire que doit suivre le cortège royal, les portes des boutiques ont été repeintes de couleurs vives. Accrochés aux fenêtres, des drapeaux, des oriflammes claquent au vent.

Les parvis de la cathédrale Sainte-Croix, des églises Saint-Pierre, Saint-Aignan, Sainte-Euverte ont été débarrassés des mendiants qui s'y pressent. Il faut rassurer le roi, lui prouver par le faste de l'accueil qu'on s'apprête à lui offrir que le peuple le soutient contre la perfidie des Bourbons-Navarre, responsables des incessantes révoltes des huguenots dans le sud-ouest du royaume. Les ordres qu'il vient de donner de les combattre sans pitié sont justifiés. Les hérétiques sont des traîtres, non des chrétiens.

Le duc d'Aumale, frère du duc de Guise, est déjà à Orléans. Il assure la protection de la ville par la présence de sept mille cavaliers et huit mille hommes d'infanterie. Il a désarmé et renvoyé la garde civile habituellement chargée d'assurer la haie d'honneur lors des entrées solennelles, à la grande humiliation de celle-ci. Les remplacent deux cents gentilshommes, la compagnie des arquebusiers à cheval, les quatre cents archers de la garde et quelques centaines de suisses. On va accueillir, fêter le roi de France, faire carillonner les cloches, profiter des réjouissances publiques dans une ville occupée militairement.

Aujourd'hui, à l'approche du cortège royal, on ne pense plus aux menaces qui pèsent sur le royaume. Les entrées solennelles sont suivies de nombreux divertissements, de distributions gratuites de vivres et de vin, de bals, de charivaris. On mange, on boit, on s'étourdit.

L'entrée dans la ville du cortège royal par un temps doux et ensoleillé est si fastueuse que les plus alarmistes, les plus bilieux se déridant. Le couple royal est précédé par des hallebardes, des piqueurs vêtus de bleu et d'argent, par les membres des différentes corporations déployant leurs bannières, les représentants de la justice et de l'université, les échevins arborant leurs clés.

Au pas lent de son cheval, le roi avance entouré de ses suisses et des gentilshommes de sa maison. Vêtu de blanc et d'or, coiffé d'un bonnet de velours cerné de sa couronne royale, le jeune souverain étonne la foule par sa prestance. On le disait souffrant, malingre, et on découvre un beau jeune homme, haut de taille, au port majestueux.

Mais l'enthousiasme est porté à son comble à la vue de la reine Marie qui, bien que vêtue avec richesse, montre un visage avenant sous la couronne à fleurs de lys. Son radieux sourire, sa grâce, sa prestance lèvent des cris d'enthousiasme. La petite reine d'Écosse, la reinette née à Linlithgow mais élevée à la cour de France, est devenue leur reine. Comment ne pas comparer son charme juvénile au manque d'attraits de la reine douairière, Catherine de Médicis ? Si Dieu le veut, Marie fera un fils au roi qui aura l'élégance des Valois et la vitalité guerrière des Guises, sa famille maternelle*.

Les fêtes achevées, le couple royal ne s'attarde pas à Orléans cernée par l'ennemi. On va rejoindre le Val de Loire, sa quiétude, sa blondeur automnale. Marie a bien espoir que François se rétablisse. Il souffre moins, reprend même des couleurs. Il faut avoir foi en l'avenir. Elle va revoir Loches, Chenonceau, Valençay, des lieux où la beauté, la douceur de vivre sont reines. En ces jours de liesse, Marie ne pense qu'à jouir de son bonheur.

Orléans, deux décembre 1560

La nuit tombe tôt en décembre. Un crachin persistant jette une humidité glaciale dans les sombres et tortueux couloirs du château d'Orléans, les chambres trop vastes où fument les cheminées.

Depuis seize jours, le jeune roi agonise sur son lit. Il n'a pas encore dix-sept ans, mais le teint livide, les cernes violacés, les lèvres desséchées, autant de marques d'un prochain trépas, lui donnent l'aspect d'un vieil homme. Un instant la souffrance s'apaise avant de revenir, plus lancinante encore. L'abcès de l'oreille interne a gagné le cerveau. Les maux de

---

* Le lecteur trouvera en fin d'ouvrage des arbres généalogiques.

tête, les douleurs semblables à des coups de lance dans le conduit auditif lui arrachent des cris ou une plainte sourde, plus terrible encore dans sa persistance.

Autour de lui sont rassemblés quelques-uns de ses oncles Guise, chefs de la puissante famille lorraine, la reine Marie et la reine mère Catherine. Un vague sourire tire la joue balafrée du duc de Guise. À quoi songent-ils les uns et les autres ? À cette jeune vie qui s'achève ou à leur propre destin ? François mort, les Guises savent qu'ils perdront une grande partie de leur influence. Catherine n'osera pas les éloigner, mais elle se tournera vers le chancelier Michel de L'Hospital après avoir écarté d'un revers de main ses cousins Antoine de Navarre et Louis de Condé, toujours en attente d'une exécution pour trahison. Mais les Guises ne craignent guère ces princes du sang versatiles, tantôt catholiques, tantôt parpaillots, selon leurs intérêts personnels ou les pressions exercées sur eux. C'est la reine mère Catherine de Médicis qu'ils redoutent. Muette sous ses voiles noirs, elle garde un œil sur son fils mourant tout en échafaudant des plans. Cela se devine à son air absent, ses lourdes paupières mi-closes. L'araignée tisse sa toile. Une fois Charles sur le trône, elle s'emparera de la régence. L'enfant n'a que dix ans, elle a des années devant elle pour imposer ses vues, mater ses opposants, les neutraliser par la flatterie ou en exacerbant leurs ambitions. Elle cherche un équilibre entre les catholiques et les protestants, non par sympathie pour ces derniers mais pour maintenir l'ordre dans un royaume qui appartient à sa seule famille. Elle vante bien haut ce qu'elle hait tout bas et fera son possible pour attiser les haines entre Guises et Bourbons. Lorsqu'ils se déchireront, elle régnera. Charles est un enfant, mentalement et physiquement fragile, secret, mélancolique, capable de subits accès de violence. Mais il a confiance en sa mère, elle le dominera aisément.

La reine Marie Stuart est la seule à se pencher sur son trop jeune mari avec tendresse, à chuchoter quelques paroles de réconfort, à essuyer son front à l'aide d'un linge imbibé d'essence de rose. François mort, elle perdra tout, ne sera plus reine de France, à peine reine d'une rude Écosse dont elle ne garde que de vagues souvenirs. Que deviendra-t-elle ? Les Guises, ses oncles, leur mère Antoinette de Bourbon, sa chère aïeule, la recueilleront, bien sûr. Mais sans influence, sans intérêt politique, elle sera condamnée à une vie effacée à Grand Jardin, le domaine des Guises, comme à Paris ou dans un des châteaux de Touraine dont elle héritera comme reine douairière. À dix-huit ans, elle se fondra dans le décor et devra obéir à une belle-mère qui ne l'aime pas.

En posant ses lèvres sur le front où ruisselle une sueur glacée, Marie a peur. Le roi pousse un cri affreux. Ses doigts se crispent sur les draps. Il ne voit que sa femme, son premier et dernier amour. De sa mère il aperçoit une silhouette épaisse drapée de noir. Elle l'aura vite oublié. Quoique son premier-né, il n'était pas le préféré. Tout l'amour de Catherine de Médicis va à son troisième fils, Henri. Elle éprouve une vague affection pour Charles et est indifférente à Hercule, son petit dernier, aussi pataud et laid qu'Henri est svelte et beau. Il n'a que huit ans et déjà des prétentions, de l'arrogance, de la fatuité.

François ferme les yeux. Pour un instant, tapie au fond de son cerveau, prête à éclater à tout moment, la douleur s'est apaisée. Il n'a de regret que celui de quitter Marie. Ses oncles pourront-ils la protéger ? Il revoit Amboise, le massacre, la file des corps des huguenots pendus aux fenêtres du château avec leurs langues pendantes bleuies, leurs yeux exorbités. Marie sanglotait, se cachait la tête entre les mains pour échapper à ce hideux spectacle. Il se souvient de tout, surtout du regard fixe, indéchiffrable de sa mère.

À Blois, on préparait Noël : grand-messe, banquet et danses. Il grelottait. Il ne pouvait se moucher tandis que des humeurs visqueuses coulaient de son nez. Une inflammation des paupières rougissait aussi ses yeux. Marie le rassurait. Il n'avait pas fini sa croissance. Devenu homme, il en aurait terminé avec ces maux. Pour le moment, faute de mieux, elle se contentait de ses caresses au creux du lit.

La révolte avait éclaté, conduite secrètement par son cousin Condé. Sous les ordres de La Renaudie, un gentilhomme protestant, une armée allait s'emparer de Blois, massacrerait les Guises, captureiait le jeune roi pour le placer sous l'autorité de Condé. On lui ferait signer aussitôt un traité assurant la protection des huguenots dans tout le royaume de France.

Ayant reçu des informations sur cette conjuration, le duc de Guise avait transporté la cour de Blois à Amboise, un château bien mieux défendu.

Les hommes de La Renaudie étaient tombés dans le piège. Mort La Renaudie, massacrés les soldats, pendus les chefs rebelles en grappes le long des remparts et aux fenêtres du château, décapités chaque jour dans la cour d'honneur les gentilshommes, leurs têtes barbouillées de sang fichées ensuite sur des piques. On imposait la présence du roi. François avait des haut-le-cœur. Le sang l'étouffait, des rivières de sang qui débordaient durant son sommeil pour le noyer. On lui avait vivement reproché ses larmes. Même âgé de seize ans, un roi doit se montrer imperturbable, un roi n'a pas de pitié pour les traîtres, pas d'émotions face à leurs supplices. Mais un roi peut-il éloigner les cauchemars ? Les pendus, les décapités semblent l'attendre. Ils tendent vers lui leurs doigts aux chairs becquetées par les corbeaux. Les faces aux lèvres dévorées ricanent. François hurle. Le crachin est devenu pluie. Il fait si sombre dans la chambre royale que la reine mère ordonne qu'on allume des chandelles. Sous la lueur tremblante, la fraise qu'elle porte autour du cou met en évidence les bajoues, les lèvres épaisses et les profonds sillons qui les entourent : amertume ? colère ? souffrance, impossibilité d'oublier le désamour d'un mari adoré, fou de sa belle maîtresse, Diane* ? François se souvient de son ravissant visage, de la tendresse qu'elle portait à leur fratrie. L'une était lumière, l'autre ombre déroutante, parfois menaçante, rarement protectrice. Une femme en attente, résolue, attentive, silencieuse.

Son visage tout proche de celui du mourant, la jeune reine Marie croit entendre le mot « Père ». Voit-il devant lui ce père tant aimé, l'œil, le cerveau transpercés par la lance de Montgomery lors d'un fatal tournoi donné pour les fêtes de mariage de sa sœur ? Entend-il mêlés aux siens ses râles de douleur et d'agonie ? Durant douze jours la mort avait patienté, durant douze jours la reine Catherine avait partagé les souffrances de son mari, heure par heure, minute par minute, dormant à peine, ne consentant à boire qu'un verre

---

* Diane de Poitiers.

de vin de temps à autre. Ce qu'elle avait gardé de jeunesse, de gaieté, d'entrain sombrait à jamais. Mais elle survivrait. Débarrassée de son image de femme obéissante, elle pourrait enfin commander. Son corps avide de plaisir s'exténuerait dans les veilles consacrées au travail, à des journées de chasse, aux voyages, aux folies de l'apparat afin d'assurer à ses enfants un train de vie royal. La flamme amoureuse éteinte allait renaître autrement.

Catherine combat la somnolence, elle veille son aîné comme elle a veillé son mari, mais sans désespoir. Charles va être roi. Elle prendra la régence. Gouvernera. Ses astrologues, Simeoni, Gauric, Ruggieri et le juif Nostradamus, l'ont vue au pouvoir. Si elle n'a pas hâte que son fils meure, elle est impatiente de voir se réaliser leurs prédictions. Puisqu'il est impossible d'éliminer physiquement ses cousins Bourbons, elle ôtera toute influence à Antoine et à son frère Louis de Condé que la mort de François va sauver d'une exécution prochaine. Elle fera invalider la sentence. Il faut voir plus loin, plus subtilement, monnayer cher sa grâce.

Un brusque coup de vent fait refluer la fumée de l'âtre dans la chambre. Odeur de bois, de liberté, de feuilles mortes, de veillées heureuses au coin des flammes.

Le roi s'éteint après avoir murmuré : « Seigneur, pardon pour mes péchés. » Prisonnière dans ce corps d'adolescent, la souffrance s'est libérée.

2

Marie a pris sa décision, elle va regagner Édimbourg, régner en Écosse sur un pays déchiré par les luttes religieuses, en majorité hostile à son retour. Longtemps elle a réfléchi, mais il lui faut regarder la situation en face. Sa belle-mère lui montre une totale indifférence. Régente, elle va gouverner comme bon lui semble, avec ou sans les Guises selon ses intérêts, louvoyer entre catholiques et protestants.

De retour en Écosse, Marie devra apprendre à cohabiter avec les calvinistes strictement hiérarchisés dans leur communauté : les pasteurs sont au sommet de l'édifice, on trouve ensuite le Conseil des anciens puis les responsables de la police et de la discipline, les diacres en charge de l'organisation sociale. Consistoires, colloques et synodes exercent un contrôle rigoureux sur les membres de la véritable Église de Dieu.

Marie, reine d'Écosse, est prête à partir. On arme la flotte qui la conduira chez elle à Édimbourg sous le commandement du séduisant James Hepburn, comte de Bothwell, grand amiral d'Écosse.

Elle pense déjà à un mariage avec Don Carlos, fils de

Philippe II d'Espagne, qui lui rendrait sa grandeur. On le prétend difforme, pervers, mais on colporte tant de choses. À Édimbourg, elle recevra très vite l'ambassadeur d'Espagne.

Dans les campagnes de France, le vent huguenot balaye des régions entières, pénètre dans les vieux châteaux des hobereaux. L'or, les pompes catholiques, l'hypocrisie d'une élite casée dans l'Église pour le pouvoir et l'argent éloignent du papisme de plus en plus de chrétiens. Les prêches imposant une vie sobre, sans folies vestimentaires, bals et banquets, sans liaisons adultères, sans idolâtrie gagnent les cœurs. On s'assemble en groupes discrets, on se soutient secrètement, on se veut membre du petit troupeau appelé à la vie éternelle.

À la cour, l'hérésie s'implante. On chuchote que l'amiral Gaspard de Coligny, devenu huguenot, serait désormais l'allié du prince de Condé. Les enfants royaux eux-mêmes s'amusent à se moquer des catholiques. Alors qu'elle discourt avec le cardinal de Ferrare, légat du pape, Catherine voit leur petite cohorte pénétrer dans la salle d'audience, déguisés les uns en moines, les autres en évêques juchés sur des ânes. Effrayés par les chiens surexcités, les ânes braient, tentent de ruer. La reine mère éclate de rire. C'est trop drôle. Henri, en petit prélat vêtu d'or et de pourpre exhibant une énorme améthyste à l'annulaire droit, est irrésistible. Âgé de neuf ans, il est escorté par Margot, son jeune frère Hercule et les nains qui font mille pitreries. Catherine ne parvient pas à cajoler sa fille, une effrontée, coquette, trop avide de preuves d'amour. Ses élans l'agacent. Elle n'aimait pas que le feu roi Henri la prenne sur ses genoux pour la mignarder, l'appelant « ma petite femme ». Diane et Margot, deux voleuses.

Catherine s'obstine à croire en un accord possible avec les huguenots. Le colloque organisé à Poissy afin de trouver un terrain d'entente religieuse entre les deux communautés a cependant échoué.

Théodore de Bèze, délégué par Calvin, l'a trahie. Elle attendait de lui une écoute bienveillante, une attitude conciliante sur la question de la présence divine dans l'eucharistie. Il l'a niée sans qu'aucune discussion soit possible. Le culte des saints ? De l'idolâtrie. Le cardinal de Lorraine a bondi de son siège. La majorité des chrétiens, a-t-il clamé d'une voix furieuse, sont révoltés par les saccages perpétrés dans les églises. Théodore s'est contenté d'un large geste comme pour balayer ces enfantillages.

– Nous avons beaucoup perdu, madame, insiste le duc de Guise. Ce colloque a offert un statut aux huguenots. Ils vont redresser la tête et leur orgueil n'aura plus de limites. Vous rendez-vous compte qu'ils présentent un danger mortel pour la monarchie, pour votre famille ? Ne faites pas l'erreur de vouloir boire à deux fontaines à la fois.

Catherine est dépitée. Son aînée Élisabeth venant d'être unie au roi d'Espagne, il va lui falloir tourner casaque, se rapprocher des puissances catholiques. Pour les protéger de toute mauvaise influence, elle va éloigner Margot et Hercule à Amboise. Au Louvre, elle gardera auprès d'elle Henri dont elle ne peut consentir à se séparer. Ses petites effronteries lui passeront.

L'esprit tranquille, elle va continuer à louvoyer, à accorder aux protestants une liberté limitée. Ils pourront s'assembler, mais en dehors des villes, et devront restituer tout ce qu'ils ont volé dans les églises.

Le duc de Guise prononce quelques mots de politesse et salue. Il ne se sent jamais vraiment à l'aise au Louvre. On a l'impression que des regards ennemis guettent sans cesse une proie à abattre. En dépit des fêtes, des bals et des banquets, nulle joie de vivre n'habite ces murs. On s'épie. Les naines de Catherine sont à l'affût du moindre chuchotement pour le rapporter à leur maîtresse. Les serviteurs pullulent, certains efficaces, d'autres désœuvrés qui se chamaillent, courtisent les chambrières, crachent et jurent. On mange, on boit dans les couloirs, on se soulage aussi. L'odeur est fétide, tenace, elle évoque la pourriture et la mort. Dans ce lieu obscur, hanté, la reine mère passe avec ses voiles noirs, silhouette déjà obèse qui veut tout contrôler. Le jeune roi fait pitié, pâle, secret, renfrogné la plupart du temps. Mais il comprend bien des choses. Pour lui tenir compagnie, il a ses chiens, ses perroquets. Et il chasse jusqu'à l'épuisement, sonnant du cor, traquant le gibier de l'aube à la nuit.

Suivi par ses inféodés, le duc de Guise enfourche sa monture, il va passer quelques jours dans son hôtel du Marais avant de regagner à Joinville, près de Saint-Dizier, le château familial de Grand Jardin où l'attend sa mère. Ils parleront de la possible union de Marie Stuart avec Don Carlos que Catherine rejette avec violence. Il faut cependant remarier la jeune reine d'Écosse. À Édimbourg, elle s'enlise dans les querelles religieuses, les ambitions démesurées de ses nobles. Elle doit se montrer plus décidée, plus sévère.

Après le Louvre, Grand Jardin est un havre de bonheur et de paix. François de Guise y a rejoint sa mère, sa femme Anne d'Este enceinte de quatre mois et leurs enfants Henri, Catherine, Charles et Louis. Une grande famille élevée avec tendresse mais sans concessions. Aucun mensonge, jérémiade, mesquinerie n'y est toléré. Les garçons sont déjà d'intrépides cavaliers, d'excellents bretteurs. L'aîné, du même âge que le roi, s'entend bien avec le prince Henri de Valois. Lorsque ses parents sont à Paris, il passe de longs moments à la cour et s'initie à son rôle de futur chef de la maison de Guise. Si le Valois est médiocre cavalier, peu enclin aux exercices physiques, le Guise est audacieux, énergique. Mais les deux jeunes garçons se retrouvent dans leur idéal du beau, leur ambition de fuir les banalités. Henri de Valois souffre de n'être que le second fils, de devoir obéir au roi son frère Charles qu'il juge hypocrite et lâche. Quelle image avait-il donnée du pouvoir royal quand, à la fin du mois de décembre, des protestants, furieux d'entendre la voix de leur pasteur couverte par la sonnerie des cloches de l'église Saint-Médard, avaient fait irruption dans le chœur, brisé les statues, les vitraux, jeté les hosties aux chiens, pillé la sacristie, déchiré les chasubles et autres ornements sacerdotaux ? Le prêtre avait été massacré ainsi que de nombreux fidèles. Il y avait eu cinquante morts. Au grand mécontentement des Parisiens, Charles IX avait refusé que quiconque fût arrêté. Une impardonnable faiblesse. On regrettait amèrement que le duc de Guise ne fût point à ce moment-là dans son hôtel parisien. Lui aurait réagi sans tarder.

À Grand Jardin, lorsque François de Guise apprend le massacre, il méprise la régente un peu plus encore. Croit-elle qu'en faisant semblant d'ignorer leurs violences, elle va amadouer les protestants ? Ne comprend-elle pas que ses ruses florentines sont impuissantes à contenir un groupe aussi déterminé, formé de gens hautement intelligents et agressifs ? Sa famille et lui ont vu naître et grandir le monstre. Si on ne veut pas qu'il mette le royaume à feu et à sang, il faut l'anéantir au plus vite, ne plus parlementer ni louvoyer. Catherine ne voit-elle pas que les huguenots se moquent de ses tergiversations ? Croit-elle qu'une fois majoritaires en France, les maudits suppôts de Calvin épargneront les catholiques ? Lui voit la situation en guerrier, pas en philosophe. En montrant de la tolérance, de la compassion, on sape le royaume de France.

Début janvier, une neige épaisse ensevelit l'admirable parc de Grand Jardin. François de Guise a longuement réfléchi. En dépit du mauvais état des routes, il doit regagner Paris avec sa famille, montrer aux Parisiens qu'il existe une autorité vers laquelle se tourner. Les huguenots veulent se défendre au nom de Dieu ? Eh bien, qu'ils se disent que c'est Dieu lui-même qui les attaquera. Ses espions l'avertissent sans cesse de conspirations visant le pouvoir royal. Père de fils solides comme des rocs, de haute taille, François de Guise considère avec pitié les rejetons royaux. Charles a les jambes courtes, il est malingre, tousse, se jette dans des activités physiques débridées qui l'épuisent. Y cherche-t-il un moyen de se persuader qu'il est déjà un homme ? Ce malheureux roi ne vivra guère plus longtemps que son aîné François. Ce sera alors Henri qui régnera. Sur ce garçon, il demeure plein de doutes : trop narcissique, trop précieux. À onze ans, il exerce sur sa sœur Margot et le petit Hercule une influence absolue. Certes, il charme, mais chez lui tout semble être calcul.

Catherine le gâte outrageusement, aime à le faire beau, à le pomponner. Elle lui offre des vêtements somptueux, des bijoux, des chiens de grande race. Henri aime accompagner sa mère chez ses fournisseurs d'eaux de senteur mais également d'onguents pour blanchir la peau, d'élixirs purifiant l'haleine. Ces escapades les lient un peu plus étroitement encore, du moins la reine mère le croit-elle.

Quoique en meilleure santé que son aîné, Henri a une fistule au coin de l'œil, de fréquentes éruptions d'eczéma. Quant à Hercule le petit dernier, c'est un nabot au nez épaté, à la peau ravagée par la petite vérole. À six ans, il a des colères froides dues à une jalousie exacerbée envers ses aînés. Il les boude, querelle ses chiens, ses nains, ses valets. Il aime casser, détruire ses jouets, les poupées de Margot. La petite lui préfère Henri. C'est une jolie enfant enjouée, affectueuse, mais prétentieuse et coquette. Elle aime plaire, être complimentée, admirée. La reine mère ne considère sa cadette qu'en pion sur un échiquier politique, donc matrimonial. Elle a marié Élisabeth au roi d'Espagne, Claude est promise au duc de Lorraine, cousin des Guises. À qui mijote-t-elle de donner Margot ? Les Guises songent à Henri, leur propre fils. Une alliance qui les réinstallerait en maîtres au Louvre, leur ferait retrouver tout le pouvoir perdu avec la mort de François II.

Le duc de Guise, Anne d'Este sa femme, leur aîné et le frère du duc, le cardinal de Lorraine, sont prêts pour le voyage. Les plus jeunes enfants restent à Grand Jardin sous la protection de leur grand-mère. À cause de la grossesse d'Anne et du froid, ils progresseront à petites étapes. De Saint-Dizier ils gagneront Wassy où ils dormiront, puis Vitry-le-François, Châlons, Meaux et enfin Paris. Une semaine de voyage. Des gentilshommes, une centaine d'hommes de troupe les accompagnent. Guise ne veut exposer sa famille à aucun danger. Par ailleurs il n'en conçoit guère car il sait se montrer tolérant. Dans son duché, les protestants peuvent dire leurs patenôtres et chanter leurs psaumes, pourvu qu'ils se tiennent à l'écart des villages, dans des lieux où ils n'importunent personne.

Le cortège s'ébranle, deux voitures pour la duchesse et ses dames, des chevaux pour le reste du groupe. Une carriole suit, chargée du strict nécessaire aux voyageurs. Le duc et les siens feront étape dans des châteaux amis, mais la plupart des gentilshommes devront se contenter de logements de fortune. Quant à la troupe, elle couchera dans des granges, des bergeries, des écuries. On transporte des barils de vin, du lard, des pois, des épices et de la viande salée. Le reste – légumes, pain, fromages – sera réquisitionné chez les paysans.

Wassy n'est plus loin. Des Parisiens, Guise a déjà reçu un message. Si le duc n'amène pas assez d'hommes pour les défendre, ils sont prêts à en fournir vingt mille.

– Monseigneur, les protestants se sont assemblés dans une grange, à deux pas de l'église, annonce un page.

Guise sait qu'il doit donner l'exemple d'une sévérité juste mais sans excès. Toute effusion de sang est potentiellement dangereuse, étincelle sur une traînée de poudre qui peut tout ravager.

– Va voir ce qui se passe, commande-t-il au page. Tu seras accompagné du sire de la Brosse et de ton ami allemand Scheleck. Armez-vous légèrement. Je ne veux pas que ces gens nous voient en ennemis prêts à les massacrer.

Il est exaspéré. À peine arrivé à Wassy, à une journée de route de Grand Jardin, et avant même d'avoir pu prendre gîte, le voilà face à une situation potentiellement dangereuse.

Bientôt le page réapparaît, le visage décomposé : dès qu'ils ont pénétré dans la grange, les huguenots se sont précipités sur eux, ont capturé le sire de La Brosse avant de le rouer de coups. Scheleck et lui ont réussi par miracle à s'enfuir. Légèrement blessé, son compagnon se fait panser.

Guise blêmit. La Brosse est le fils d'un de ses lieutenants. Comment ces gens-là ont-ils osé ? Escorté de quelques hommes, il se dirige précipitamment vers la grange.

Jeté devant le seuil, baignant dans son sang, le corps du jeune La Brosse gît sans vie.

Une colère noire submerge le duc. À la tête de sa troupe, il enfonce la porte. Une pluie de projectiles divers les atteint. Une pierre lui fend la lèvre, une autre le blesse au bras. Les soldats tentent tant bien que mal de se protéger, attendent les ordres.

– Barricadons la porte, hurle Guise, et défendez-vous, mes amis !

Les soldats dégainent leurs épées. Ces gueux vont voir ce qu'il en coûte de s'attaquer aux gens du duc de Guise.

Le reste de la troupe, armée de pistolets, est accouru.

Affolés, les huguenots cherchent à fuir le massacre. Ceux qui tentent de sauter par les fenêtres sont aussitôt abattus.

– Épargnez les femmes enceintes ! supplie Anne d'Este. Du fond de son carrosse arrêté devant l'église, elle a entendu les tirs et a compris qu'un carnage avait lieu à quelques pas.

Le duc baisse son pistolet. Cela suffit. Qu'on ouvre les portes et qu'on laisse sortir les survivants.

— Soixante-dix morts, constate le cardinal de Lorraine. Je ne prierai pas pour leurs âmes.

Le sieur Morel, gouverneur de la ville, huguenot lui aussi, est accouru. Effondré, il contemple les cadavres que les soldats entassent.

— Monseigneur, se défend-il face à la colère du duc de Guise, je n'ai fait que suivre les ordres. L'office s'est tenu aux limites de la ville.

— Juste à côté de l'église ? Tu n'es qu'un misérable, responsable de la mort des tiens. Qu'on le pende sur-le-champ, ordonne-t-il.

Soudain le duc croise le regard éploré de sa femme. Il étend la main en signe de paix.

— Jetez-le en prison. Il sera jugé.

Il ne s'arrêtera pas à Wassy, sa famille n'y serait pas en sécurité. Il faut gagner Nanteuil où les Guises possèdent un château. Reprendre souffle. Le récit de cet incident va parvenir à Paris avant lui. Catherine de Médicis accourra chez son fils afin de l'inciter à sévir. D'un moment à l'autre, Théodore de Bèze, le zélé calviniste, va se précipiter au Louvre, cracher son venin sur les Guises, tous à fourrer dans les chaudrons du diable. Et les pays protestants l'appuieront, exciteront le roi. On ne parlera plus du meurtre de La Brosse, de la volée de pierres qu'il a reçue en plein visage, on évoquera les pieuses femmes, les enfants et les vieillards sauvagement assassinés au milieu de leurs prières. Mais pour François de Guise, il est hors de question d'entrer la tête basse dans Paris. Il doit marcher en vainqueur, accepter les vingt mille hommes proposés par les Parisiens qui l'attendront à Livry-Gargan, se faire accompagner par tous les chefs du parti catholique et passer triomphalement la porte Saint-Denis. S'il lui oppose une force intimidante, la régente ne bronchera pas.

La reine mère est exaspérée. Guise lui jette entre les jambes un boulet qui risque de les faire choir, le roi et elle. Depuis des mois elle s'échine à maintenir un *statu quo* : les protestants libres de pratiquer leur religion à deux cents pas au moins des murailles des villes ou dans les châteaux des hobereaux convertis à la religion nouvelle ; les catholiques contraints à tolérer les huguenots quand ceux-ci ne provoquent aucun désordre. Et en un instant, tout est remis en cause. Paris se massera autour du duc de Guise quand les alliés protestants de la France passeront de l'indignation aux menaces. Elle doit trouver au plus vite des appuis dans le camp réformé, communiquer avec Condé à Fontainebleau, parlementer encore et encore – mais loin de la capitale. Mettre le roi à l'abri, sous la protection des huguenots si nécessaire. Mais sa première entrevue avec Coligny la consterne. L'amiral la pousse le dos au mur. Les protestants l'aideront, à condition qu'elle prenne une nette position en leur faveur. Sinon l'incident de Wassy aura de graves conséquences.

– Je ne peux envisager une telle capitulation, s'indigne-t-elle.

Le jeune roi rentre de la chasse. Le teint blafard de sa mère, ses lèvres pincées lui montrent clairement l'étendue de sa colère. Il est las d'entendre la régente rabâcher des ressentiments contre les Guises. Se rendre à Fontainebleau ? Pourquoi pas, le gibier y abonde et le climat y est moins morose qu'à Paris. Il a douze ans et veut s'amuser, oublier les incessantes intrigues, les tensions prêtes à jeter les uns contre les autres, le poignard à la main, des amis de la veille. À Fontainebleau il respire mieux, peut même travailler à la petite forge qu'il a fait installer, s'éloigner de sa mère, d'Henri qui semble sans cesse le narguer. Il ne s'entend guère avec ses frères et sœurs. Roi, il empêche toute familiarité. Rêvant d'être aimé, il ne voit autour de lui que des sourires forcés, des courbettes faussement serviles. Sa nourrice est sa seule confidente. Elle passe ses doigts dans ses cheveux, caresse sa joue, se penche parfois pour déposer un baiser sur son front. Protestante, elle ne prêche jamais pour les siens. L'amour qu'ils se portent est bien au-delà de leurs convictions religieuses.

Catherine marche de long en large.

– Nous allons vers un conflit armé, lance-t-elle. À Wassy, ces imbéciles de Guises ont sapé tous mes efforts.

– Ma mère, répond Charles d'une voix posée, mon royaume est déchiré depuis le règne de mon père. Pourquoi tenter d'arrêter la tempête avec un mouchoir ? Vous voulez plaire à tous ? Eh bien sachez que vous risquez de ne plaire à personne.

Le « malentendu » de Wassy laisse de profondes traces. Coligny demande à rencontrer le roi en tête à tête. Catherine accepte à regret. Dieu merci, elle a partout des espions qui lui rapportent chaque mot prononcé par son fils. Trop sensible, taciturne, que roule-t-il dans sa tête hormis des plans pour la prochaine chasse ? Elle se doute que Coligny va tenter de l'endoctriner. Charles admire l'amiral droit comme un I, dénué de l'hypocrisie et de la sournoiserie de la plupart des membres du Conseil privé.

Il est tôt encore quand Coligny pénètre dans la chambre du roi qui, ses deux bichons favoris couchés à ses pieds, signe le courrier que lui a remis sa mère.

Sans demander de permission, dans le geste familier d'un proche, l'amiral tire un tabouret.

– Étant le roi de France, Sire, commence-t-il d'un ton calme, persuasif, vous devez connaître la situation de votre royaume. Quoi qu'en prétende la régente, elle n'est point bonne. Le prince de Condé va prendre les armes.

– Encore ! s'exclame le roi. Cet homme ne cesse de comploter !

– Monseigneur de Condé est du côté de la justice et celle-ci a été bafouée à Wassy. Sachez qu'une guerre entraînera des massacres, des actes regrettables comme des pillages, des destructions d'églises et de couvents. L'animosité va grandir, les princes protestants l'attiseront. Sa Majesté la reine Élisabeth d'Angleterre hait les Guises, et tout particulièrement la reine d'Écosse. L'honneur de Dieu et la paix du royaume exigent que vous punissiez celui qui a perpétré un crime contre notre communauté.

– Arrêter François de Guise ! s'exclame le roi. Vous me conseillez là de perdre mon royaume.

3

Autrefois proches amis, le duc de Guise et l'amiral de Coligny sont devenus de mortels ennemis. Ce qu'a prédit Coligny se réalise. Le duc de Guise a autour de lui une armée aguerrie, déterminée. Il reprend Orléans au prince de Condé. Tours, Poitiers, Angers livrées aux pillages se rendent sans résistance aux catholiques. Guise se tourne ensuite vers Rouen où Montgomery, l'auteur du coup de lance fatal ayant occis Henri II, attend des secours de la reine d'Angleterre. L'aide inattendue d'Antoine de Bourbon, roi de Navarre, prompt à retourner sa veste, permet aux Guises de s'emparer de la ville. Le retour au catholicisme ne porte pas chance à Navarre. Un coup d'arquebuse le blesse mortellement devant Rouen. Sa femme Jeanne d'Albret, une ardente huguenote, va élever leur fils Henri dans la foi réformée. Or Catherine veut attirer le jeune prince à sa cour ; s'il tient de son père et est bien catéchisé, la Navarre pourrait redevenir catholique.

Rouen prise, Bourbon enterré, Condé fait prisonnier, les Guises sont maîtres du royaume. Mais avant de crier victoire, le duc veut faire rendre gorge à Coligny terré à Orléans. La situation joue en sa faveur, la ville assiégée ne pourra tenir longtemps. Huit mille soldats, quatre mille cavaliers la cernent. Se sachant perdu, l'amiral a envoyé des émissaires pour négocier une honorable reddition. François de Guise est prêt : lever le siège puis enfermer l'amiral dans une forteresse bien gardée.

Au petit matin, sans armure, accompagné d'un page et de quelques serviteurs, le duc franchit en barque le Loiret. Sur l'autre rive l'attend un visage connu, le sieur Poltrot de Méré, attaché à sa famille depuis des années. Aurait-il un message à lui remettre ?

Un souffle de vent glacé incline les herbes aquatiques desséchées par le froid. Guise serre sa cape autour de ses épaules. La grisaille qu'un soleil trop pâle ne peut percer enveloppe la campagne, ensevelit le petit bois qui mène à la rivière. Flairant un danger, les chevaux qui patientent sur la rive renâclent, raclent le sol gelé de leurs sabots. Le coup de feu qui dans le silence hivernal résonne comme un coup de tonnerre les fait broncher. Tout juste en selle, François de Guise s'affaisse sur le col de son étalon. Du sang tache la cape à la hauteur de l'épaule.

– On me devait cela, tente-t-il de plaisanter, mais je crois que ce ne sera rien.

Poltrot de Méré n'a opposé aucune résistance. Passé en secret à la religion nouvelle, il a fait le serment d'abattre le pire ennemi des siens.

Sur le lit de sa chambre dans le manoir des Vaslin qu'il occupe avec sa famille, on étend le duc. Les chirurgiens envoyés aussitôt par la régente ne sont nullement inquiets. La forte constitution du duc aura raison de la blessure. La balle extraite avec une pince rougie au feu n'a atteint aucun organe vital.

Pourtant, quelques jours plus tard, l'état du blessé se détériore soudainement. La fièvre intense ne laisse aucun doute : la gangrène s'est déclarée. On ne peut qu'inciser la blessure et la cautériser avec une lame chauffée à blanc. La chance de sauver le blessé est désormais minime. Anne, sa femme, Henri, son aîné, le savent. La duchesse, qui a perdu voici quelques années son cinquième enfant, voit aujourd'hui agoniser son mari. Henri, bien que grand et fort, n'a que treize ans. La responsabilité qui va tomber sur ses épaules sera écrasante.

– Restez ma veuve, murmure le duc à sa femme, élevez nos enfants dans l'honneur et la piété.

Il se tourne vers son fils agenouillé auprès du lit.

– Que Dieu te fasse la grâce de devenir un homme de bien.

Henri serre les dents. Ce n'est pas à la bonté qu'il songe, mais à la vengeance.

Le bras de Coligny a armé Poltrot de Méré. Devant le corps de son père et devant Dieu, il jure qu'il tuera l'amiral.

Pour apaiser les Guises, la régente veut infliger à Poltrot de Méré un châtiment exemplaire. Une mort publique et spectaculaire fera oublier les suspicions portées sur Coligny. Il faut hâter le procès et l'exécution, enterrer cette malheureuse affaire. Par ailleurs, la mort du duc de Guise ne la chagrine guère. Toujours elle en a eu peur. La voilà maintenant débarrassée de lui. Ce n'est pas le jeune Henri, son fils, qui l'intimidera.

À Condé, elle va jeter un os à ronger et il se tiendra tranquille. Reste à régler la question du Havre, offert aux Anglais par Coligny et Condé. Mais, fine diplomate, la reine Élisabeth comprendra vite que soutenir ses anciens alliés est une cause perdue. Le Havre et ses prétentions sur Calais seront abandonnés contre des écus sonnants et trébuchants « à titre d'honnêteté et de courtoisie ».

Le supplice de Poltrot de Méré est long, cruel. À la question ordinaire et extraordinaire, succède l'écartèlement. Une agonie qui n'en finit pas. Quand sous la torture le condamné a formellement reconnu avoir obéi aux ordres de l'amiral de Coligny, celui-ci a protesté véhémentement. « Je ne porte aucune responsabilité dans l'assassinat du duc. Les cent écus que j'ai donnés à cet exalté ne sont que la récompense d'un travail de renseignement. »

Dans le camp huguenot, des réjouissances ont lieu. « La mort du duc est le plus grand bien qui pouvait arriver au royaume et à la véritable Église de Dieu », confie Gaspard de Coligny à son frère en levant son verre. Les catholiques n'ont plus de chef. Ce n'est ni le petit roi qui va prendre la tête de leurs armées, ni le trop jeune Henri de Guise.

La France respire un court moment. Charles IX a treize ans et le Parlement signe sa majorité. Catherine n'est plus reconnue comme régente mais chacun sait qu'elle ne lâchera pas les rênes du pouvoir. Pour les confier à qui ? À l'amiral de Coligny et à ses huguenots ? Les catholiques n'ont cru qu'à moitié à ses protestations d'innocence. Sur son lit de mort, le duc a juré qu'il n'avait fait que se défendre à Wassy, qu'on avait massacré son émissaire, un jeune homme venu sans mauvaises intentions, et qu'on l'avait lui-même bombardé de pierres. Certes, ses hommes s'étaient excités mais il s'était interposé aussitôt que possible. « Des meurtres que l'on se renvoie d'un camp à l'autre, pense Catherine. Il faut convaincre non pas Paris mais la France entière que le roi ne cherche que la paix et la bonne amitié entre tous. »

Charles déclaré majeur, elle a en tête un vaste projet : un voyage autour de la France pour convaincre ses sujets qu'ils sont tous aimés et protégés par leur souverain. Sa famille entière, sauf le petit Hercule encore trop jeune, suivra avec la cour.

Une organisation gigantesque. Outre la famille royale, les courtisans et les trois mille soldats chargés de sa sécurité, se joindront à l'immense cortège les ministres, leurs secrétaires avec les archives, la chancellerie, les serviteurs, les nains, les chiens, les perroquets, les singes favoris, quinze mille chevaux, des chariots transportant meubles, tapisseries, vaisselle, tapis, vêtements, des coffres regorgeant des douceurs dont Catherine ne peut se passer : fruits confits, confitures, liqueurs, vins doux, biscuits italiens aux amandes, une armée de cuisiniers, rôtisseurs, sauciers, pâtissiers, boulangers, tournebroches, marmitons. Fuir Paris est une nécessité, les « accidents », les provocations s'y succèdent entre catholiques et huguenots. Faute de combustible le feu s'éteindra de lui-même. Et tant de nobliaux défiant l'autorité royale ont besoin d'être remis au pas. La féodalité n'est plus, le royaume tout entier doit désormais se soumettre au roi.

Au voyage participeront catholiques et protestants contraints à vivre en bonne intelligence. On partagera les repas, on dansera, on jouera la comédie, on se parlera enfin.

À quarante-six ans, Catherine se sent assez d'énergie pour

mater toutes les fortes têtes. Plantureuse, elle ne répugne pas à monter à cheval pour chasser avec le roi son fils, fait de longues marches. Rien ne la gêne, rien ne l'arrête. On quittera Paris en janvier pour au moins une année. Au retour elle songera à marier Charles. Tant de projets, tant d'œuvres à peine commencées à mener à bien.

Les enfants royaux ne se sentent plus de joie. Henri s'attarde sur sa garde-robe et celle de sa sœur Margot. Il choisit les tissus, les broderies, les plumes à planter dans ses calots de velours, leurs bijoux. Même la coupe d'un pourpoint, celle d'une cape retiennent son attention. À Margot il impose ses choix, drape sa petite sœur dans des tissus brochés, fait bouffer les jupons, mousser les dentelles. Folle, une des naines de Catherine, a rapporté à sa maîtresse qu'en lui essayant des bas de soie, la main d'Henri s'est attardée sur ce que la bienséance interdit de nommer. La petite est devenue toute rouge, s'est un peu trémoussée mais n'a pas protesté. Catherine s'est moquée de Folle. « La jalousie lui a fait imaginer ce que nul ne lui fait subir. » Sa fille n'a pas onze ans. Mais Catherine sait que la petite Margot est une coquette, déjà assez développée physiquement pour attirer la convoitise. Si Henri a vraiment osé ces gestes, c'est que la petite diablesse les a provoqués. Il faudra la marier jeune. À qui ? Elle y songe chaque jour, comme elle passe en revue les princesses pouvant être offertes à Charles et à Henri, une Habsbourg sans doute pour Charles, une autre fille de sang royal pour Henri, et certes pas la fille du maréchal de Saint-André qui a été mise sur les rangs, si riche soit-elle.

Le jeune Henri de Navarre est aussi du voyage. Intelligent, malicieux, il égayera les princes, ses cousins, et elle le tiendra solidement en otage. Jeanne d'Albret doit comprendre une fois pour toutes qu'elle n'a aucune influence sur le sol de France et ne peut mettre en pratique ses austères convictions que dans son petit territoire pyrénéen.

Il fait clair et froid en ce matin de mars où s'ébranle l'imposant cortège. Déjà le roi et les siens ont parcouru quatre lieues* quand la valetaille à pied quitte le château de Fontainebleau derrière les chariots qui brinquebalent sur la chaussée creusée d'ornières par les pluies.

Catherine est tout sourire. Ruggieri, son astrologue consulté quelques jours plus tôt, n'a vu dans ce voyage que de bonnes fortunes. Et il lui a remis la mallette contenant ses baumes favoris pour éclaircir son teint basané : de la crème fraîche mêlée à du sang de pigeon et de la pimprenelle séchée. S'y trouvent aussi des fioles d'élixir pour les yeux à base de bleuet, de lavande et d'eau de rose. Elle va devoir travailler dans son coche, dicter des dépêches, rédiger des discours destinés aux autorités qui les accueilleront dans les villes où ils feront étape.

L'itinéraire est soigneusement établi, marqué sur une carte à l'encre rouge : Île-de-France, Champagne, Bourgogne, Auvergne, Lyon, la Provence, le Languedoc, puis une longue étape à Bayonne où elle retrouvera sa fille Élisabeth, reine d'Espagne, qu'elle n'a pas revue depuis son mariage. Le cortège remontera par la Charente, la Bretagne, les pays de la Loire. Tout a été pensé, organisé par Catherine, du ravitaillement au logement jusqu'aux cérémonies de bienvenue et aux

---

* Environ 16 kilomètres.

festivités, bals, tournois, mascarades, concerts destinés à divertir les voyageurs.

Derrière les rideaux de son lourd coche attelé de quatre forts chevaux, une de ses guenons favorites sur l'épaule, deux chiens à ses pieds, un perroquet dans sa cage accrochée à un pendoir, Catherine voit l'avenir avec bonheur. Le roi qui la précède a voulu n'avoir dans son carrosse que son secrétaire qui l'aide à mémoriser les harangues attendues dans ses bonnes villes, son écuyer pour préparer avec lui les parties de chasse dont il ne veut se passer. Dans ce coche, le roi étouffe. Il aime le grand air, l'exercice, galoper à perdre haleine. Les trop longues cérémonies que sa mère apprécie tant le rebutent. Au milieu des bois, entouré de ses chiens, sonnant du cor, il est lui-même, pas une fiction de roi placé sous l'autorité matriarcale. Catherine lui interdit de participer aux tournois qui seront livrés. Sûr de triompher de son frère Henri, il avait désiré cependant briser quelques lances contre lui. Catherine s'interpose-t-elle pour sauver son cher fils de l'humiliation ou parce qu'elle ne peut oublier la terrible mort de son époux ? Charles penche pour la première explication. Chaque jour il souffre de la partialité de sa mère en faveur d'Henri. À défaut de tournois, on va l'occuper avec une pastorale écrite par Ronsard pour lui-même, son frère, sa sœur et Henri de Navarre. Il hait ces bluettes mais n'ose se dérober. On attend de lui un rôle de représentation permanente.

Avec son écuyer dans le carrosse mal chauffé par un brasero qui fume, il parle traque du cerf, du loup ou du sanglier. Il suggère des ruses, jette même sur une feuille de papier les quelques notes d'une partition pour cors de chasse. Il a exigé que ses meilleurs piqueurs chevauchent près de son coche. Le prince de Condé en a été fort vexé. Il comptait obtenir une place, non aux côtés de la Médicis mais bien à ceux du roi son cousin.

Sens. Troyes, en Champagne. La jeune Margot portant une robe de drap d'or, des émeraudes piquées dans son bonnet où frissonne une plume de héron cendré, suscite une ovation. Sûre de sa grâce, elle se rengorge auprès d'Henri, lui-même vêtu d'un pourpoint tant rebroché qu'on le dirait tissé de métaux précieux, les jambes gansées de bas roses rappelant la couleur de ses manchettes. Messieurs de Chicot, de Bezon et Folle paradent dans leurs vêtements de seigneurs, la fraise qu'ils portent autour du cou les raccourcit encore et, tout richement parés qu'ils soient, ils soulèvent moqueries et quolibets. L'ours de la ménagerie suscite frayeur ou joie, les singes font rire, les mots jetés par les perroquets stupéfient.

La plaine champenoise s'étend grise et triste, les chariots cahotent, les valets et les troupes piétinent, tapant des pieds et battant des mains pour se réchauffer. On traverse des villages. Quelques manants applaudissent, d'autres regardent passer ce cortège démesuré avec un regard vide qui pourrait exprimer du mépris. Ils contemplent les beaux cavaliers montés sur leurs bêtes de grand prix, les dames emmitouflées de fourrures, des bijoux accrochés à leurs toques, à leurs oreilles, des chariots débordants de meubles sculptés, de tentures, de tapisseries, de lits pouvant coucher quatre personnes. Les logis des hobereaux n'offrant que peu de confort, des menuisiers assemblent en hâte les lits de la famille royale quand on ne gîte pas dans une grande ville.

Le froid et le vent font regagner leurs masures aux badauds qui n'attendent pas les valets et les soldats. Quelques jours plus tôt ils ont été prévenus de tenir à disposition du roi leurs réserves de blé et de foin. Même si l'essentiel a été dissimulé, ce qu'ils doivent abandonner les désole.

Le roi ne se montre pas. On le dit timide et secret. Un curieux souverain.

Le cortège progresse.

À Bar-le-Duc, on célèbre le baptême du fils de Claude, la deuxième fille de Catherine mariée au prince de Lorraine. Amaigrie, Claude est l'ombre d'elle-même, elle a le teint brouillé et son dos s'arrondit un peu plus. Catherine est soucieuse. Pourrait-elle enterrer un deuxième enfant ? Le nourrisson vomit sur le pourpoint du roi son parrain qui le rend à son père. Henri de Navarre s'esclaffe. Margot le pince. Elle éprouve pour son cousin tantôt de l'amitié, tantôt du mépris. Enjoué, spirituel mais grossier, il n'accorde aucune importance à la toilette. Lors des entrées solennelles dans une ville, il faut le forcer à porter un pourpoint, des bas fins, des souliers brodés.

Après les fêtes somptueuses données à Bar-le-Duc, les enfants ne pensent qu'au coche d'eau qu'ils vont emprunter à Chalon-sur-Saône pour gagner Mâcon et Lyon. On considère comme racontars les bruits qui courent sur un début d'épidémie de peste. Des esprits malveillants veulent gâter le splendide voyage. Certes, parmi ceux qui cheminent on compte des morts dues à la maladie, à la fatigue, aux blessures causées par des chutes. Mais de peste point, pas plus que de choléra ou de fièvre pourpre.

À bord, le roi enfin s'anime. Il observe les oiseaux, les

bêtes qui viennent s'abreuver à la tombée de la nuit. La chaleur s'impose, chaque jour plus forte. On abandonne capes et bonnets fourrés, les fraises se font plus légères, dépassant à peine des pourpoints. On se coiffe de toile, on porte des bas de fin coton. Les dames ont troqué les brocards de leurs robes pour du léger coutil ourlé de dentelle aux emmanchures et aux poignets. Mais les bijoux rutilent toujours sur les poitrines, aux oreilles, aux doigts, accrochés aux toques.

La chaleur, l'humidité dégagée par le fleuve font tousser le roi. Ses médecins lui prescrivent des décoctions de bourgeons de sapin, des tisanes de thym, de mélisse et de mauve. Il doit être rétabli pour son entrée solennelle dans sa bonne ville de Lyon où harangues, festins, illuminations, processions et défilés sont prévus.

Lors de l'étape de Mâcon, Catherine apprend que Jeanne de Navarre et son cortège s'approchent d'eux. Cette rigide huguenote revient des obsèques de Calvin à Genève et veut la rencontrer.

Dans cette province protestante, il est impossible de refuser sans irriter la population. Depuis la mort d'Antoine de Bourbon-Navarre son époux, Jeanne d'Albret est devenue plus intransigeante encore.

Avec méfiance, le roi et sa mère voient avancer vers eux, tous vêtus de noir, une femme sèche suivie de huit ministres et de plusieurs centaines de cavaliers. Comment lui faire comprendre qu'ils sont les mal venus à Mâcon prête à célébrer la Fête-Dieu ? Elle sait que la veille sa troupe a proféré des insultes contre les catholiques. Le roi doit la remettre au pas.

Aussitôt en présence de Catherine, Jeanne d'Albret demande à reprendre son fils Henri de Navarre. Dans cette cour de France où l'on ne respecte rien ni personne, l'esprit de son enfant est empoisonné. Elle exige de l'élever elle-même à Pau dans les principes qui sont les siens. Catherine lui oppose un sourire moqueur. Prétendrait-elle donner à son enfant une meilleure éducation que celle offerte par le roi ? Henri n'est nullement contraint d'assister à la messe et dispose de plusieurs précepteurs huguenots. Les princes, ses enfants et son fils forment une société enfantine joyeuse et active. Le jeune roi de Navarre est entraîné à des exercices physiques qui forgent son caractère. Il est bon chasseur et aime la pelote, connaît désormais les manières de la cour. Que sa mère pourrait-elle souhaiter de mieux ? À Pau il redeviendrait le petit paysan qu'il était en arrivant à Paris.

Jeanne d'Albret écoute, le visage fermé. Elle sait qu'elle ne peut obtenir son fils par la force.

– Veillez au moins à ce qu'il honore son rang. Je suis décidée à vous escorter quelques jours afin de m'assurer qu'il est traité en roi et non en « parent pauvre des papistes ».

Catherine frémit. La reine de Navarre dans leur cortège représente un ennemi de taille. À l'instant elle doit poser ses conditions.

– Vous me faites honneur, madame, en accompagnant notre famille, mais gardez-vous de tout prêche au sein des nôtres. Ne cherchez point à convaincre ma suite de l'excellence de votre religion. Nous ne pouvons nous entendre sur ce point.

La caravane approche de Lyon. Les rumeurs de peste se font certitude. Mais que décider ? Des fêtes ont été prévues qu'ils ne peuvent bouder sans ternir la majesté royale. Un roi doit être au-dessus du bonheur et des chagrins des autres, au-dessus de leurs maladies ou de leur bonne santé. Il faut faire dans Lyon une entrée solennelle.

Avec consternation, la famille royale, les courtisans puis les valets et soldats voient des croix noires peintes sur les portes. En dépit des réjouissances prévues – enfants richement vêtus, catholiques et huguenots main dans la main, défilé des communautés étrangères –, la tension est palpable. Des dames plaquent sur leur visage des mouchoirs imbibés d'essence de camphre et de romarin. On aère les logis qui vont accueillir la cour, on lave les sols au vinaigre blanc. La gaieté n'est plus de la partie. Quand le roi se remet à tousser, que la fistule au coin de l'œil d'Henri suppure, qu'un abcès sous le bras le tourmente, Catherine décide d'écourter son étape. Avec sa fille, elle a cependant le temps de faire quelques achats dans cette ville réputée pour son commerce : une robe brodée de fils d'argent fourrée de loup-cervier pour elle, une toque écarlate piquée de perles et entourée d'hermine pour Margot.

On descend la vallée du Rhône, mais il faut enterrer une dame de la cour, des serviteurs, des soldats. Et la population, tantôt en majorité catholique mais le plus souvent protestante, ne les acclame guère. Valence, Montélimar, Orange sont cités huguenotes. Il faut faire bonne figure, n'épargner ni compliments ni surtout les promesses d'une tolérance religieuse durable.

Catherine exige des arrêts fréquents pour faire quelques pas et surtout se restaurer. Les cuisiniers, marmitons, sauciers, tournebroches, pâtissiers doivent se dépasser. Elle exige du pain frais, des gâteaux, des compotes, les ragoûts de crêtes et de rognons de coqs dont elle est friande. Si la volaille achetée manque, on en rafle dans les poulaillers, dans les cours des fermes. On crève les tonneaux de vin, de cidre, on dresse des piles de fruits sur les tables à tréteaux chargées de la vaisselle royale. Les musiciens portant violons, guitares, tambourins, violes accourent, les nains tournent comme des mouches autour des convives. On mange, on boit, on rit. On oublie la peste, la toux du roi qui avale son vin poivré sur le conseil de son apothicaire, la fistule d'Henri qui suppure toujours et sur laquelle on applique de l'eau de bleuet. Seule Margot et sa mère gardent une santé florissante, affichent un teint fleuri. Les dames se font courtiser. Condé, au grand scandale de tous, a engrossé Isabelle de Limieul qui, aussitôt accouchée, sera fourrée au couvent.

La caravane traverse de gros villages. On s'ébahit devant les costumes, les dorures des coches royaux, le dais tendu au-dessus de la tête du roi dès qu'il fait quelques pas. On ouvre des yeux ronds en voyant les perroquets, les singes attifés comme des princes qui font des grimaces. D'où viennent ces gens-là ? D'un autre monde sans doute, car par chez eux c'est plutôt la faim et la maladie qui règnent, les persécutions des chrétiens entre eux, suscitant des haines et attirant les plus cruelles vengeances.

Devant Digne, le cortège s'arrête. La peste y sévit également. Il faut renoncer à l'étape, contourner la ville, dormir où le hasard offrira quelques maisons acceptables pour le repos du roi, de sa mère et des princes.

Un des nains tombe raide mort au bord de la route.

Apoplexie ? Maladie ? On ne cherche pas à le savoir et on l'enterre dans le premier cimetière venu.

Dans la très catholique ville d'Aix, on se repose. À la maigre communauté huguenote, Catherine promet la fin de ses tourments et fait abattre le pin qui sert de potence. Depuis Paris, elle a le projet de s'éclipser à Salon-de-Provence pour y rencontrer Nostradamus, le plus célèbre astrologue d'Europe. Elle veut savoir quel destin est réservé à sa lignée, en particulier celui de son cher fils Henri.

Quand à l'aube d'une journée qui s'annonce caniculaire son carrosse quitte l'archevêché d'Aix où elle loge avec les princes, Catherine croise Charles à la tête de ses piqueurs et de sa meute, elle sait qu'il va chasser jusqu'à l'épuisement. D'un geste sec elle tire les rideaux, se tasse dans les coussins. Le roi a vu le coche avec déplaisir. Il n'ignore pas où sa mère se rend. Veut-elle avoir la confirmation qu'Henri va bientôt régner ? Pourquoi cette préférence ? C'est lui pourtant qui ressemble le plus à son père Henri II. Il a ses yeux noirs à l'expression veloutée, la forme allongée du visage, des cheveux bruns et drus. Tout comme feu le roi il aime l'exercice, est un passionné de la chasse et des joutes.

Les chevauchées au grand galop font oublier à Charles sa jalousie, la douleur qu'il éprouve d'être le moins aimé, et lorsqu'il plonge son poignard dans le cœur d'une biche ou d'un sanglier, il est saisi d'une telle fièvre qu'il faut parfois qu'un écuyer l'écarte de la dépouille dont le sang l'a éclaboussé des pieds à la tête.

Le vieux mage se lève avec difficulté pour venir à la rencontre de Catherine. Perclus de rhumatismes, il ne bouge plus de chez lui où il reçoit les princes et princesses venus de toute l'Europe pour le consulter. Quand les visions sont sombres, il a appris avec l'âge à ménager ses visiteurs. Il insiste alors sur les apparitions flatteuses, si fugitives soient-elles.

Des années plus tôt, lorsqu'elle se désespérait de ne pas avoir d'héritier, il avait rencontré Catherine de Médicis au Louvre. Ses révélations d'alors : une grande famille, de nombreux souverains dans sa lignée avaient ravi une reine, alors boudée par la cour, humiliée par l'omnipotence de Diane de Poitiers. Aujourd'hui, face à cette femme puissante, autoritaire, il sait qu'il doit répondre à son attente. Qu'espère Catherine ? Savoir ses fils appelés à régner longtemps, être heureuse et prospère ? Reclus à Salon-de-Provence depuis longtemps, il ignore qu'elle a mis tous ses espoirs sur son second fils, Henri. Il voit des nuages qui passent, soufflés par la tempête. Brillant un court instant, le soleil s'éclipse. Il y a beaucoup de solitude dans la vie des enfants royaux, des éclats de rire forcés, du sang, des obsessions morbides. Une couvée de damnés. Mais il doit se taire, insister sur leur vigueur, leur magnificence. Il voit le second deux fois roi et l'annonce à Catherine qui, radieuse, lui fait remettre une bourse de pièces d'or. Nostradamus s'incline, il veut se lever pour accompagner la mère de son roi, mais elle l'en empêche. Henri deux fois roi ? Inutile de songer qu'une des couronnes signifiera la mort de Charles. Pour Hercule, elle trouvera un petit royaume et pour Margot, un époux digne de son rang. Charles étant promis à une de leurs filles, les Habsbourg ne veulent point d'une double alliance. Elle cherchera ailleurs. Pas très loin peut-être. De plus en plus souvent lui vient l'idée de pacifier définitivement le royaume en l'unissant à son cousin Henri de Navarre. La tâche la plus ardue sera de convaincre Jeanne d'Albret. Mais comment cette dernière pourrait-elle bouder une alliance royale ? En participant au grand voyage, le jeune Béarnais a pu saisir l'étendue et la prospérité d'un royaume qui n'a besoin que de paix. Cette union pourra la lui offrir.

Pour le moment, Margot, âgée de onze ans, aime séduire pour séduire. Elle joue à la coquette auprès de tous les garçons qui l'entourent, Henri de Guise, Henri de Navarre, Henri de Condé, le jeune Louis de Bussy d'Amboise. Ces fleuretages auront bientôt une fin.

Le cortège quitte Aix et ses bons catholiques par une grosse chaleur. Catherine de Médicis a quelque peu perdu l'entrain qui a suivi son entrevue avec Nostradamus. Alors qu'elle allait partir, n'a-t-elle pas entendu le mage murmurer : « Et je vois un astre se lever sur un Henri » ? Sur le moment elle n'a pensé qu'à son fils, mais cette sentence la tracasse aujourd'hui. Pour le prince il a vu deux couronnes, alors pourquoi un astre ? Qu'a-t-il voulu dire ? Soudain elle comprend qu'il parlait d'Henri de Guise ou d'Henri de Navarre. Cette pensée l'atterre. Pour se remonter, elle s'empiffre au déjeuner servi avant le départ : un faisan entier, des ris de veau aux truffes, la moitié d'un saumon largement arrosé de beurre fondu et des citrons qui dans ce pays poussent en abondance. En montant dans son coche, elle achève la brioche aux fruits confits à peine entamée. Les cahots de la route lui soulèvent le cœur. Elle vomit. Le beau pourpoint jaune safran brodé d'argent d'Henri assis à côté d'elle est souillé. La rage le fait pleurer. On arrête le cortège pour nettoyer le coche, changer les coussins, permettre à

Catherine et à son fils de revêtir des habits propres. Charles, dont le carrosse chemine en tête, est exaspéré. On va arriver fort tard à l'étape de Brignoles. Il transpire abondamment. La chaleur ? la fièvre ? Aurait-il attrapé la peste ? Le roi se tasse dans ses coussins. Lui aussi a mal au cœur, mal au ventre, mal à l'âme. À treize ans, il ne jouit que bien peu des plaisirs de la jeunesse. Pas de bagarres à coups d'épée de bois, pas de courses à pied, pas de parties de lutte. On lui interdit même de se baigner dans les rivières que le cortège longe ou traverse. Il ne peut que jouer à la pelote, distraction difficile durant le voyage, ou chasser au grand galop en soufflant dans son cor à s'en faire éclater les poumons. On le guette, les siens lui veulent peu de bien et beaucoup de mal. Il a des moments d'apathie et de brusques colères. Il s'ennuie ou il rage, il attend des événements qui lui permettront de prouver sa valeur et ceux-ci ne se présentent pas.

La chaleur suffoque. Les dames et les gentilshommes ont de larges cernes de sueur sous les bras, on s'évente, on boit de l'eau aromatisée à la menthe, on somnole quand on a la chance de disposer d'un coche ou d'une litière. Dans la cohorte des piétons, certains se trouvent mal. Il faut apporter de l'eau, du vinaigre, délacer les corsages, déboutonner les vestes de toile, débarrasser les soldats de leurs casques. On rapporte à Catherine que la valetaille exige des ânes, des mules. Elle hausse les épaules. Les mécontents n'ont qu'à reprendre leur liberté, on embauchera dans les villes qu'on traversera.

Quand, au début de la nuit, on atteint Brignoles, la chaleur tombe. La population les a attendus, des cortèges de jeunes filles couronnées de fleurs viennent à leur rencontre. Il va encore falloir écouter des homélies sans fin.

Mais au petit matin, c'est l'émerveillement. Les princes découvrent palmiers, orangers, cédratiers. Une brise rafraîchissante s'engouffre dans les couloirs du palais des comtes de Provence où la famille royale s'est installée. Margot, son frère Henri et Henri de Navarre sont partis flâner sous la garde de quelques archers. Margot cueille des fleurs, elle a perdu son air prétentieux pour redevenir une petite fille émerveillée. Le Béarnais est en chemise de lin et culotte de coton, les cheveux dressés sur la tête en crête de coq. Déjà un léger duvet ourle son menton, sa lèvre supérieure. Henri de Valois avance à petits pas dans ses souliers de satin, il évite les buissons épineux qui viennent écorcher son pourpoint de taffetas lilas, ses bas de soie.

À Marseille, on découvre enfin la mer. En un instant, les fatigues endurées durant le voyage se dissipent. On veut naviguer, traverser cette eau si bleue qui lèche des rochers rougeâtres. Catherine sourit, tant de souvenirs lui reviennent en mémoire, le soleil, la fragrance des agrumes, des olives, du fenouil, de la menthe, des petits bonheurs dans son enfance calamiteuse, fillette sans cesse menacée d'être prise en otage ou mise à mort, tant était vive la haine à l'égard des Médicis après leur alliance avec les Impériaux honnis de la population florentine. On l'avait transportée de palais en couvent, cachée. En juillet 1530, elle avait dû simuler l'état religieux pour échapper à la mort, avant d'être recueillie par le souverain pontife qui avait pu rétablir sa famille dans sa souveraineté. Et Marseille fut sa première étape dans son nouveau pays. Les quelques jours qu'elle y avait passés n'avaient été qu'une succession de fêtes en compagnie d'un jeune époux que déjà elle idolâtrait.

Elle ordonne qu'on arme quelques galères pour transporter sa famille et ses nains jusqu'au château d'If. Mais tout le monde casé à bord, il faut renoncer, la mer est trop grosse. Qu'importe, on va organiser de fausses joutes nautiques : chrétiens contre Turcs. On tire des feux d'artifice pour éclairer des serpents de mer en papier mâché, des monstres recouverts d'écailles aux yeux de verre flamboyants. Au matin, l'ambassadeur d'Espagne demande une audience à Catherine. Son maître Philippe II sera fort outragé de ces impiétés. Des mahométans gagnant une bataille navale contre de bons catholiques ? Cette joute était une offense à Dieu, à tous les chrétiens. Catherine est consternée. Elle doit retrouver bientôt sa fille Élisabeth, reine d'Espagne, que Philippe II consent à lui envoyer. Depuis qu'elle a quitté la France, elle ne l'a pas revue. Une annulation de leurs retrouvailles est inimaginable.

Catherine surmonte sa répulsion et s'excuse. L'ambassadeur hoche la tête. Ces Valois sont décidément indignes de confiance. Son maître ne les estime guère. Et la reine fait fausse couche sur fausse couche. Une fille seulement a pu naître vivante. Une grande déception pour le roi Philippe.

On a quitté Marseille pour Montpellier, Nîmes. On traverse le Rhône entre Tarascon, ville catholique, et Beaucaire, cité protestante où le cortège est hué. Catherine ordonne aux archers de se tenir prêts à repousser d'éventuels assaillants. Mais seuls des cailloux pleuvent sur les coches.

Margot devient femme, on la félicite, sa mère la baise au front. Ses projets de mariage vont désormais pouvoir aboutir. Dès le retour au Louvre, elle proclamera ses fiançailles avec son cousin béarnais.

Bientôt Toulouse, Auch et enfin Bayonne. Escortée de sévères grands d'Espagne, Élisabeth va retrouver sa mère. Catherine est prête à éblouir ces austères catholiques. Si la vie à Madrid est étouffée par une étiquette solennelle, ce n'est pas le cas à la cour de France. La certitude que Philippe ne viendra pas ne la déçoit qu'un moment. Chaque détail des fêtes qu'elle va donner lui sera rapporté. À Madrid on la croira riche, illusion que ses banquiers italiens s'empresseront d'entretenir.

La rencontre avec le duc d'Albe, premier chambellan du roi et maître tout-puissant de la cour d'Espagne, et la reine, doit avoir lieu sur une île de la Bidassoa, le fleuve qui sépare les deux royaumes. Catherine est impatiente, presque fébrile. Elle ne doit laisser ses émotions la dominer qu'un moment, ensuite il faudra louvoyer, jouer habilement en faveur des intérêts de la France face à un duc d'Albe réputé fin diplomate. La somptuosité des réjouissances qu'elle s'apprête à donner modérera peut-être son extrême rigueur. Elle en profitera pour proposer une alliance entre son fils Henri et la reine douairière du Portugal, sœur de Philippe II. Nostradamus n'a-t-il pas prédit deux couronnes pour son cher fils ? Peu importe qu'elle ait deux fois son âge. La couronne portugaise vaut bien un sacrifice.

Élisabeth est en face de sa mère, parée comme une statue de la Vierge un jour de grande célébration : de l'or, des perles, des broderies, une mantille en fils d'argent, un vertugadin qui la tient aussi droite qu'un mât de navire. Catherine pense qu'elle va l'enlacer, la baiser sur les joues, mais sa fille se contente d'incliner la tête et de tendre une main où rutilent à chaque doigt des pierres précieuses. Élisabeth est pâle, encore affaiblie par sa récente fausse couche. Elle n'a plus le regard enjoué d'autrefois mais une mine lointaine, fière, celle d'une reine d'Espagne. Catherine en prend son parti. Elle devine, elle sait que sa fille est émue, mais le protocole l'étouffe désormais. Elle doit accepter ce qu'Élisabeth peut offrir et se contente de soupirer : « Ma fille, comme vous êtes devenue espagnole. »

Après un repas pris en famille dans de la vaisselle d'or, le duc d'Albe se présente. Catherine est impressionnée par son regard sombre, scrutateur, son nez busqué, ses mains aux doigts effilés où ne brille aucune bague. Il porte une fraise, un pourpoint de velours noir, des culottes de satin blanc dont les crevés laissent apercevoir la doublure, noire elle aussi. Il a des bas de soie, des chaussures de fin cuir à boucle d'or. Il s'incline devant Catherine, ni trop ni trop peu, puis tend la main à sa reine pour la ramener parmi les siens. Les sujets politiques seront évoqués le lendemain.

Le soir, le roi de France donne un grand tournoi. Les jouteurs sont vêtus en Troyens, en Maures, en Espagnols, en Romains et Grecs, en Provençaux pour figurer tous les peuples de la Méditerranée qui rendent hommage à Charles IX paré de son armure. On affronte des adversaires affublés de costumes de démons, de sorcières, de sauvages écossais, de Turcs aussi. Afin de réparer son récent impair, Catherine a joint l'effroyable groupe le matin même. Le sultan qui vient de solliciter l'autorisation de relâcher quelques galères dans un port français devra s'en accommoder. Il est par ailleurs trop fin pour être blessé par ce qui n'est après tout qu'un jeu.

Dès les premiers jours, les entretiens sont tendus. Le duc d'Albe montre vite son autorité : quand Charles IX se décidera-t-il à éradiquer l'hérésie de son royaume ? Philippe II attend des mesures concrètes qui tardent à venir. Le roi son fils étant à côté d'elle, Catherine ne peut s'empêcher de riposter vertement que la paix d'un royaume vaut bien des sacrifices. Le duc la toise.

– Et la paix de votre conscience, madame ? Si vous laissez les vers ronger le fruit, ne vous étonnez pas qu'il pourrisse.

– Eh bien, s'exclame-t-elle, que Sa Majesté le roi d'Espagne crée une ligue de catholiques zélés qui partout pourfendront les huguenots.

Albe pince les lèvres. Son roi ne peut former une telle ligue. En Flandres il a assez de fil à retordre avec les protestants pour éviter d'attiser la guerre civile. Catherine comprend qu'elle a marqué un point.

– Chassez vos ministres protestants, se contente-t-il de rétorquer, éliminez de votre cour les adeptes de Calvin. Je n'en vois que trop ici même.

On arrête là ces premières discussions qui, Catherine le comprend, tourneront vite au vinaigre. Mieux vaut attendre quelques jours pour évoquer le mariage d'Henri avec la sœur du roi. Il faut faire place maintenant aux divertissements, une série de fêtes somptueuses, de joutes nautiques, de courses de bagues, de bals, de concerts, de festins. Catherine guette sur le visage de ses hôtes espagnols un signe d'étonnement ou de contentement, mais tous les grands seigneurs demeurent imperturbables et refusent de participer aux fêtes. Spectateurs ils resteront.

Les négociations reprennent. Le roi et Catherine écoutent avec patience Albe insister sur l'élimination des protestants. Leur silence atterre les seigneurs huguenots présents aux entretiens. Que ce mutisme signifie-t-il ? Quand Catherine évoque enfin le mariage qui lui tient à cœur, la réponse est nette et glacée. Le roi n'en veut pas, mieux vaut l'oublier. Henri est plutôt satisfait, vivre au Portugal avec une veuve deux fois plus âgée que lui n'est pas une perspective alléchante. Il préfère rester à la cour de France, embrasser les belles jeunes filles qui forment le fameux escadron volant de sa mère, des personnes gracieuses prêtes à tout pour quelques confidences aussitôt rapportées à leur maîtresse. Il lutine aussi Margot qui ne le repousse guère. Il aime sa peau veloutée, ses nouvelles rondeurs. Quand il ose plus que des caresses, elle le chasse en riant.

Les divertissements s'essoufflent après quelques semaines. Il faudra bientôt reprendre la route. Élisabeth ne prendra pas le parti de sa famille et toutes les allégories qui ont représenté la paix, la fraternité et l'amour au cours des fêtes ne changeront pas d'un iota les volontés de Philippe II. Des coffres d'or vidés inutilement. Mais Catherine sait qu'elle ne s'est engagée à rien. Manipuler une Médicis n'est pas chose facile.

Elle quitte sa fille le cœur un peu gros. Sans doute ne la reverra-t-elle jamais, mais que demeure-t-il de la douce et mutine Élisabeth ? Quand Margot veut embrasser sa sœur, celle-ci la repousse. On ne touche pas à une reine d'Espagne.

Le cortège reprend la route mais l'enthousiasme des premiers mois n'est plus du voyage.

À Nérac où les accueille la reine de Navarre, seul le jeune Henri témoigne une joie qui irrite les Valois. Leur cousin s'estime-t-il plus heureux au sein de cette cour austère, bornée et provinciale que parmi eux ? Une fois encore, Catherine refuse de laisser le jeune prince derrière elle. Que sa mère le veuille ou non, elle le ramène au Louvre. Il faut que Margot et lui apprennent à se connaître.

On traverse des pays huguenots, Cognac où papistes et hérétiques dansent ensemble, La Rochelle, forteresse huguenote où le roi ne peut pénétrer qu'après avoir promis de respecter les privilèges de la ville. Charles ne s'engage à rien. « Soyez fidèles et loyaux serviteurs et je serai bon roi », se contente-t-il de prononcer. Il a hâte que le voyage s'achève, de retrouver ses châteaux de Touraine, sa nourrice, ses chiens, ses livres.

Fin novembre, l'interminable cortège atteint Tours puis Amboise où on retrouve le petit Hercule qui en presque deux années a bien changé. S'il a toujours son visage grêlé, son nez proéminent, il s'est élargi d'épaules et cette stature nouvelle n'est guère en harmonie avec sa courte taille.

Margot vient de fêter ses treize ans, le roi va en avoir seize dans quelques semaines. On se prélasse dans les jardins, on se réinstalle. Charles a retrouvé avec bonheur ses forêts, ses valets de chiens, sa meute. Margot est éblouie par la beauté virile du jeune duc de Guise venu les accueillir. Désormais, elle repousse les caresses de son frère. Ce sont celles d'Henri de Guise qu'elle convoite.

4

À la fin du Grand Tour, Catherine procède à des changements au sein de sa famille. Henri reçoit le titre de duc d'Anjou et Hercule, qui décidément porte trop mal son prénom, est rebaptisé François. Il devient duc d'Alençon. Après la mort de Diane de Poitiers, une page est tournée et les mauvais souvenirs attachés à sa personne s'évanouissent. Mais Catherine garde au cœur l'amertume de son échec lors de l'entrevue de Bayonne. Il est clair que Philippe II ne veut plus d'alliance, ni matrimoniale ni politique, avec les Valois, et qu'il fera tout pour nuire à toute volonté de tolérance religieuse de leur part. Celle-ci par ailleurs est-elle possible ? Après l'attaque d'Amboise, le désordre de Wassy, l'assassinat du duc de Guise, Catherine en doute. Les huguenots ne sont pas plus enclins que les catholiques à l'indulgence. En Navarre, les papistes ne doivent-ils pas se cacher pour entendre la messe ?

On regagne le Louvre en juillet, les Parisiens réclament leur roi. Sa présence rassure une population toujours prête à croire à de sanglants complots protestants.

La nouvelle de la naissance du fils de Marie Stuart, un an

après son mariage avec lord Darnley, un cousin issu de germain du côté Tudor, ne soulève qu'un intérêt passager. Déjà on a oublié l'éphémère reine de France ensevelie désormais dans les brumes écossaises. Les Guises eux-mêmes restent tièdes. Ils auraient préféré une alliance avec un fils de roi, mais Marie, dit-on, est tombée amoureuse de ce gandin qui déjà l'humilie, plus occupé qu'il est à courir les tavernes et les filles qu'à aider sa femme à tenir les rênes d'un pays difficile à gouverner. Et quelques mois avant la naissance de son fils, Darnley a participé au meurtre atroce de Riccio, le secrétaire italien de Marie, avec lequel elle aimait s'entretenir en français et jouer aux cartes. Les Guises savent leur nièce tombée sous le charme du jeune amiral venu la chercher en France pour la ramener à Édimbourg. Le comte de Bothwell est un protestant sans fanatisme. On le dit séducteur. Où ses affaires de cœur mèneront-elles la jeune reine ?

La nouvelle du soulèvement d'une partie des Pays-Bas contre l'Espagne suscite beaucoup plus d'intérêt. En toute hâte, le duc d'Albe fait route vers les Flandres où des huguenots déchaînés ont ravagé des églises, lacéré les tableaux, brisé les statues, piétiné les hosties. Catherine triomphe. S'il ne veut pas mettre ses bonnes provinces à feu et à sang, son gendre Philippe devra mettre un peu d'eau calviniste dans son vin catholique. Les nouvelles venues de Madrid la font vite déchanter. Pour écraser les rebelles, le roi d'Espagne expédie une armée vers les Pays-Bas. Catherine leur refuse le passage par la France. Le royaume jouit d'une relative paix religieuse qu'il est inutile de mettre en péril. Philippe II ne lui dictera pas sa loi.

L'animosité de Catherine contre son gendre espagnol

donne espoir à Coligny. Une guerre contre l'Espagne réconcilierait pour longtemps catholiques et huguenots français. Mais l'amiral doit se rendre à l'évidence : le roi ne veut pas entendre parler de conflit armé et interdiction est faite aux protestants de rejoindre leurs frères flamands afin de combattre à leurs côtés.

Au grand déplaisir de l'amiral, les Espagnols obtiennent de rapides succès. Les comtes d'Egmont et de Hornes qui dirigeaient la révolte sont exécutés.

– Nous allons avoir des ennuis avec nos huguenots, soupire Catherine. Ceux-ci ne vont pas apprécier l'élimination des leurs en Flandres.

Le roi hoche la tête. Il ne croit pas à une révolte sérieuse de ses sujets calvinistes. Coligny lui a donné sa parole et il a confiance en l'amiral, un homme calme et sensé qui fait équilibre avec les emportements et la tyrannie de sa mère.

– Ma décision est prise, nous quittons Paris demain, se contente-t-il de confirmer. Les huguenots n'assiégeront pas mon château de Montceaux-en-Brie.

– Cependant mon fils…

– Cela suffit, ma mère, je refuse de me déplacer toujours escorté d'une armée.

Catherine n'ose insister. Des rumeurs d'un complot ourdi par d'Andelot, le frère de Coligny, lui sont cependant parvenues aux oreilles. Mais quand son fils prend son air buté, elle sait qu'elle n'a rien à en tirer. Si ces rumeurs ont un fondement, comment, sans soldats, défendra-t-elle un château dépourvu de toute protection ?

La fin de l'été dans la Brie est douce. Princes et serviteurs profitent de la sérénité de cette campagne plate cernée de forêts où chasse le roi. Les moissons sont faites, on va bientôt vendanger, ramasser les pommes, les presser, égorger les cochons et les saler en prévision de l'hiver.

Chaque jour, Catherine, escortée de ses dames d'honneur, se promène dans le parc. Elle avance à petits pas, souffle, transpire à grosses gouttes mais ne renonce pas. Ce grand air lui ouvre l'estomac. Mieux que personne elle s'emploie à vider les plats, saucer les ragoûts, dévorer tourtes et pâtisseries, croquer des dragées et déguster des confiseries.

Margot, quant à elle, a perdu l'appétit. On la voit souvent converser avec le duc de Guise. Le rose lui monte alors aux joues. Catherine cependant ne s'inquiète guère. Un Guise n'oserait jamais déshonorer une fille de France. Margot aime et craint sa mère. L'amour que la petite lui porte est un atout important pour mieux la diriger. Henri n'est pas fait de cette pâte-là. Il joue avec l'affection qu'elle lui voue. Si son fils se montre indifférent, elle souffre, s'il est câlin, elle ne peut rien lui refuser. Le plus Médicis de tous ses enfants, Henri possède les attributs florentins, il est charmeur, rusé, ambitieux, sensuel, raffiné. Parfois la mère et le fils s'entretiennent en italien. C'est dans sa langue natale que Catherine évoque le mieux la splendeur des Médicis, le faste de la vie dans les palais qu'elle a pourtant si mal connus. Henri rêve d'aller en Italie, il lui semble que dans ce pays tout serait conforme à ses goûts.

À Montceaux-en-Brie il s'ennuie. Margot n'a plus d'yeux que pour Henri de Guise et il les surprend à s'embrasser derrière un bosquet. Il ricane. Que penseraient le roi et leur mère s'il leur relatait les privautés de sa jeune sœur ?

La nouvelle terrifie la cour : des groupes armés de protestants se dirigent bien vers le château. Une infamie, une trahison. De rage, le roi qui s'apprêtait à partir pour la chasse brise sa cravache. Sa colère fait peu d'effet sur Catherine, déjà préparée à un départ immédiat. On va se replier à Meaux où les gardes suisses les rejoindront pour les escorter jusqu'à Paris.

En toute hâte, on selle les chevaux, entasse les bagages. Catherine constate l'échec de sa politique de tolérance. Les cours européennes vont faire des gorges chaudes de sa fuite à la sauvette et Philippe II daignera en sourire dans son froid palais de Madrid.

Protégés par les suisses armés de longues hallebardes, la famille royale et les membres les plus importants de leur cour quittent Meaux où ils ont trouvé un provisoire abri pour Paris. Le prince de Condé qui marche vers eux à la tête de six cents cavaliers se heurte aux suisses qui, piques baissées, forment une ligne impénétrable. Condé et les siens s'immobilisent. Le prince veut parler au roi son cousin qui se contente de tirer d'un geste sec les rideaux de son carrosse. Les trahisons à répétition l'exaspèrent. Que veulent ces huguenots ? Son pouvoir ? Désirent-ils l'emprisonner, lui et les siens, pour dicter leurs lois aux Français ? Sa mère est-elle folle de croire en une amitié possible ? Il maintient toutefois sa confiance en Coligny. Son protecteur se montrera toujours honnête envers lui.

En sécurité au Louvre, après une course folle, Catherine ne

veut pas perdre un instant. Ceux qui l'ont bravée vont le regretter. Elle convoque le pacifique Michel de L'Hospital pour le congédier sur-le-champ. Les bons sentiments n'ont plus de raison d'être. Pour être craint et obéi, il faut menacer désormais. Si Condé doit être éliminé, elle l'ordonnera. Celui-ci avance vers Paris, ravageant champs et villages, détruisant les moulins dans l'espoir d'affamer la capitale.

L'armée royale commandée par Montmorency parvient à mettre les assaillants en déroute, mais lors de la bataille le vieux connétable est mortellement blessé. On célèbre ses obsèques à Notre-Dame de Paris avec une pompe royale. N'a-t-il pas fait ses débuts à la bataille de Marignan et servi quatre rois ?

L'angoisse travaille Catherine. Elle va devoir engager des mercenaires pour seconder les suisses, mais comment les payer ? Le Trésor est vide. Quand la solde fait défaut, ces soldats professionnels n'hésitent pas à piller, mettre à sac de paisibles villages, et font naître de la haine contre ceux qui les ont recrutés. Et il faut nommer un successeur au connétable à la tête des armées. Elle pense à Henri qui est désormais d'âge à mener une bataille. Ce dernier se rengorge. À seize ans, il va enfin devenir un personnage de premier plan dans le royaume, détenir un pouvoir presque égal à celui de son frère. La réaction brutale de Charles IX confond Catherine et le duc d'Anjou. On veut mettre son frère à la tête de ses armées ? Ce coquet en armure ! Ce piètre cavalier confronté à d'interminables chevauchées ? Ce douillet couchant dans des camps de fortune ?

– Je mènerai moi-même mes soldats ! affirme le roi d'un ton cassant.

Catherine prend son temps pour répondre.

– Un roi, mon fils, n'a pas à être sur un champ de bataille.
– Hé, ma mère, où étaient mon grand-père et mon père ?
– Les temps ont changé, mon fils. Le peuple a besoin de vous pour le gouverner. Nul ne peut le faire à votre place.

Charles serre les dents. Il perce les arrière-pensées de sa mère : le rabaisser pour élever Henri. Mais une fois encore il n'ose l'affronter, provoquer une colère qui lui serre les tripes. Catherine ne l'ignore pas, elle doit agir tant que l'émotion inhibe Charles. Elle lui tend un parchemin, la nomination d'Henri au poste de lieutenant général du royaume qui fait de lui une sorte de vice-roi. Charles signe avec rage. Il est des moments où il porte à sa mère une haine mortelle. À qui n'ose-t-il penser lorsqu'il ouvre d'un coup de poignard le ventre d'un cerf, plonge ses deux mains dans ses entrailles pour lui arracher le cœur ? La tiédeur du cadavre, son sang l'apaisent. Il voudrait baigner son visage dans le ventre ouvert, mais un piqueur le tire toujours en arrière. Comment formuler sa conviction que l'homme et l'animal ne font qu'un ? Tueur et victime.

Flanqué de ceux chargés de le protéger, de le guider, de lui apprendre l'art de la guerre, Henri duc d'Anjou prête serment devant le Parlement. Désormais, il est habilité à représenter le roi, à le remplacer en cas de défaillance. Catherine jubile. Charles hait un peu plus encore ce frère que l'on jette dans ses jambes et qui ne se départit plus d'un petit sourire ironique lorsqu'ils sont face à face. Est-il toujours le roi de France ou un faible jeune homme pris comme dans un étau entre sa mère et son frère ? Il a certes sa propre idée sur la façon de gouverner son pays, mais on ne l'écoute ni ne le laisse s'exprimer. Il se confine dans le mutisme, la chasse. On lui rapporte que tout va mal dans le royaume, le Midi est ravagé par la guerre, on pille, on brûle, on viole, on rivalise de cruauté. Huguenots comme catholiques souhaitent une grande bataille, un affrontement définitif. Qui commandera l'armée royale ? Henri ? Mais il n'a aucune expérience et ses mentors se haïssent entre eux. Lorsqu'ils se croisent, Nemours et Cossé ont toujours la main sur le pommeau de leurs épées. Mais l'espoir des catholiques se cristallise sur Monsieur. Aidé des Guises, il saura défaire Condé et ses armées, débarrasser la France de la vermine huguenote.

Charmeur, Henri séduit, alors que le roi intimide, désoriente. À côté de sa mère, le duc d'Anjou écoute avec vanité des compliments sur les mérites qu'il ne possède nullement. Il temporise, promène son armée sans livrer bataille. Catherine ne le veut point encore.

Voulant gagner du temps eux aussi, Condé et Coligny se retirent sur leurs terres dans le massif du Morvan avant sans doute de rejoindre La Rochelle, bastion protestant. La Médicis n'a-t-elle pas tenté de les faire enlever ? Cette sorcière est prête à tout mais Coligny ricane. Avec un tel fils à la tête de ses armées, elle va avoir du fil à retordre. L'amiral méprise Henri mais éprouve de l'affection pour le roi. Il comprend sa solitude, son humiliation de se voir évincer par son frère. Charles serait prêt, il le devine, à signer une paix religieuse sans les restrictions que Catherine impose et qui relèguent toujours au second plan les protestants. Coligny garde aussi un œil sur le jeune François d'Alençon, maintenant âgé de treize ans. Tout comme le roi, il hait son frère Henri trop chéri par une mère qui offre peu d'affection à un cadet disgracié. Dans deux ou trois ans, il pourrait bien se rebeller et tenter de se faire une place au soleil aux côtés de son cousin Condé.

Bouleversée, Catherine apprend que sa fille Élisabeth, reine d'Espagne, est morte à Madrid après avoir accouché d'une fille mort-née. Elle perd une enfant de vingt-deux ans, sa dernière alliée en Espagne. Même si jamais Élisabeth ne prenait parti contre son mari, la mère et la fille s'écrivaient régulièrement, avaient confiance l'une dans l'autre.

Épuisée par des tractations sans fin pour obtenir une paix qui ne contente personne et brisée par son deuil, Catherine souffre de points de côté, de vomissements et doit s'aliter.

C'est couchée qu'elle reçoit le cardinal de Guise venu lui présenter les condoléances de toute sa famille. Tuteur de son neveu, il représente une force politique et militaire que Catherine ne peut ignorer. Leur nièce Marie est désormais prisonnière de la reine d'Angleterre après l'assassinat de Darnley, un mariage calamiteux avec le comte de Bothwell, une bataille perdue, et la décision absurde de demander asile à Élisabeth d'Angleterre, sa pire ennemie. Le jeune Henri de Guise promet d'être un rude guerrier comme son père et il est probable qu'il donnera du fil à retordre à la couronne. Catherine refuse de le comparer au duc d'Anjou si coquet, si raffiné. Son Henri a fait bonne figure lors de récentes escarmouches contre les protestants. Les fidèles amis italiens de Catherine, René de Birague et Albert de Gondi, ont bonne opinion de ce garçon intelligent qui possède trop d'orgueil pour tourner le dos au danger.

À son tour, le roi tombe malade. La chaleur, l'humidité montée du fleuve donnent la fièvre. On se replie au château de Madrid juste à l'ouest de la capitale, plus sain que le Louvre. Catherine est exaspérée de savoir Condé et Coligny solidement installés à La Rochelle. Jeanne d'Albret et son fils Henri qu'à tort elle a renvoyé en Béarn après le Tour de France les y ont rejoints. On y réunit un arsenal et équipe des navires de guerre avec l'aide de marins anglais payés par la reine Élisabeth.

– Nous n'avons pas le choix, mon fils, il faut envisager la guerre. Ces actes hostiles bafouent votre autorité.

Tout juste rétablie, Catherine est encore affaiblie. Mais il faut faire front, rendre coup pour coup. Ainsi, ces huguenots les narguent, le roi et elle ? Ils vont éradiquer tous les privilèges qui leur ont été octroyés. Les réduire au silence. Elle convoque Henri prêt à partir à la tête des armées sous la houlette de son mentor Gaspard de Tavannes, un chef de guerre expérimenté.

L'automne arrive, la température se fait clémente, on regagne le Louvre pour préparer les plans de bataille. Henri est fébrile et inquiet. Qui à la cour pourra espionner ceux qui ne l'aiment guère, lui rapporter les petites intrigues, les humeurs de sa mère ? Éloigné du Louvre, il veut continuer à savoir tout ce qui s'y passe. Il pense à Margot. Lui confier un tel rôle va enivrer cette sœur bouillante et vaniteuse qui voudrait tant se rapprocher de sa mère.

Comme il l'a escompté, Margot est enchantée de la mission qu'il lui confie. Elle va enfin détenir un vrai rôle, ne plus être la jolie princesse que l'on admire sans lui attacher la moindre importance. Elle promet tout à Henri. Il peut partir à la guerre pour y glaner victoire sur victoire. Elle sera au Louvre son oreille et son œil. Sa mission sera sacrée.

Margot est heureuse d'avoir retrouvé l'affection de son frère Henri qui la traite avec froideur depuis qu'il la soupçonne d'une intrigue avec Henri de Guise. Une intrigue ? Son frère ne comprend rien à la passion. Contre le corps de son amoureux son propre corps s'éveille, réclame, exige même. Mais comment trouver un abri secret ? Au Louvre, avec les courtisans, les gardes, les naines toujours avides d'épier les uns et les autres, les serviteurs, une foule d'inconnus entrés sans réelle raison dans le palais, aucun recoin n'est sûr. Et il est inutile de songer à l'hôtel de Guise où la tentaculaire famille ducale n'autorise aucune intimité.

Henri cherche, fouine et déniche finalement dans un coin du vaste grenier du vieux château un lit abandonné, un paravent, un tapis. Un nid d'amour qui, à défaut d'être charmant, sera intime. Qui en novembre où la nuit tombe tôt irait s'aventurer dans cet espace froid et poussiéreux ?

Margot hésite. Henri doit lui promettre de ne pas l'engrosser. Il rit. Le prend-elle pour un nigaud ? Un baiser la décide, elle le suit. Le lit est profond, moelleux. Henri y jette des draps neufs, place des oreillers de plume. Une couche de jeunes mariés. Au-dessus d'eux les poutres sombres ressemblent à des troncs d'arbres centenaires entrelacés. Une faible clarté provient d'un vantail ouvert dans le toit près d'un bataillon de cheminées. Il sert aux couvreurs et aux ramoneurs. Au travers de cette étroite ouverture, Margot voit les nuages gris que le vent étire.

Elle a le cœur battant mais rien ne la fera reculer. Elle a besoin d'Henri, de sa peau, de sa salive. Elle imagine la tiédeur de son ventre, le galbe de ses cuisses. Elle-même est impatiente de lui dévoiler son corps parfait, ses seins lourds et fermes, sa toison abondante et frisée.

Le plaisir lui fait jeter un cri qu'Henri étouffe de la main. Faire jouir si vite une vierge le remplit d'orgueil. Son père serait fier de lui. Toujours il affirmait qu'être vaillant guerrier et fougueux amant allaient de pair. Il aimait sa femme, et toutes les autres, pourvu qu'elles soient douces et rieuses.

Margot ne bouge plus. Ce qu'elle vient de vivre est comme le passage d'une frontière. Son silence plaît à Henri. Il est vite las des amantes jacassantes qui débitent des mots d'amour ou veulent en entendre. À dix-huit ans, il a déjà eu maintes bonnes fortunes, mais la conquête d'une fille de France est son plus beau fleuron. Il va s'attacher à Margot, faire d'incertains projets de mariage qui avec le temps deviendront réalité. En dépit des promesses qu'il lui a faites, il ne verrait pas une grossesse d'un mauvais œil. Il n'y aurait plus alors de retour en arrière possible.

Il reprend Margot dans ses bras, la caresse. Immobile un instant plus tôt, elle ondule sur lui comme un serpent. La fierté qu'éprouve Henri se mêle maintenant à une vague inquiétude. La voilà bien vite accrochée aux joutes amoureuses. Une femme trop ardente est difficile à satisfaire et il pressent que Margot voudra beaucoup et souvent. Ils devront prendre des risques pour se retrouver fréquemment.

De retour dans sa chambre, Margot exulte. Le plus bel homme de la cour, le grand, le vaillant, l'irrésistible Henri de Guise est à elle. Il a juré de lui être fidèle, elle le croit, elle le désire, elle le veut. Mais leurs amours doivent rester secrètes. Elle sait que sa mère mûrit pour elle des projets de mariage qui lui font horreur. Épouser le mal attifé, le mal coiffé, le mal lavé Henri de Navarre ! Certes il a l'humeur joyeuse, mais ses plaisanteries ne sont guère raffinées, il n'est ni poète ni musicien et pue l'ail. Comment, après Henri de Guise, pourrait-elle partager le lit de ce rustique cousin ?

Catherine décide de quitter Paris avec ses deux derniers enfants pour rejoindre à Saint-Jean-d'Angély Henri qui vient de remporter une victoire sur l'armée de Coligny à Moncontour.

Triomphant, le duc d'Anjou vient au-devant de sa mère, l'embrasse, et toise Margot d'un regard glacé. La jeune femme se fige. Qu'a-t-elle fait pour mériter ce mépris ? Avec fidélité elle a transmis à son frère tout ce qui se disait à la cour, les projets formés par sa mère, les constantes hésitations du roi. Elle a été une sœur, une complice, une amie. Le soir, elle ose l'interroger. Vertement, il réplique que son vieil ami le seigneur du Guast lui a tout rapporté. N'est-elle pas passée du côté des Guises ? Rien ne peut l'irriter davantage que cette trahison. Jamais plus il n'aura confiance en elle. Elle va plaider sa cause quand Henri fait un geste de la main comme pour chasser une mouche inopportune. Elle peut disposer.

La peur, la colère étouffent Margot, lui donnent de la fièvre. Les médecins sont inquiets et Catherine vient la visiter. Vraiment, on ne peut tomber malade plus mal à propos ! Une fièvre pourpre ? La malade ne peut quitter le lit, elle a les lèvres sèches, la peau marbrée de rouge, refuse toute nourriture. Henri consent à s'asseoir quelques instants au chevet de sa sœur. Son sourire mielleux lui fait horreur. Soudain il se penche vers elle et chuchote :

– Je vais faire venir Henri de Guise à Angers où nous passerons les fêtes de fin d'année.

Son sourire ressemble à un rictus. Il se lève, soulève sa toque emplumée.

– Guérissez vite, ma sœur, on aura besoin de votre présence lors du bal que je compte donner avant Noël.

Dès qu'elle peut quitter le lit, Margot demande une plume, de l'encre et du papier. Elle doit au plus vite prévenir Henri de Guise de la duplicité du duc d'Anjou.

« Mon ami,
Mon silence n'est pas dû à un manque de pensées. Celles-ci vont vers vous pleines du brûlant désir de vous revoir. Je fus fort malade à la suite d'une conversation avec mon frère Henri. Il semble nourrir des doutes en ce qui nous concerne. Je les mets sur le compte de Chicot, ce vilain nain qui guette, écoute et propage toutes les méchancetés possibles. Celles-ci ont été confiées en particulier à monsieur du Guast qui est la perfidie même. Soyez muet en face des belles personnes attachées à ma mère. Elles sont redoutables. En réalité méfiez-vous de tout le monde. Le Louvre est un nid de serpents.

On me dit que vous êtes attendu à Angers où nous allons célébrer Noël. Ne vous offensez pas si je vous accueille d'une façon contraire aux élans de mon cœur. Nous trouverons sans doute quelque abri pour nous voir tête à tête. C'est là le souhait le plus cher de celle qui vous aime plus que son âme. »

Pas de signature, un cachet sans blason. Mais à qui remettre ce pli ? Certes pas aux messagers de sa mère se rendant chaque jour à Paris. Elle n'a point d'amie assez sûre à qui confier une telle mission. Soudain Margot pense à son jeune frère François d'Alençon, comme elle tenu à l'écart. Puisqu'elle a perdu la confiance d'Henri, elle va gagner celle de son cadet. François toujours l'a admirée, prise pour modèle. Ensemble ils peuvent représenter une force sur laquelle Henri devra compter.

À peine installée à Angers, Catherine apprend que l'armée de Coligny, grossie des forces de Montgomery, progresse du sud-ouest vers le nord. Il faut décider avec le roi de la conduite à tenir. Poursuivre la guerre, tenter une nouvelle fois de négocier ?

Comme trop souvent, Charles est irrité. Les poètes présents à la cour, Ronsard, Baïf, ne cessent de célébrer le duc d'Anjou, surnommé « le nouvel Achille ».

– Nous n'avons pu vaincre les rebelles par les armes, mon fils, prononce-t-elle d'une voix calme et ferme. Sa Sainteté le pape et le roi d'Espagne ne nous apportent pas l'aide que nous espérions d'eux.

– Je sais cela, ma mère. N'avez-vous point placé auprès de moi tous vos inféodés ? Votre décision de parlementer m'est parvenue assez tôt pour que je puisse y réfléchir. En plaçant mon frère à la tête des armées, n'y avez-vous pas introduit la dissension ? Ses conseillers ne sont guère bons amis alors que l'unité règne chez les huguenots, tous fidèles à Coligny. Vous désirez la paix ? Offrez-leur ce qu'ils requièrent, la liberté de conscience et de culte.

Catherine toise son fils. Aurait-il reçu une lettre de Coligny qu'elle n'aurait pu intercepter ?

– Conscience certes, mon fils, culte non. Nous n'avons

que trop subi les séditions causées par les prêches de leurs ministres.

— Alors, tonne soudain le roi, n'accordez rien ! Il faut une fois pour toutes prendre une ferme décision et s'y tenir. À force de faire louvoyer notre barque, vous allez l'échouer. Et vous savez fort bien que nous n'avons plus les moyens de ces guerres. Vos mercenaires n'ont point été payés depuis plusieurs semaines, et ces gens-là ont le caractère fort susceptible lorsqu'il s'agit d'argent.

Catherine observe Charles. Il a changé, mûri. À vingt ans, il est homme. Grand, carré d'épaules, puissant en dépit de jambes grêles et d'un dos légèrement voûté. Entraîné à toutes les activités de plein air, il a en lui de grandes ressources d'énergie. Il faut le marier au plus vite. Une union stable le guérira peut-être de ses fièvres, de sa toux, de ses accès de morosité durant lesquels il se cloître chez lui. Il lui faut une famille, un héritier. Certes Catherine n'ignore pas que le roi est amoureux de Marie Touchet, qui l'accueille dans sa modeste maison non loin du Louvre. Elle ne demande rien, prétend-on, l'amour du roi lui suffit. Puisqu'elle rend son fils heureux, Catherine tolère cette discrète maîtresse. Elle au moins ne s'impose pas à la cour, ne se mêle pas des affaires des Valois. Toujours demeurent vivantes en Catherine les humiliations que lui a fait subir Diane de Poitiers. Elle ne peut oublier les avis faussement bienveillants de la duchesse de Valentinois, ses insupportables privautés, sa mainmise sur les enfants royaux qui, habitués à la présence de cette belle et souriante dame, recherchaient sa compagnie plus que celle de leur mère. Marie Stuart tout particulièrement l'affectionnait, acceptait de grand cœur ses cadeaux : un beau cheval de selle, une paire de faucons, un petit chien. La reine d'Écosse déchue, prisonnière, pense-t-elle parfois, tout comme elle, à la belle Diane de Poitiers ?

Toujours debout face au roi, Catherine rompt enfin le silence.

– Négocions, lance-t-elle en plantant son regard dans celui de son fils.

En le dévisageant, elle sait qu'elle le désarçonne.

– Négocier, négocier, ma mère, mais en quels termes ? Mon cher frère n'a-t-il pas remporté une belle victoire à Moncontour ? Vous l'avez clamé assez haut hier pour aujourd'hui savoir en tirer profit.

Charles soutient le regard de Catherine, ce n'est pas bon signe.

– Souhaitez-vous en réalité protéger votre cher fils des dangers de la guerre, de la rigueur des camps ? L'avoir de nouveau à vos côtés ?

– Votre frère, monsieur, est capable d'actions d'éclat. Je refuse que vous ayez de lui cette opinion défavorable qui est fort injuste. Nous négocierons, poursuit-elle, et attendrons de voir si le prince de Condé et l'amiral de Coligny renoncent enfin à nous trahir. Votre frère, mon fils, se bat pour vous, pour asseoir votre autorité monarchique.

Le rire moqueur du roi la crispe mais elle ne décèle rien de son impatience.

– Rentrons à Paris, conclut-elle, on vous y attend. Quelques mois de réflexion nous aideront à prendre les bonnes décisions. Nous ne proposerions qu'une paix conditionnelle. Qu'elle soit refusée, et nous repartirions en campagne dès le mois de mars.

Charles donne un violent coup de pied à son chien favori qui dort près de lui. Il a besoin de calmer l'état de grande tension où il se trouve. Et les rumeurs qui courent sur une idylle entre Henri de Guise et sa sœur Margot ne sont pas faites pour le calmer. Il est vrai qu'on les voit souvent ensemble. Les Guises veulent le pouvoir, sa mère l'exerce, son frère le guigne. Mais le roi de France, c'est lui, et bien mal le connaissent ceux qui croient pouvoir le compter pour rien.

5

Comme toujours, Marie l'attend sur le pas de sa porte. Sa maison nichée au milieu d'autres demeures en pierre est discrète, accueillante. Le roi s'esquive du Louvre enveloppé dans un manteau ; coiffé d'une toque de velours noir, il n'est point remarqué. Aussitôt hors du palais il respire, se sent enfin libre, presque heureux. Marie Touchet est arrivée dans sa vie comme un miracle. Huguenote, simple bourgeoise d'Orléans, fille d'un magistrat au bailliage, il l'a discernée dès le premier regard. En rien elle ne ressemble aux dames de la cour. Elle se vêt avec élégance mais simplicité, hait les intrigues, la médisance, n'a point d'autre ambition que de rendre heureux l'homme qu'elle aime.

Charles aime cette maison où tout respire la paix. Dans un coin un chat sommeille, la tapisserie à laquelle travaillait Marie avant son arrivée reste posée sur le banc devant l'âtre. Sur un des murs de ce que Marie nomme fièrement la grande salle mais qui est de taille plus modeste que la chambre d'un gentilhomme sans panache au Louvre, pend la belle tapisserie des Flandres que le roi lui a offerte : un chevalier aux pieds de sa dame au milieu d'un jardin fleuri.

Marie est enceinte de Charles qui lui a juré de reconnaître l'enfant. Fille ou garçon, le nouveau-né sera un Valois, titré et doté de revenus confortables.

Le feu pétille, le chat s'étire, la nuit tombe. Auprès de Marie, Charles n'est plus roi. Son regard s'allume enfin. Jamais on ne l'a caressé en lui disant des mots tendres, jamais on ne lui a affirmé qu'il était unique, irremplaçable. Ils soupent servis par une domestique venue elle aussi d'Orléans, discrète, très attachée à sa maîtresse. Point de succession de plats lourds dont raffole Catherine, mais un poulet cuit à la broche dans l'âtre, des légumes du jardin, une barbue achetée le matin même à la halle au poisson. Pour le bonheur de Charles, Marie confectionne elle-même entremets, tartes et confitures. Charles a initié sa maîtresse à la fourchette, raffinement venu avec sa mère d'Italie. Ils partagent la même cuillère, le même gobelet. Bien que la jeune femme ne lui pose point de questions sur sa vie au palais, il évoque parfois ses frères, sa sœur Margot pour laquelle il éprouve de l'amitié. Elle est si sûre d'elle et si vulnérable à la fois. Contrairement à lui, elle n'a pas encore appris à se protéger, à s'isoler dans son propre monde, à ignorer critiques ou flatteries. Le jeune Henri de Guise, lui-même au service des intérêts de sa propre famille, se joue d'elle. Pour son frère Henri, il ne parvient pas à éprouver de l'affection. Depuis qu'il a été nommé lieutenant général du royaume, il ne montre plus envers son aîné, le roi, le respect qui lui est dû. Comme un paon il se pavane. Rien n'est trop élégant, trop voyant, trop précieux. Il raffole des plumes, des dentelles, des bijoux, des parfums, possède force crèmes blanchissantes pour les mains, poudres à purifier l'haleine, baumes pour rosir les lèvres. Marie Touchet s'égaye. Le chef des armées se poudrant ? Se faisant friser ? Après le souper elle joue du luth. Charles ferme les yeux, se laisse bercer par la musique. Mais toujours lancinantes, implacables, remontent à sa mémoire des images ruisselantes de sang, celles de son père, l'œil percé, tombant de son cheval, celles des décapités d'Amboise, de villages traversés où soit huguenots, soit catholiques ont été massacrés, de pendus le long des routes. C'est ce sang qui le fascine dans la chasse, cette rivière séparant le vainqueur du vaincu. Les tressaillements de triomphe des uns, les soubresauts d'agonie des autres. Marie n'ignore pas l'attirance morbide du roi pour le sang. Elle veut le guérir, imposer à sa mémoire des images de bonheur qui effaceront les autres.

Au lit les amants se caressent longuement. Même s'il n'ignore pas qu'un prochain mariage va l'unir à une fille cadette des Habsbourg, il s'estime l'époux de Marie, il va être le père de son enfant. Leur bonheur à tous deux dépendra de lui seul.

Il neige presque tous les jours durant le mois de février. Les rues de Paris sont des cloaques, et en dépit des feux de cheminée on gèle dans les trop vastes pièces et les couloirs du Louvre.

Aucune paix n'a pu être signée et une fois encore on se prépare à la guerre.

Au Louvre, seule Margot est rayonnante. Le coin du grenier est devenu son nid d'amour. Elle prend mille risques qui la font rire, lui rosissent les joues avant de la jeter dans les bras d'Henri de Guise. Le jeune homme s'inquiète parfois. À quoi aboutira cette idylle ? Charles comme Henri sont redoutables, sujets à de violentes colères dont il ne cherche nullement à être l'objet.

— Vas-tu partir à la guerre, mon aimé ? interroge Margot en s'étirant voluptueusement.

Le lit de fortune est son paradis. De retour dans ses appartements, la volupté va se prolonger un moment. Elle rêvasse devant une fenêtre, épiée par ses dames de compagnie qui devinent fort bien la cause de ses alanguissements.

Folle, la naine préférée de Catherine, l'espionne de près. Elle a pénétré subrepticement dans le grenier, s'est cachée derrière un paravent pour attendre les amants. Fascinée, elle a assisté à leurs ébats. Quelle justice divine offre-t-elle aux unes ce qu'elle refuse aux autres ? Est-on moins aimé de Dieu lorsqu'on est disgracié, tordu et laid ? Sans attendre davantage elle a dévalé l'escalier, pénétré dans la chambre de Margot, fouillé dans les tiroirs, ouvert les coffres, extirpé d'une poche intérieure de l'un d'entre eux une lettre. Avec un ricanement de plaisir, elle l'a fourrée dans son corsage. Des mots d'amour écrits par le duc de Guise ? Voilà la preuve qu'exige sa maîtresse pour intervenir.

Catherine écoute Folle. La lecture de la lettre ne laisse subsister aucun doute. Une fois de plus, ces maudits Guises se glissent au sein de la famille royale. Et Margot est assez sotte pour avoir fait des promesses. D'un pas vif, la reine mère se dirige vers les appartements royaux. Charles doit connaître la conduite honteuse de sa jeune sœur qu'il lui arrive trop souvent de défendre. Sans se faire annoncer, elle pousse la porte. Charles est à sa table de travail, étudiant une carte militaire. L'armée est prête à marcher vers l'ouest. Il faut empêcher le prince de Condé, toujours à La Rochelle, de passer la Dordogne afin de faire jonction avec ses partisans en Guyenne. On doit se hâter, contraindre Coligny et Condé à se battre.

— J'ai une communication de la plus haute importance à vous faire, mon fils.

Charles pose la plume avec laquelle il suivait le cours de la Charente, cherchant un lieu approprié pour livrer une bataille décisive.

— Henri n'est-il point satisfait de son armure, de ses chevaux ?

Catherine pince les lèvres et hausse les épaules.

— Éloignez votre regard d'Henri et portez-le plutôt sur votre sœur Margot qui se livre à la débauche ici, dans votre palais, avec le duc de Guise.

Elle tend la lettre à Charles qui la parcourt. La crudité des mots ne laisse planer aucun doute.

— Est-elle grosse ?

— Pas à ma connaissance, mais il faut la dompter au plus vite. Elle se conduit en bête, traitons-la en bête. Quant à ce jeune blondin que nous ne pouvons exiler, marions-le.

Charles pose la tête entre ses mains. Quand éprouvera-t-il la moindre satisfaction venant de ses frères ou de cette sœur ? Soudain, Catherine voit le roi bondir sur ses pieds, il est blême, ses yeux brillent d'une lueur inquiétante.

— Faites-la venir à l'instant.

Il s'est emparé de sa cravache, celle avec laquelle il corrige ses chiens.

— Vous m'avez fait convoquer, mon frère ?

Margot est en tenue de nuit. De la lueur des flambeaux

accrochés aux murs, des bougies plantées dans des chandeliers coulent des ruisseaux d'une lumière jaunâtre sur les tapis, les meubles, les têtes empaillées des plus beaux trophées de chasse du roi dont les yeux de verre semblent flamboyer.

Charles se contente de tendre la lettre.

Margot blêmit.

– Qui a violé l'intimité de ma chambre ? interroge-t-elle d'une voix que l'émotion, la peur rendent à peine audible.

Le roi la fixe, à côté de lui sa mère l'observe avec méchanceté.

– Peu importe. Nous savons tout de votre indigne conduite, prononce-t-elle en détachant les mots, sans quitter sa fille du regard. Non seulement, mademoiselle, vous êtes une dévergondée, mais aussi une sotte. Ne comprenez-vous pas que ce joli cœur abuse de vous ?

Margot a peur. Que dire pour se justifier ?

– Nous voulons nous unir en mariage, balbutie-t-elle.

Le cri de Catherine ressemble à un glapissement.

– Jamais vous n'épouserez un Guise, ma fille ! Oubliez-vous par ailleurs que vous êtes promise à Henri de Navarre ?

Margot serre les dents. S'ils croient qu'elle va leur obéir docilement, sa mère, son frère la connaissent mal. Jamais elle ne s'unira à ce cousin béarnais.

– Je me marierai, ma mère, avec l'homme auquel je me suis promise.

La brutalité de la gifle la déséquilibre et elle doit se retenir à la table de travail de Charles pour ne pas tomber. La tête lui tourne, elle ferme les yeux.

La cravache lacère la robe de nuit, cingle les cuisses. Le

second coup atteint la poitrine. D'un geste instinctif elle se protège des deux bras.

Charles ne veut pas défigurer sa sœur. Offrir à la vue des courtisans le visage tuméfié de Margot serait pain bénit pour eux et source d'humiliation pour les Valois. Les sourires moqueurs qui suivent Henri fardé et paré de bijoux, François et son pas de petit coq monté sur ses ergots n'échappent pas au roi. À la vitesse où courent les propos malveillants, tout le monde à la cour doit connaître la liaison du duc de Guise et de Marguerite de Valois. Il faut en tarir la source tout de suite et définitivement.

– Cela suffit, commande Catherine.

La jeune femme ne bouge plus, ne prononce pas un mot. Derrière ses larmes son regard est fixe, rempli de haine.

– Rajustez-vous, ma fille, somme Catherine d'une voix plus douce, vous ne pouvez regagner ainsi débraillée vos appartements.

Sous les coups, les cheveux retenus par quelques peignes se sont dénoués. La tenue de nuit en loques, la joue enflammée donnent l'impression que Margot a été attaquée par des chats sauvages.

– Faites venir une couturière, ordonne la reine mère à un des gardes veillant à la porte du roi.

Il faut un long moment à la femme pour recoudre les déchirures, redonner au tissu bon aspect. Catherine elle-même a appliqué sur la joue meurtrie un baume fait à base d'écorce pilée de pin et de saule, mêlé à de l'huile d'olive et de l'essence de romarin. Margot n'a pas osé la repousser.

Avant de passer la porte pour regagner ses appartements elle se retourne, toise son frère et sa mère.

— Jamais je n'épouserai Henri de Navarre. Tenez-vous-le pour dit l'un comme l'autre.

Henri quitte Paris à la tête de ses troupes. D'autres soldats, des cavaliers et une partie de l'artillerie lourde vont le rejoindre à Orléans. L'objectif est de gagner au plus vite la Charente pour y attendre l'ennemi qui espère des renforts venus de Provence. Le point de rencontre sera près de Saintes ou de Cognac. L'armée huguenote compte deux mille hommes, huit cents cavaliers, l'armée catholique trois mille soldats et neuf cents cavaliers.

Très vite Henri apprend que Condé s'est installé à Cognac avec son fils et Henri de Navarre, le petit Henriot, son ami d'enfance. Coligny quant à lui a établi ses quartiers dans la petite ville de Jarnac.

Tavannes, un chef de guerre expérimenté qui a toute la confiance de la reine mère, s'entretient longuement avec Henri. Il conseille au prince de construire au plus vite un pont sur la Charente pour faire passer leur armée. En explorant les environs, Tavannes a découvert un gué. Les pontonniers n'auront donc pas à s'immerger dans les eaux froides du fleuve. Le vieux soldat sait que des renforts huguenots progressent d'Allemagne vers les frontières du royaume. Il faut livrer bataille sans attendre.

Le combat est furieux, sanguinaire. Henri, qui a refusé de se terrer à l'arrière, charge à la tête de la cavalerie royale. Il n'ignore pas que sa réputation de chef des armées, de lieutenant général du royaume est en jeu. Même s'il n'est ni grand bretteur ni habile cavalier, il a le sens de l'honneur. Sa famille a les yeux tournés vers lui : sa mère si fière de son fils, son frère le roi prêt à le piétiner à la moindre faute, sa sœur Margot si vaniteuse de son sang Valois et même le gnome François qui le jalouse pour tout ce qu'il a et dont il est dépourvu, l'aisance, la beauté, l'élégance.

Au cri de « Vive le Christ ! » et « Vive la France ! », Condé charge lui aussi. La mêlée est inextricable. Une lance jette le prince à bas de son cheval. Une autre lui perce la cuisse. Condé lève un bras pour faire comprendre qu'il se rend. On ne massacre pas les princes, telles sont les lois de la guerre.

Il veut se relever quand un gentilhomme catholique se penche sur l'encolure de son cheval, extirpe un pistolet de l'arçon et vise la tête à bout portant.

– Votre cousin, monseigneur, le prince de Condé est mort sur le champ de bataille.

En sueur, Henri se débarrasse de son casque, fait dégrafer le haut de la lourde cotte de maille.

– L'épée à la main ?

– Hélas non, monseigneur, il a été abattu par un coup de pistolet alors qu'il gisait à bas de son cheval.

Le duc d'Anjou se fige. Faut-il sévir ou se réjouir ? Sa décision est promptement prise. Son cousin Condé est un chien qui n'a cessé de trahir les Valois.

– Qu'on ramène son corps à Jarnac. Pas de cortège, pas d'étendards, vous me comprenez ?

On hisse le cadavre du prince de Bourbon-Condé sur une vieille ânesse, bras et jambes brinquebalant au rythme de la marche incertaine de la bête. On dépose le corps dans une salle basse, sous la chambre où Monsieur avait logé. Qui le désire peut venir jeter un coup d'œil sur la dépouille du traître et, si l'envie lui en prend, l'insulter.

Seul le traitement indigne infligé à un prince de sang royal ternit le bonheur de Catherine. Son fils s'est conduit en héros. Elle ordonne un *Te Deum* carillonné, une procession. Dans son petit royaume de Navarre, Jeanne d'Albret doit rager ! Elle doit aussi se féliciter d'avoir interdit à Henri son fils et au duc d'Enghien, le fils de Condé, de participer à la bataille pour les préserver. Aujourd'hui les deux jeunes princes ont pris la tête d'une armée en déroute.

Charles sait que son jeune frère franchira en vainqueur les portes de Paris. Il sera acclamé, adulé. Nuit et jour il maudit la faiblesse qui l'a fait plier devant sa mère. C'était lui qui devait être à la tête des armées à Jarnac. De cette bataille gagnée grâce au génie militaire de Tavannes, toute la gloire reviendra à son cadet.

Pour fuir la satisfaction triomphante de sa mère, le roi part dès l'aube à la chasse. Des bourgeons couvrent les branches d'où dégoutte la pluie. La mousse est épaisse, spongieuse sous les sabots des chevaux. Aussitôt un cerf, un sanglier repérés, il lance son cheval au grand galop, saute les troncs abattus, traverse des fondrières, de larges flaques d'où l'eau gicle et le trempe. Il ne sent ni l'humidité ni le froid. C'est à la tête non pas de piqueurs mais d'une armée de démons qu'il voudrait être pour mettre à mal ceux qui souhaitent secrètement sa mort, imaginent déjà le bel Henri assis sur le trône de France.

Il rentre fourbu, il grelotte. Mais l'épuisement éteint la colère.

Débarrassée pour un temps des incessants complots huguenots, Catherine songe aux unions matrimoniales qui vont bientôt se concrétiser : celle de Guise d'abord avec Catherine de Clèves, fille du duc de Nevers et veuve du prince de Porcien, une fort riche héritière. Les noces d'Henri de Guise seront suivies de celles du roi. Il a fallu renoncer à l'aînée des Habsbourg choisie par Philippe II et se rabattre sur Élisabeth, une cadette. Pieuse et douce, elle ne fera pas de bruit à la cour et donnera peut-être un fils à l'aîné des Valois. Charles marié, Catherine songera alors à Henri. Elle veut pour lui une princesse de sang royal, l'héritière d'une couronne. La reine mère pense à Élisabeth d'Angleterre, certes de dix-huit ans plus âgée que son fils et protestante, mais une alliance franco-britannique permettrait de tenir à distance l'Espagne, de rester sourd aux injonctions de Philippe II, de plus en plus autoritaire et insatiable.

Quant à Margot, qu'elle le veuille ou non, elle épousera Navarre. Une alliance entre Valois et Bourbons est le terreau le plus favorable pour que s'épanouisse enfin une paix durable dans le royaume de France.

Margot a été contrainte d'assister aux fêtes du mariage de son bel amant. Le revoir vêtu d'or et d'argent, portant un collier d'ambre et de jaspe autour du cou, des diamants sur sa toque, lui chavire le cœur. Comme pour mieux jouir de son humiliation, son frère Henri l'a coiffée, maquillée lui-même. Margot se souvient du temps où il la caressait, l'embrassait dans le cou, la suppliait de laisser sa main remonter le long de ses jupes. Aujourd'hui il a un sourire sarcastique. Une fois encore Henri de Valois stupéfie les Guises. Sur sa fraise démesurée repose une tête poudrée de rose à la barbichette en pointe si parfumée qu'on en sent les effluves à dix pas. À ses oreilles, de magnifiques perles ont des reflets satinés. Sur ses cheveux frisottés est plantée une aigrette de plume où ont été insérés des diamants. De fins souliers de soie nacrée bordée d'un galon de fils d'or ornent ses pieds.

– Vous voilà, monseigneur et monsieur mon cousin, plus délicatement paré que les lys du roi Salomon, s'exclame Henri de Guise avant de se retourner vers Margot, vêtue de brocard rose et vert amande.

Il sait qu'on les épie. La veille même, le roi lui a dit d'un ton sec : « Si vous vous approchez encore de ma sœur, je vous tuerai. » Il s'incline, baise respectueusement le bout des doigts fins qu'il a si souvent mordillés. Leur idylle est achevée. Margot viendrait-elle en personne le rechercher, il tient trop à la vie pour la suivre. Par ailleurs ses débordements amoureux commençaient à lui peser. Il attend de sa femme plus de modération.

Afin d'obéir aux convenances, il invite une fois à danser son ancienne maîtresse lors du bal qui suit la messe et le banquet mais ne lui adresse pas la parole. Les gentilshommes issus des plus anciennes familles de France, les dames les mieux nées sautent et tournent main dans la main en se souriant. Dans la lueur des flambeaux les diamants jettent leur éclat cristallin, l'or scintille, les perles luisent. À l'odeur de la sueur des danseurs se mêlent des effluves de rose, de lilas, de musc et de muguet. Des chiens, aussi parfumés et frisés que leurs maîtres, courent entre les groupes de causeurs ; perché sur l'épaule d'un gentilhomme, un ouistiti pousse des cris stridents. L'heure du coucher des mariés est venue. Le roi se retire. Catherine rejoint son cabinet de travail où elle demeurera jusque tard dans la nuit à lire des dépêches, le courrier de ses agents disséminés dans tout le royaume.

Les victoires de Moncontour et de Jarnac n'ont hélas rien résolu. Les huguenots ravagent la Guyenne, Coligny et Montgomery apportent la désolation dans la région de Toulouse, s'emparent d'Alès et remontent la vallée du Rhône.

À sec, le Trésor ne peut payer de nouveaux mercenaires. Il faudra traiter.

Aujourd'hui on ne pense qu'aux fêtes en préparation à Mézières où Charles et Élisabeth d'Autriche vont s'unir. En attendant le roi, sa mère, ses frères et sa sœur Margot, le duc de Guise et le cardinal de Lorraine, on nettoie le vieux château fort de fond en comble. On balaye les excréments humains, canins, ceux des chats et des rats, jette des baquets d'eau sur les flaques d'urine, aère, dépoussière tapisseries et tentures, fourbit l'argenterie, installe partout des bougies et chandelles neuves. La nouvelle reine de France ne doit pas considérer les Autrichiens plus soucieux de propreté que ses sujets français.

Le cortège qui fait son entrée dans la basilique de Mézières pour entendre la messe de mariage est somptueux. En dépit du froid, les habitants se pressent dans les rues depuis l'aube. On a promis des réjouissances populaires, du vin, de la bière à volonté, du pain gratuit. Des braseros sont allumés au coin des rues, les mendiants et animaux errants ont été chassés. Un pont de bateaux a été construit sur la Meuse pour que puissent participer aux fêtes les paysans des alentours.

Charles IX est enchanté de sa femme. Bien qu'Élisabeth ne parle point le français, ils sont parvenus à communiquer en italien. La princesse est jolie, douce, effacée, comme Marie qui, hélas, a accouché d'un garçon mort-né. Élisabeth aura-t-elle le caractère assez trempé pour s'affranchir de l'emprise de celle que déjà elle nomme « ma mère » ? Mais entre sa femme et sa maîtresse, sa solitude sera moins oppressante. Il aura un autre enfant de Marie, et un fils, s'il plaît à Dieu, de sa femme. Une vraie famille se constituera autour de lui, pas le nid de vipères qui prétend être la sienne.

Le soir du premier jour où le roi s'est remis à chasser, il rentre pâle comme la mort sur la monture d'un de ses écuyers. Seule Élisabeth peut lui arracher la vérité.

Au bout d'une sente traversant la forêt, confie-t-il, il avait discerné un homme monté sur un cheval noir qui semblait l'attendre. Il avait poussé vers lui sa monture quand soudain le corps de l'inconnu s'était embrasé tandis que le cheval piaffait et fouillait de ses sabots la couche de feuilles mortes. Un instant tétanisé par la surprise, il avait lancé son cheval au grand galop vers l'apparition. Cet homme venait-il du diable ou avait-il été placé à propos sur son chemin pour le terroriser ? Alors qu'il s'approchait, le cavalier avait tourné bride et s'était enfui.

Seul dans cette forêt trempée par les pluies, épuisé par une longue journée de chasse, le roi avait été tenté de rejoindre les siens. Une colère froide l'en avait empêché. Croyait-on pouvoir impressionner le roi de France avec des artifices de foire ? La course s'était prolongée. Il n'en avait réalisé la durée que lorsque son cheval s'était abattu. Le cavalier avait disparu. Plus que les flammes enveloppant l'homme, l'épée scintillante qu'il brandissait, c'était la vitesse de sa monture qui l'avait désorienté. Comment une course pareille était-elle possible ? En dépit du galop furieux de son étalon, jamais la distance entre lui et l'apparition ne s'était modifiée. Tremblant, il s'était laissé choir sur le tronc d'un chêne, son cheval expirant à ses côtés. D'un coup de pistolet il l'avait achevé.

Élisabeth tente de le rassurer. Les bandits abondent dans les forêts et son imagination peut avoir transformé en un être démoniaque un simple détrousseur.

Charles écoute à peine. Il sent que cette apparition est un mauvais présage. Les astrologues de sa mère lui offriraient certainement une explication mais il refuse d'avoir recours à eux. Qu'il quête une seule fois leur avis et il tombera en leur pouvoir.

Le soir même il exige qu'on se mette dès le lendemain en route pour Paris. On annulera les fêtes qui sont à venir et quand Catherine s'en offusque, Charles s'écrie : « Ma mère, n'avez-vous pas cessé depuis des années de jeter l'argent par les fenêtres ! Auriez-vous eu un peu de sagesse que vous n'auriez pas commandé ces réjouissances outrancières alors que nous n'avons plus un sou dans nos caisses. »

Au Louvre, Charles se sent presque en sécurité. Il retrouve Marie dans sa maison si douce à vivre. Élisabeth n'accapare plus tout son temps. La jeune femme ne lui fait aucun reproche. Elle a fait aménager un oratoire dans ses appartements et prie. On ne la voit que lorsqu'elle doit remplir ses fonctions de reine. Dans sa vie privée, tant que le froid lui interdit les promenades dans les jardins, elle reste chez elle entourée de ses dames d'honneur. Elle reçoit peu mais apprécie la compagnie de Margot. Aussi différente d'elle que possible, sa jeune belle-sœur l'amuse et l'émeut. Si elle partage avec elle des moments de gaieté, elle la devine aussi très seule, pleine de rancune envers ses frères. Margot évoque souvent les projets de mariage formés par sa mère. Elle ne veut pas du Béarnais. On peut la souffleter, la cravacher, elle ne cédera pas.

Mais les négociations en vue de cette union ont bel et bien commencé entre sa mère et Jeanne d'Albret. Comme si elle n'existait point, les deux femmes si soucieuses l'une comme l'autre d'avoir le dernier mot s'écrivent et finalement acceptent de se rencontrer à Chenonceau. Jeanne, minée par la tuberculose, y arrive en litière. Si elle est pâle et amaigrie, son regard d'aigle n'est en rien adouci par la maladie.

Contrainte d'accompagner sa mère, Margot accueille la reine de Navarre qui la considère sans aménité : comment la Médicis peut-elle tolérer ce maquillage outrancier, un corset si serré qui comprime la taille pour mieux exposer une poitrine déjà généreuse ? Est-ce la tenue d'une jeune princesse ou celle d'une courtisane ?

En ce frais mois d'avril, Chenonceau est un palais enchanté. Margot se souvient de Diane de Poitiers qui en avait été la maîtresse. Souvent les enfants royaux venaient la visiter. Elle avait toujours pour eux mots doux et caresses.

Enragée de ne pas avoir reçu de son époux ce château qu'elle convoitait, Catherine refusait d'y mettre les pieds. Sans elle la paix régnait, point de regards, point de sous-entendus, point de reproches. Les enfants se promenaient le long du Cher où glissaient des cygnes. On s'extasiait devant les travaux de Philibert de l'Orme qui dessinait les arches enjambant la rivière. Avec ses jardins à l'italienne, son verger, son potager, ses treilles, son orangerie, sa volière, sa longue allée d'ormes menant au portail, Diane avait fait de son domaine la demeure d'une femme mi-déesse, mi-fée.

Le roi Henri II décédé, Catherine de Médicis sa veuve s'est aussitôt emparée de ce château. Mais la grâce, la légèreté qui y régnaient n'existent plus. Plus de délicats bouquets, plus de plats confectionnés avec des légumes rares, de desserts aériens. Catherine aime les rôtis, les ragoûts, les sauces, les gâteaux surtout, dégoulinants de crème et fourrés de pâte d'amande, les fruits confits, les gelées parfumées à la rose.

Jeanne d'Albret accepte une courte visite de l'élevage des vers à soie créé aussi par Diane. Un gentilhomme de sa suite lui a offert un bras sur lequel elle s'appuie. Si elle découvre avec curiosité les étranges cocons, elle s'étonne qu'on puisse dépenser tant d'argent et de peine pour obtenir de la soie. Les dames de la cour de France feraient mieux de songer au salut de leurs âmes. Et l'arrivée d'Henri de Valois à Chenonceau ne fait que renforcer sa répulsion pour une famille qui, hélas, est la sienne. Flanqué d'un compagnon tout aussi enrubanné, parfumé et frisotté qu'il lui présente comme Philibert de Lignerolles, le frère du roi ressemble à un papillon. Jeanne fronce les sourcils. Dans sa nouvelle fratrie, son fils va se sentir bien seul. Elle va devoir exiger qu'aussitôt unis, les jeunes mariés rejoignent la Navarre. Margot devra apprendre à se vêtir simplement et à laisser son visage tel que Dieu le lui a donné.

Catherine et Jeanne négocient pied à pied. Jeanne exige la conversion de Margot au protestantisme, Catherine celle d'Henri au catholicisme. Rien n'avance, et pour compliquer le peu qui a été obtenu, Margot déclare tout de go à Jeanne d'Albret qu'on peut oublier cette union. Jamais elle ne se fera huguenote, serait-ce pour épouser le roi le plus puissant de la terre. Jeanne serre les dents. Cette petite croit-elle pouvoir l'intimider ?

Pour célébrer les fêtes de Pâques, on déménage à Blois. Margot exulte de vêtir ses atours les plus recherchés, les plus coûteux pour contrarier la reine de Navarre. Et son frère Henri, s'il le désire, pourra la pommader, la poudrer, rosir ses joues et ses lèvres, souligner ses yeux d'un trait de charbon pilé. Elle sent que les négociations avancent, que Jeanne laisse entrevoir la possibilité de renoncer à sa conversion, à la condition qu'elle pratique sa religion dans le secret de ses appartements.

C'est sur le montant de la dot que l'on discute maintenant et sur l'organisation d'une cérémonie de mariage qui permettra à Henri de ne point pénétrer dans Notre-Dame.

Jeanne d'Albret s'affaiblit, elle s'alimente à peine, renonce aux promenades mais elle se tient droite et fière face à Catherine. Jamais une nièce de François Ier, l'épouse d'un roi de Navarre, ne s'inclinera devant une Médicis.

Folle, la naine favorite de la reine mère, tente de raisonner Margot. À quoi bon se rebeller contre une décision déjà prise ? Ce mariage lui laissera par ailleurs une grande liberté. Henri n'éprouve pas plus d'amour pour elle qu'elle n'en a pour lui. Comme par le passé, ils seront de bons amis. N'est-ce pas un avantage considérable ? Elle ose un clin d'œil dont Margot comprend aussitôt la signification. S'il lui découvre un amant, Henri ne la fera pas enfermer dans un couvent. Elle-même fermera les yeux sur des fredaines qui seront certainement nombreuses. Il a déjà séduit, tout mal vêtu et mal lavé qu'il soit, tant de femmes ! Resté au Béarn, il attend les conclusions d'une union politique qui ne l'empêche nullement d'attirer de belles maîtresses dans son lit.

Le onze avril, juste après Pâques, le contrat de mariage est signé. Les deux femmes ont chacune accepté de jeter du lest. La date des noces est fixée au dix-huit du mois d'août. Jeanne a promis d'y assister, non pas par affection pour Margot mais pour s'assurer que les accords seront bien respectés : pas de messe pour Henri, pas même de bénédiction.

Aussitôt le contrat signé, Margot et Henri étant cousins issus de germains, Catherine écrit au pape pour obtenir une dispense.

En attendant une réponse de Rome, on regagne Paris. Jeanne d'Albret refuse obstinément de s'installer au Louvre et, très affaiblie, va demeurer chez son neveu Henri de Condé encore en deuil de son père.

Le douze juin parvient au Louvre la nouvelle du décès de la reine de Navarre. Henri devient roi. Mais roi de quoi ? songe Margot. D'un minuscule pays peuplé de bergers endoctrinés par d'austères calvinistes !

Sur son lit de mort, la dépouille de Jeanne gît, vêtue de noir. Pas un crucifix, pas d'eau bénite, pas de cassolettes d'encens. Aucun décor funèbre. L'antichambre du tombeau. On va jeter le corps en terre sans la moindre cérémonie, sans même attendre son fils en route pour Paris. Avec Coligny, Henri est désormais le chef du parti protestant.

Aucune dispense papale ne vient de Rome. Catherine rage mais est déterminée à ne rien arrêter des préparatifs. Le roi l'approuve. Margot épousera Henri avec ou sans autorisation. Charles a hâte que cette affaire soit conclue. Coligny forme un projet qui l'intéresse davantage. La Flandre huguenote se bat pour se débarrasser de l'Espagne. Déjà la province de Zélande appartient à Guillaume d'Orange. Ce prince supplie Français et Anglais de venir à son aide. Le roi est presque décidé à agir. Il lui plaît de conduire lui-même son armée en plantant là Henri qui ira pleurnicher dans les jupons de sa mère. Mais pour que ce projet aboutisse à une victoire, il faut le cacher à Catherine. Charles recommande à Coligny une extrême discrétion. « Mon père, écrit-il, il y a encore une chose en ceci à quoi il nous faut bien prendre garde, c'est que la reine ma mère qui veut mettre son nez partout, comme vous le savez, ne sache rien de cette entreprise au moins quant au fond ; que nous la tenions si secrète qu'elle n'y voit goutte car elle gâterait tout. » Charles respecte si fort l'amiral de Coligny qu'il aime l'appeler « mon père ». Sa confiance en lui est totale et, en dépit des avis défavorables du maréchal de Tavannes et du duc de Longueville, le roi est presque déterminé à agir. Mais la France peut-elle envisager une guerre contre l'Espagne ? Qu'il la gagne et c'est offrir le pays aux huguenots, qu'il la perde et Philippe démembrera le royaume.

Tavannes a parlé à la reine. Catherine accourt dans les appartements de son fils. En vraie Italienne elle pleure, elle pousse des cris de détresse, est prête à s'arracher les cheveux puis éclate en reproches si véhéments que Charles, jusque-là bien décidé à se défendre, reste muet, à nouveau petit garçon devant cette femme qui l'écrase.

– La reine d'Angleterre, raille-t-elle, a promis de nous aider ? Vous rêvez, mon fils. Élisabeth est assez fine pour ne pas s'attirer la colère de Philippe, elle ne lèvera pas le petit doigt. Je ferais même gageure qu'elle se rangera à ses côtés.

Vous vous faites berner par Coligny qui voit ses intérêts, non les vôtres.

Les lèvres pincées, Charles écoute. Sa mère a trop longtemps et trop durement négocié avec les huguenots pour l'accuser de parti pris.

— Soumettons cette affaire au Conseil, soupire-t-il enfin. Mais j'exige que Coligny puisse y défendre sa cause en présentant un mémoire.

La reine mère domine son exaspération, se mouche, se redresse, toise son fils.

— J'ai grande hâte de lire ce mémoire, conclut-elle. Monsieur l'amiral, même fort aimé de vous, n'aura pas le dernier mot. Il reste quand même un peu de bon sens dans ce pays.

Le vingt-six juin, le projet de Coligny est rejeté. Alors que l'amiral a affirmé que la guerre serait brève et conclue par une victoire écrasante, Tavannes, lui, a soutenu qu'un conflit avec l'Espagne serait long et ruineux, qu'une victoire à laquelle il ne croit guère aurait de désastreuses conséquences car le roi deviendrait l'otage des huguenots.

Coligny isole Charles à la sortie du Conseil. La sévérité de son regard est intimidante.

— Sire, puisque l'avis de ces gens-là a persuadé Votre Majesté, je ne puis m'y opposer, mais je suis certain que vous vous en repentirez. Quoi qu'il en soit, Votre Majesté ne trouvera pas mauvais qu'ayant promis appui et secours au prince d'Orange, je m'efforce de les lui fournir à l'aide de mes amis, parents, serviteurs et même de ma personne.

Charles se rend compte que ces insolents propos sont inacceptables, et qu'il devrait rappeler à Coligny son devoir d'obéissance. Il se contente de soupirer, las de ces querelles, de cette violence larvée qui mine chaque instant de sa vie.

Catherine se précipite chez l'amiral pour le sermonner, le contraindre à renoncer à son projet. Le vieil homme écoute et sourit. « Cette femme croit-elle posséder l'universelle Vérité ? » Il pense, quant à lui, qu'une guerre où se côtoieraient Français de confessions huguenote et catholique serait bénéfique pour le royaume.

Sur la table devant laquelle ils ont pris place face à face, Catherine abat son poing.

– C'est un ordre du roi, monsieur l'amiral !

Coligny se lève, il est grand, droit encore pour son âge.

– Madame, je n'ai point d'ordre à recevoir de vous car ne vous illusionnez pas, je sais qui est derrière le revirement de Sa Majesté. Je ne vous crains nullement et agirai comme le roi et moi en avons décidé.

La rage au cœur, Catherine regagne le Louvre où Charles la reçoit aussitôt. Aucun sentiment ne se lit sur son visage, il est seulement un peu plus pâle que d'habitude.

– Bien madame. Je n'autoriserai donc l'amiral à gagner les Flandres qu'à la tête de volontaires. Aucun de vos chers catholiques ne sera contraint à se battre aux côtés des huguenots.

Il laisse sortir sa mère sans l'accompagner jusqu'à la porte. Il n'en peut plus de ces scènes. Comment Coligny, un homme droit, honnête, un parfait gentilhomme, pourrait-il comprendre une femme qui nage avec tant de félicité dans des marécages de perfidie, de mensonges et d'hypocrisie ?

Désormais le roi et sa mère ne s'adressent plus l'un à l'autre que sur un ton sec, officiel. Charles accepte que quatre mille hommes gagnent la frontière de Picardie. Coligny le visite chaque jour, le conseille, l'encourage, lui insuffle sa force. La reine mère est entichée de son second fils, ce freluquet d'Henri ? Peut-être, mais il est le roi et ne doit céder ni aux pressions ni aux menaces.

Catherine exige qu'un second Conseil se tienne les neuf et dix août, quelques jours seulement avant le mariage de Margot. Elle est à bout de forces.

Comment faire front aux sollicitations d'Henri qui exige des bijoux, des plumes rares, des aunes de soie brochée pour les noces de sa sœur, aux pleurnicheries de Margot qui s'enferme dans ses appartements, à la folie de Charles qui caresse ce serpent de Coligny prêt à le mordre ? Et les invités qui arrivent à Paris, les fêtes dont il faut régler les détails, la bizarre cérémonie de mariage à ordonner : l'épouse dans Notre-Dame, l'époux sur une estrade montée sur le parvis ! Et les soucis que lui cause la santé de sa fille Claude en Lorraine ! Elle vient d'aller la visiter et l'a trouvée bien affaiblie. Mais Claude a promis d'être à Paris au mois d'août avec Christine, sa charmante fillette. Catherine, qui n'a pas l'habitude de s'apitoyer sur elle-même, se sent découragée.

Le dix août, l'amiral livre au Conseil un discours qu'il a bien ficelé. Les problèmes de trésorerie ? Les Provinces-Unies sont prêtes à contribuer à l'effort de guerre, à hauteur d'un million de livres, une somme considérable largement suffisante pour payer l'armée de mercenaires autorisée par le roi.

– Par le sang du Christ, monsieur l'amiral, s'écrie le comte de Morvilliers, il n'y a pas que l'argent en jeu dans votre utopie ! En cas de conflit, il est sûr aujourd'hui que maints princes allemands s'uniront à l'Angleterre et à l'Espagne.

Coligny le toise.

– Nous aurons assez de soldats pour faire face à une coalition. En sus des mercenaires, je me fais fort d'enrôler quatre mille cavaliers et seize mille soldats en quelques jours.

– Vous ? Monsieur l'amiral ! s'écrie Catherine. Quelle impudence ! Ignorez-vous que seul le roi a le pouvoir en France de lever une armée ?

Coligny et Catherine se toisent.

– Dieu veuille, madame, qu'il ne vous vienne pas une guerre dont vous ne pourrez vous retirer.

Aussitôt Coligny regrette les paroles qu'il vient de prononcer sous l'emprise de la colère. Menacer la mère du roi de France d'une guerre civile est une lourde erreur. Le roi l'a compris car il se lève pour couper court à toute réplique et fait signe à l'amiral de le suivre.

Le roi est pâle, semble au bout de sa résistance nerveuse. Coligny craint une réaction brutale, une crise de colère ou de larmes. Mais il est déterminé à profiter de son désarroi pour l'endurcir, le faire réagir en roi.

– Sire, déclare-t-il aussitôt qu'ils sont en tête à tête, vous êtes le roi, vous seul décidez. Il est temps de vous libérer de la tutelle de votre mère. Ce que j'ai déclaré au Conseil est peut-être brutal, mais c'est la vérité. Une guerre en Flandres est un coup de lancette qui crèvera le mauvais abcès qui ronge votre royaume. Pour éteindre le feu, il faut agir, ne point le laisser s'étendre davantage. Avec votre permission, je vais prévenir monseigneur d'Orange que nous lui envoyons trois mille cavaliers et douze mille arquebusiers. Ai-je votre parole de roi ?

Charles tousse, il transpire si abondamment qu'il lui faut s'éponger le visage.

– Vous l'avez, mon père.

6

Le temps des épousailles est venu. Tout d'abord les noces du prince Henri de Condé et de Marie de Clèves, adorée par Henri de Valois platoniquement fou de cette ravissante et délicate jeune fille, si vertueuse qu'elle refuse un simple baiser sur la joue. Que Condé puisse posséder cette déesse l'enrage. Frère du roi de France, ne devrait-il pas avoir la primauté sur son cousin ? Marie l'aime aussi, il en est sûr mais, en princesse docile, elle va suivre le destin qu'on a choisi pour elle. Les noces protestantes ont lieu au château de Blandy-en-Brie appartenant aux Rohan. Henri, qui avait songé y assister vêtu d'un pourpoint noir où seraient brodées des larmes d'argent, choisit finalement de rester au Louvre.

On évoque, bien sûr, les noces prochaines d'Henri de Navarre et de Margot. Est-ce prudent d'y assister ? Depuis les récents Conseils où des paroles offensantes ont été prononcées des deux côtés, on craint des mouvements de colère des Parisiens auxquels les Guises ont monté la tête. Coligny se montre rassurant. Rien ne sera tenté contre eux. Condé hausse les épaules. Pourquoi l'amiral met-il une telle confiance dans la promesse d'un roi si faible qu'il rampe devant sa mère ? « J'ai la parole du roi », insiste Coligny. Lui-même est las. Qu'on jette à nouveau huguenots contre catholiques, et toutes les forces mauvaises qui couvent depuis le règne d'Henri II se réveilleront pour se répandre comme la peste. Les protestants seront présents en grand nombre à Paris lors du mariage du roi de Navarre. Se soustraire à ce devoir serait pour eux un signe de faiblesse.

La messe du quinze août dite, Catherine et les siens traversent un Paris grouillant d'animation en dépit d'une chaleur écrasante. Les noces de Margot sont définitivement arrêtées pour le vingt, avec ou sans autorisation papale.

À peine dans ses appartements, Gondi rejoint la reine mère. Il a dû courir, son souffle est court, ses joues enflammées.

– Madame, le roi a outrepassé vos conseils ! Un contingent d'arquebusiers est en route pour la Picardie. Sa Majesté est prête à s'engager dans une guerre qui peut nous ruiner. Monsieur l'amiral a eu le dernier mot.

Devenu par mariage duc de Retz, Gondi est l'ami, le conseiller le plus proche de la reine mère.

– Mordieu, l'amiral veut m'ôter mon fils ! Croit-il que je vais me laisser faire ?

Elle jette à terre ses gants, son livre de messe.

– Il faut prévenir Henri au plus vite. Sa haine des huguenots sera bonne conseillère.

Et sans attendre la réponse de Gondi, elle se hâte vers l'appartement du duc d'Anjou qui boit du vin frais en compagnie de deux amis.

Patiemment, il écoute sa mère. Cette guerre, menée sous

prétexte d'unir catholiques et protestants, est la plus grosse sottise que le roi puisse commettre.

– Mon bon frère, madame, conclut-il, va anéantir tous vos efforts et mettre le royaume à feu et à sang.

– Où est Charles ? presse Catherine.

– Où voulez-vous qu'il soit ? À la chasse, ma mère.

Catherine rappelle le carrosse qu'elle venait de quitter. Elle ordonne au cocher de la conduire à bride abattue à Vincennes pour rattraper le roi, tenter de sauver ce qui peut l'être. S'il le faut, elle le menacera de l'abandonner pour rejoindre sa chère Italie.

Ses doigts agrippés au rebord d'une des fenêtres du carrosse, la reine mère traverse Paris. La chaleur pourrit les ordures accumulées dans les rigoles au coin des rues, amplifie les odeurs d'excréments et d'urine. En vue des noces de la princesse, on décore les fenêtres, les carrefours. Des arcs de bois peints de scènes pastorales sont dressés au milieu des places.

Quatre courriers ouvrent la route devant le carrosse de Catherine, forçant les passants à se précipiter sur les bas-côtés, faisant détaler poules, chiens, chats et cochons. Un piqueur est parti au grand galop afin de prévenir le roi de l'arrivée imminente de sa mère. Le cor dans lequel s'époumone le roi signale la situation des chasseurs.

La gorge de Charles se serre lorsqu'il voit Catherine descendre de son carrosse. Non seulement elle l'importune au Louvre, mais aujourd'hui c'est au cœur même de sa vie la plus libre, la plus heureuse qu'elle vient le traquer. D'un geste, il écarte ceux qui l'entourent.

Aussitôt Catherine l'attaque.

– J'eusse pensé, mon fils, que pour avoir pris tant de peine à vous élever, vous avoir conservé la couronne que catholiques et huguenots vous voulaient ôter, après m'être sacrifiée pour vous et encouru tant de hasards, vous n'eussiez voulu donner récompense si misérable. Vous vous cachez de moi qui suis votre mère pour prendre conseil de vos ennemis, vous vous ôtez de mes bras qui vous ont conservé pour vous appuyer des leurs qui ont voulu vous assassiner. Je vais donc devoir tirer les conclusions de votre ingratitude, et quitter le royaume de France pour me réfugier en Italie. À ma vue sera ainsi épargné le désastre causé par une guerre contre l'Espagne. Elle aura pour conséquence la victoire des huguenots et la soumission de vos sujets catholiques.

Pâle comme la mort, Charles tente de se défendre.

– L'amiral de Coligny...

– Cet homme veut votre perte et non votre gloire, l'interrompt Catherine. Il vous aveugle avec ses bons sentiments. Prétendrait-il vous aimer mieux que moi ?

– Il me respecte, ma mère.

– S'il vous honorait comme vous le pensez, il obéirait aux décisions de votre Conseil qui sont les vôtres. Détournez-vous de cet homme, mon enfant, il vous envoûte pour mieux vous ruiner.

Avant que Charles puisse répondre, Catherine remonte dans son carrosse. Elle pense la partie gagnée. Maintenant elle doit convoquer au plus vite le duc de Guise et le cardinal de Lorraine son frère qui, tout autant qu'elle, haïssent Coligny. Celui-ci n'a-t-il pas armé le bras de Poltrot de Méré ?

De retour au palais, Charles s'allonge sur son lit. Il étouffe, crache du sang qu'il essuie avec son mouchoir. Les mouches bourdonnent autour de lui. En dépit des fenêtres grandes ouvertes, l'air est suffocant.

– Faites venir madame Touchet, ordonne-t-il à son premier valet de chambre.

Il est trop faible pour se traîner jusqu'à elle, mais il veut ses lèvres sur son front, la caresse de ses mains sur son visage.

À vingt-deux ans il se sent usé, rongé par les frustrations, les angoisses, les rancunes.

Catherine a pris sa décision. Il est fort probable que Coligny va tenter par tous les moyens de retourner la promesse que Charles vient de lui faire. Peut-être est-il en ce moment même auprès du roi. Tout se sait en un instant à Paris et la conversation qu'elle a eue dans la forêt de Vincennes avec son fils doit être connue de l'amiral. Pour que la paix demeure, Coligny doit périr. Puisque l'amiral joue avec le roi comme avec un pantin, il faut couper les ficelles, rapidement et définitivement. Henri sera du complot. Il nourrit tant de haine pour Coligny qu'elle va lui offrir cette satisfaction, tout sourit à son fils en ce moment. Ne parle-t-on pas de lui pour le trône de Pologne libéré par la mort du roi Jagellon ? La royauté étant élective dans ce pays, il a toutes les chances de coiffer enfin une couronne.

Mais aujourd'hui, avant de se consacrer au mariage de Margot, elle doit agir, rendre impossible un revirement du roi.

Henri de Guise et Henri de Valois font pour une fois cause commune. Un dénommé Maurevert accepte la mission qu'on lui confie. Il n'en est pas à un assassinat près. On choisit la date du vingt-deux août, il ne faut pas troubler les fêtes du mariage prévues quatre jours plus tôt.

Au Louvre comme dans toutes les boutiques de luxe à Paris, on brode, on taille, on pique des plumes, on orne de pierres précieuses pourpoints, corsages, bonnets et capes. On repasse avec minutie les fraises, on raidit les cols de linon avec de l'amidon de blé, on enfile des perles, ourle de dentelle les jupons, fait bouffer les courtes culottes de soie ou de satin, tresse des résilles de fils d'or et d'argent. Il n'y a pas dans la ville une chambre d'auberge libre. Les moindres galetas sont pris d'assaut. On s'y entasse à trois ou quatre, heureux de ne pas coucher à la belle étoile.

À l'amiral revenu plaider sa cause, Charles n'a su dire ni oui ni non. Les mercenaires sont en route ? Eh bien qu'ils avancent, on pourra toujours les arrêter.

Il ne dort presque plus, son court sommeil est agité, peuplé de cauchemars. Ni Marie ni Élisabeth ne parviennent à l'apaiser. En dépit de la présence d'une maîtresse aimée, la jeune reine, enceinte, semble heureuse. Elle soutient son mari sans défaillance. Ce qu'il pense, ce qu'il projette, ce qu'il fait est toujours bien à ses yeux.

Un message est arrivé de Pologne. À Varsovie, on considère favorablement la candidature d'Henri de Valois. S'il prend de formels engagements vis-à-vis de ses potentiels sujets, des ambassadeurs pourront se mettre en route vers Paris.

Maintenant que l'hypothèse se fait réalité, Henri s'affole. Quitter la France pour s'enterrer dans ce pays sauvage au milieu des neiges ? La joie qu'il a de se parer pour les noces de sa sœur s'en trouve un peu gâtée. Mais rien ne presse. Ces tractations ne sont encore que de vains mots. Il peut fort bien par ailleurs refuser ce trône pour rester au Louvre. Le roi est en mauvaise santé, Dieu sait combien de temps il lui reste à vivre.

Charles a contrôlé avec attention chaque détail des préparatifs du mariage. Devant Notre-Dame, l'estrade est dressée où se tiendront Henri et sa suite. Les fontaines sont prêtes à cracher du vin pour désaltérer les badauds en ces journées torrides d'août. On jettera des piécettes à la sortie de la cathédrale, comme le veut la coutume. Tout est prévu pour ravitailler Paris : des charrois déversent du blé, des quartiers de viande, des poissons séchés, des fruits et des légumes venus des potagers de Clichy et de Nanterre. On jette des baquets d'eau de Seine dans les rigoles qui coupent les rues, on évacue sans ménagement les mendiants.

Henri de Valois, qui a été chargé d'accueillir sa sœur Claude de Lorraine dont la santé ne cesse de se dégrader, est nerveux, inquiet. Si sa décision d'appuyer l'élimination de Coligny est irrévocable, il en craint cependant les conséquences. Les Guises vont revenir en force et exciter les prêtres qui ne manqueront pas dans leurs sermons de vitupérer le roi et sa mère, ces tièdes, ces indécis, ces parlotteurs. Il se sent prêt à critiquer vertement son frère pour sa volonté toujours latente d'envoyer des troupes en Flandres contre l'autorité espagnole. Lui, Henri d'Anjou, auréolé par la gloire de Moncontour et de Jarnac, peut ravir aux Guises le prestige dont ils jouissent auprès des catholiques. Il s'en vante auprès de ses proches amis, Saint-Sulpice, Caylus, d'O, d'Entragues

– son cher « Entraguet » – qui le soutiennent unanimement. Pourquoi accepter le trône de Pologne quand celui de France est à sa portée ?

Charles toise Henri. La rumeur qu'il pourrait ne point quitter le Louvre lui est parvenue. Il est à bout de patience. Devant lui son frère garde sa contenance arrogante, il a aux lèvres un sourire narquois qui attise un peu plus encore la fureur du roi. Sa voix tremble de colère.
– On me dit que vous avez des ambitions qui vont au-delà de vos fonctions. Je ne les tolérerai pas, mon frère. En France, il ne peut exister deux rois. Il est nécessaire que vous quittiez mon royaume pour chercher une autre couronne. Quant à moi, j'ai l'âge de me gouverner moi-même.
Le ton exprime un tel courroux, une telle haine qu'Henri recule d'un pas. Il veut protester, se justifier, quand Charles dégaine un poignard de sa ceinture.
– Une intrigue de plus, un mot de plus même et je me charge de vous faire taire par la force.
Blême, Henri claque derrière lui la porte du cabinet de travail du roi. Son frère croit-il qu'il va oublier cette humiliation ? Il voit les yeux creux, le teint blafard, le sang craché dans le mouchoir. Il sait que Charles n'a plus longtemps à vivre. « Qu'il crève, pense-t-il en regagnant ses appartements, et qu'il crève sans tarder, tout comme sa clique de huguenots. »

Une aube radieuse se lève sur Paris ce dix-huit août. Installée comme la coutume l'exige à l'évêché, Margot sait que sa mère va surgir d'un instant à l'autre pour assister à sa toilette. La dispense papale n'est pas arrivée. Ce mariage qui la rebute pourrait donc être déclaré non valide. C'est pour elle une sécurité.

La méfiance règne dans la capitale. L'union d'un huguenot et d'une catholique ? Quel plan machiavélique est-ce donc ? Les prêtres se déchaînent contre ce pacte avec Satan, les Guises attisent en sous-main la haine des catholiques contre les bandes de protestants qui ont envahi les rues de la ville. On se croise, on se toise, on ne se mêle pas.

Catherine a consulté ses mages. Il y aura des nuages en ce jour de noces. Ils peuvent passer soufflés par un vent favorable, ou crever et noyer Paris. On ne peut dire, tout tient à un fil. La reine mère le sait. Elle compte sur les divertissements, bals, largesses de toutes sortes pour apaiser les esprits. L'élimination de Coligny surviendra quand les huguenots se prépareront à quitter la ville quadrillée par les gendarmes et archers royaux prêts à mater toute sédition.

Margot est un peu pâle, elle a les yeux rouges. Mais Catherine n'y prête aucune attention. Les somptueux atours de noces sont étalés sur le lit et les coffres. On présentera au dernier moment à la jeune fiancée le manteau de velours bleu bordé d'hermine dont la queue de quatre aunes sera portée par des princesses, la couronne royale où ont été serties les plus belles pierres des rois de France. La robe est de satin ivoire et amarante brodé d'or, piquée de perles, galonnée d'argent. Sur les fines chaussures de soie ont été cousus des brillants.

Comme Catherine l'espérait, Margot se déride en passant ses atours. On a rosi ses joues et ses lèvres, souligné ses sourcils à la poudre de charbon. À ses oreilles pendent des perles entourées de petits diamants. Elle est resplendissante et le sait.

Exceptionnellement, Catherine a renoncé à ses voiles noirs de veuve pour revêtir une robe gris tourterelle soutachée de lys et brodée en fils d'argent. Autour de son cou pend un sublime collier de perles noires offert par Henri II. Son pendant en perles blanches a été emporté par Marie Stuart en Écosse. La reine Élisabeth qui le convoitait le lui a soustrait.

Le roi, les ducs d'Anjou et d'Alençon, le duc de Guise, le cardinal de Lorraine attendent pour mener la reine mère et sa fille à Notre-Dame où le fiancé les rejoindra.

Sur l'estrade dressée devant le parvis de la cathédrale se tiennent déjà Henri de Navarre vêtu comme le roi de satin rose, le prince de Condé, ses gentilshommes navarrais, Coligny dans son habit sombre coiffé d'un béret de feutre noir.

Au pied de la tribune, la foule se presse. Des injures s'élèvent de temps à autre que le groupe des huguenots ignore superbement.

L'arrivée de la fiancée et de sa mère déchaîne l'enthousiasme. On applaudit, on pousse des cris de joie. Margot rosit, la tête haute sous la lourde couronne. Catherine respire mieux. L'allégresse va décidément l'emporter sur la haine.

Au bout de l'estrade, deux prie-Dieu sont accolés. Il est convenu que le consentement des époux sera reçu sur le parvis. Puis la mariée pénétrera avec son époux et son escorte dans la cathédrale. Devant l'autel, Henri de Navarre la confiera à son frère le roi et les huguenots regagneront l'estrade sans assister à la messe.

Henri tend la main à sa future épouse pour l'aider à s'agenouiller. Épouser cette petite cousine fraîche et déjà dodue est un service qu'il rend bien volontiers à la cause de la paix religieuse, mais les amis qui l'ont accompagné à Paris restent défiants. La tension entre les deux communautés est vive et la moindre échauffourée peut mettre le feu aux poudres.

Le tronc droit, la tête haute, Margot s'agenouille. Elle comprend soudain que ce manteau à traîne, cette couronne, toutes ces simagrées organisées autour de ses noces sont des pièges. Elle ne peut, ne veut passer le reste de ses jours avec Henri de Navarre, loin de Paris ou des châteaux de Touraine. Et les huguenots, avec leurs vêtements sombres, leurs mines d'enterrement, la répugnent. Elle aime les pompes du catholicisme, les chants, les ors, l'encens, les vêtements sacerdotaux, la sonnerie des cloches. Personne ne peut la contraindre à célébrer la messe en cachette dans ses appartements, à se vêtir de toile, à se coiffer de tresses. Henri est un bon garçon mais si pataud, si paysan !

Le cardinal de Bourbon s'approche des mariés pour recevoir leur consentement. Condé se tient aux côtés d'Henri de Navarre, le roi à ceux de sa sœur. Le fiancé ayant accepté de prendre Marguerite de Valois pour femme, le cardinal se tourne vers l'épousée. Tétanisée, Margot ne peut prononcer le oui fatal. Elle n'épousera pas Henri. Ces quelques secondes de silence semblent une éternité. Catherine fronce les sourcils.

Stupéfait, le cardinal répète la question.

– Voulez-vous prendre pour époux Henri de Bourbon-Navarre ici présent ?

Charles s'emporte. En croyant pouvoir agir à sa guise, cette sotte de Margot se trompe ! D'un coup de poing sur l'arrière de son crâne, il force sa sœur à incliner la tête.

– Devant Dieu, je vous déclare mari et femme, prononce aussitôt le cardinal.

On entre dans la cathédrale, les huguenots ne se découvrent pas et une rumeur de réprobation court dans l'assistance. Ces parpaillots cherchent-ils à les braver à l'intérieur même de Notre-Dame de Paris ? Les orgues tonnent, les cloches sonnent à toute volée. Henri remet sa femme au roi et ressort escorté de tous les siens. Coligny ferme la marche, l'air si digne que les moqueries ne passent pas les lèvres.

La messe s'éternise et le groupe des huguenots, toujours debout sur l'estrade, s'impatiente. Tout le monde sue à grosses gouttes.

Enfin, impassible, Margot émerge du parvis. Quelle étrange mariée que cette princesse au regard fixe, à la bouche close qui va vers son époux comme si elle était de corvée. Mais les pages commencent à jeter les piécettes tant attendues. « Largesse, largesse ! » clament-ils selon la coutume. On se bat, on se piétine pour ramasser les écus d'argent. À chaque mariage royal, on évacue quelques cadavres et beaucoup de blessés, comme lors des noces du dauphin François et de la petite reine d'Écosse où la foule était particulièrement nombreuse. Les pièces de monnaie empochées, on se rue vers les fontaines qui crachent du vin, les tréteaux dressés au coin de la rue de Chartres et devant l'église Saint-Germain-l'Auxerrois où sont empilées miches de pain, charcuteries et confiseries. Le soir, on dansera place de Grève au son des violes et des flûtiaux, oublieux des innombrables suppliciés qui ont péri ici même, brûlés vifs, roués, pendus, écartelés.

On trinquera encore et encore au bonheur des époux qui au fond de leur lit doivent déjà se payer du bon temps.

Couchée la première, Margot attend Henri. Épuisée par le banquet, les homélies, les poèmes en son honneur prononcés par Ronsard, elle ressent cependant dans le ventre un désir violent. Depuis trop longtemps privée de volupté, elle ne refusera pas de se donner. Et Henri aime les femmes, les grandes, les petites, les plantureuses, les comtesses et les ribaudes. Il sera un partenaire expert et peu importe qui il est et comment il s'exprime.

Le lendemain on banquette, on danse, on assiste à un tournoi où on applaudit Henri d'Anjou travesti en amazone. La courte jupe dévoile des jambes épilées qu'il a belles, la tunique une épaule blanche. Il porte perruque et des sandales de cuir argenté. On rit de la démarche gauche du roi de Navarre déguisé en Turc, coiffé d'un turban et chaussé de babouches aux pointes exagérément recourbées.

Mais on se divertit, pense Catherine, là est l'essentiel.

Le lendemain, dans la cour du Louvre, sont organisés une série de tableaux vivants où dansent nymphes et satyres dans un décor de carton-pâte. Une grande roue a été érigée qui tourne éclairée de torches. Ses douze mouvements permettent à chacun d'y lire son avenir. Puis suit un concert avant de danser encore, de sauter, de virevolter, de rire sous les masques, les déguisements, les voiles. Arrivé de Champagne, d'Arbois, de Touraine, de Charente, de Savoie, de Provence, de Paris, le vin coule à flots, de quoi faire oublier leur vertu aux prudes et redonner de la verdeur aux vieillards. Des feux de Bengale sont allumés le long de la Seine où des barques peintes en or sont prêtes à faire passer d'une rive à l'autre ceux qui veulent regagner leur logis. À nouveau vêtue de noir, Catherine ne perd pas des yeux les groupes huguenots. Même au milieu de la fête ils restent solidaires, comme s'ils pressentaient un danger. Le projet d'assassiner Coligny est pourtant un secret fort bien gardé. Elle peut compter sur les Guises.

La reine mère se couche de bonne heure la nuit du vingt et un août. Auparavant, elle a convoqué Henri d'Anjou dans sa chambre. Le meurtre du lendemain, explique-t-elle, est un poids sur sa conscience, mais toute faiblesse serait pire car beaucoup de gens périraient des conséquences de celle-ci.

– Vous êtes prince, mon fils, poursuit-elle d'une voix déterminée, et vous devez agir en prince pour donner l'exemple afin de bien faire comprendre que de la miséricorde mal accordée naissent meurtres et rapines. N'hésitez jamais à sacrifier une tête pour le salut du troupeau.

Henri opine. Mais il n'est point roi et son frère peut penser autrement. Le meurtre de son « père » Coligny va frapper Charles comme la foudre. Ils doivent s'attendre à une subite colère, à des gestes de violence irréparables.

– Charles me hait, chuchote-t-il. Ne pouvant se retourner contre vous, ma mère, il va fondre sur moi.

Un léger sourire éclaire la face lunaire de Catherine.

– Il ne songera pas à toi un instant, mon fils, promet-elle en italien, mais au duc de Guise. Quand rôdent autour d'un cadavre un loup et un tigre, c'est ce dernier qu'on accuse.

Elle dort d'un sommeil lourd. Le tueur Maurevert est déjà installé au rez-de-chaussée d'une maison de la rue des Fossés-Saint-Germain. Coligny l'emprunte toujours quand il va du Louvre à sa demeure. La maison ayant deux entrées,

Maurevert pourra s'échapper par la porte arrière. Catherine n'est pas entièrement satisfaite du choix des Guises, elle aurait préféré confier cette délicate mission à un de ses fidèles italiens. Mais le duc de Guise a insisté. Maurevert est attaché à la maison de Lorraine où il a été page avant de devenir un de leurs hommes de confiance.

L'itinéraire de Coligny a été minuté. Convoqué de bonne heure par le roi, il le quittera quand ce dernier se rendra à la messe après une partie de paume et rentrera chez lui à pied. Il sera dix heures environ. Le cheval est sellé, une bête jeune et rapide. À la porte Saint-Denis, les gardes ont été prévenus de laisser passer « un cavalier pressé ». Ordre du duc de Guise.

Bien que la matinée ne soit guère avancée, le soleil est déjà chaud et Coligny, escorté d'une quinzaine de ses fidèles, ne se hâte pas. Il est heureux de profiter bientôt de l'ombre de l'église Saint-Germain-l'Auxerrois. Ensuite il traversera la rue de Béthisy où se dresse son hôtel. Il s'est attardé un peu avec le roi et songe à ce jeune homme dont la bonne volonté et la clarté de vue sont sans cesse contrecarrées par sa mère et les Guises. Cette intervention en Flandres est une nécessité, et en son âme et conscience, il ne croit pas en une guerre avec l'Espagne. Philippe est l'allié d'Élisabeth d'Angleterre, un équilibre se fera.

Soudain l'amiral remarque que le cordon qui ferme une de ses chaussures est délacé. Pour ne pas risquer une chute, il se penche quand claque la détonation d'une arquebuse. La fenêtre d'où est parti le coup est proche. Deux amis de Coligny se précipitent, enfoncent la porte mais ils n'entendent que le bruit d'un cheval au galop.

L'amiral est blessé au bras, un doigt est presque arraché, mais le lacet dénoué lui a sauvé la vie. Transporté dans son hôtel, il est allongé sur son lit. « Courez chercher monsieur Paré », ordonne sa femme. En attendant le grand chirurgien, protestant comme eux, elle fait préparer des bandelettes, bouillir de l'eau. Une foule de huguenots se presse déjà autour du blessé, révoltée, prête à la vengeance. Qui a osé ? Le roi ? Guise ? On penche pour ce dernier, le traître des traîtres. Pourquoi ne pas se rendre en force chez lui et l'assassiner ? L'amiral les apaise. Face à cette fureur aveugle, il faut garder son sang-froid. N'agir qu'au moment propice.

Ambroise Paré coupe le doigt écrasé, extrait la balle logée dans l'avant-bras. Coligny ne bronche pas mais, blafard, serre les dents. Sans cesse sa femme passe sur son front un linge imbibé d'eau de rose. La chaleur est lourde, des mouches vrombissent, attirées par le sang. Ambroise Paré bande les plaies qu'il a badigeonnées d'eau-de-vie. L'amiral a une bonne constitution, il vivra.

Gondi s'approche à pas feutrés de Catherine de Médicis et chuchote à son oreille. La reine mère, qui entame un fromage blanc à la crème fouettée nappée de miel, sursaute mais aussitôt se domine. Affichant une mine sereine, elle tend la main vers une brioche aux cédrats confits, en engloutit une tranche, se lève. Sans attendre, elle doit voir Anjou puis se rendre auprès du roi.

Charles n'accuse encore personne mais est décidé à avoir le cœur net sur les auteurs de cet attentat.

Que son fils ne lui fasse part d'aucun soupçon atterre Catherine bien plus que s'il avait prononcé les noms des ducs d'Anjou ou de Guise. Elle se contente de répéter que l'amiral est sauf et qu'elle compte lui rendre visite au plus tôt, accompagnée du duc d'Anjou. Le regard de Charles est glacé, pénétrant. Devine-t-il ?

— Où se trouvent le roi de Navarre et le prince de Condé ? interroge-t-il.

— Au chevet de monsieur de Coligny avec leurs principaux capitaines.

— La rue est donc informée de cet attentat, murmure le roi. Que Dieu nous garde ! J'irai aujourd'hui, mère, voir « mon père » et l'assurer que tout sera fait pour le venger.

Déjà échauffé par la présence des huguenots dans ses murs, Paris est en ébullition. Qui a voulu tuer l'amiral de Coligny ? On parle des Guises du bout des lèvres sans vouloir y croire. Le roi ? Mais il se disait son ami, quel jeu jouerait-il alors ? Certains avancent le nom de Philippe II, d'autres pensent à une vicieuse machination protestante pour pouvoir fondre sur les catholiques et les massacrer. Faut-il s'armer ?

Du côté protestant, la fébrilité est aussi intense. Une minorité opte pour la fuite immédiate, sûre que cette tentative d'assassinat n'est que le prélude à l'élimination de tous les huguenots ; d'autres, la majorité, affirment que l'amiral poussant le roi à la guerre, on a voulu sa mort pour des causes politiques, non point religieuses. Certains enfin sont sûrs qu'il s'agit là de l'œuvre du seul duc de Guise vengeant l'assassinat de son père.

Au chevet de celui dont il se dit le fils, le roi a les larmes aux yeux.

— Vous avez la blessure, mon père, moi j'ai la peine.

L'amiral serre la main de Charles.
— Pas un instant, Sire, je n'ai pensé que l'ordre de m'assassiner venait de vous.
— Je traquerai le criminel, affirme Charles, et le ferai écarteler.
Coligny a la force de sourire.
— Faire écarteler le duc de Guise, Sire ?
Charles sursaute. Jusqu'à présent, il a refusé de croire coupable son cousin lorrain.
— Avez-vous la certitude qu'il a organisé cet attentat ?
On tire les rideaux pour donner un peu de fraîcheur à la pièce où se pressent une quinzaine de personnes. La reine mère et le duc d'Anjou vont arriver d'un moment à l'autre.
— Je n'accuse pas formellement sans preuves, Sire. La justice royale fera son œuvre.

Catherine est atterrée. Le roi exige une enquête minutieuse. Jusqu'où va-t-on remonter ? Si on les soupçonne, Henri et elle, l'affaire sera assurément étouffée, mais l'œuvre de sa vie, celle d'obtenir une réconciliation nationale, se trouverait ruinée. Les Guises, eux, ne craignent rien. Charles n'osera pas s'attaquer à une famille vénérée des Parisiens quand les catholiques grondent dans les rues. Mais les huguenots crient vengeance et se font menaçants. Pour eux il n'y a point de doute. Les Valois sont bien les alliés des Guises dans cette forfaiture. Les plus excités parlent d'investir le Louvre, de se saisir de la mère et de ses trois fils, sans oublier Margot, cette catin fardée et pommadée qui exhibe ses seins et va tenter par toutes sortes de sorcelleries d'attirer son époux dans une église.

Paris est devenu une ruche vrombissante. À la proposition du roi d'installer Coligny au Louvre, la famille de l'amiral oppose un refus catégorique. Chez lui, rue de Béthisy, entouré des siens, le blessé est en sécurité. Le transporter au Louvre, c'est le jeter dans la fosse aux lions.

Sans sourciller, le roi reçoit l'affront. Dans le vieux palais médiéval ou dans les majestueux bâtiments attenants nouvellement construits se succèdent couloirs et cabinets à recoins où peuvent se dissimuler de potentiels assassins. Chaque gentilhomme porte avec lui un pistolet chargé, une dague affûtée. Henri de Navarre lui-même est-il en sécurité ?

La peur chemine du côté catholique comme huguenot, la rage aussi et le désir de vengeance. Le roi a promis cinquante arquebusiers pour protéger la demeure de l'amiral. Il va les dépêcher le lendemain à l'aube.

Depuis son retour de chez Coligny, Charles ne cesse de faire les cent pas dans ses appartements. Il sait que les Parisiens l'accusent d'être le complice de l'amiral, de céder à ses volontés comme celle d'expédier des soldats catholiques pour venir en aide aux protestants flamands. Venant des quais, un cri plus fort que les autres lui parvient : « Eh roi, tu veux faire de nous tous des huguenots ? » Et les petits discours de l'amiral lorsqu'il était à son chevet, l'exhortant à épurer son Conseil en éloignant les extrémistes inféodés à Philippe II, ne sont pas tombés dans des oreilles de sourds. Même à terre, répète-t-on, l'amiral continue à dominer le roi de France.

Charles ne peut prendre de décision. Ordonner à Coligny de fuir Paris avec les siens ? Ce serait ridiculiser la parole qu'il lui a donnée de faire promptement justice. Se tourner contre les Guises ? Cette décision ne ferait qu'irriter davantage des Parisiens surexcités. Convoquer sa mère et son frère pour leur faire comprendre qu'il n'est point leur dupe ? L'arquebuse trouvée sur le lieu de crime porte le chiffre d'Henri d'Anjou, son exécrable frère. Si les catholiques sont potentiellement dangereux, les huguenots le sont tout autant. Le roi est à bout de forces, à bout de nerfs. Il voudrait s'éveiller, oublier le cauchemar qui le hante. Mieux vaut tenir son frère à distance. Contempler sa figure fardée pourrait déclencher en lui une colère telle qu'il serait capable de le gifler. Quant à sa mère, il peut fort bien exiger qu'elle fasse ses bagages pour déguerpir en Italie.

Il a mal à la tête, transpire. Il tousse. La tension, la chaleur le tuent. Les seules personnes capables de l'apaiser un moment sont Élisabeth sa femme et Marie sa maîtresse. Il ne peut se rendre chez Marie, Paris n'est plus sûr, mais la présence d'Élisabeth toujours douce et compatissante lui fera du bien. Elle est fière d'être enceinte. « Ce sera un dauphin », affirme-t-elle. Seule, dans ce palais maudit, elle montre de la compassion, une sérénité qu'aucune vilenie ne vient troubler.

Henri de Valois et Margot se terrent au Louvre, le premier parce qu'il sait les menaces qui pèsent sur lui, la seconde parce qu'elle n'ignore pas à quel paroxysme est montée la haine entre les catholiques et les huguenots. On lui dit peu de choses, mais ses naines ont rapporté des rumeurs alarmantes. Doit-elle les croire ? Et Henri de Navarre a disparu. On le dit chez l'amiral de Coligny. Complote-t-il lui aussi contre sa famille ? Est-il vrai que, doutant de la probité royale, la famille et les amis de l'amiral ont l'intention de se faire justice eux-mêmes ?

Dans les couloirs, Margot entend des pas pressés, des cliquetis d'armes, un remue-ménage inhabituel qui semble confirmer les alarmes des naines. En dépit de la chaleur oppressante, elle garde son corset, son vertugadin. Quoi qu'il arrive, elle veut rester digne. Qui oserait par ailleurs s'attaquer à Marguerite de Valois, fille de France et reine de Navarre ?

7

Durant toute la nuit du vingt-deux au vingt-trois août 1572, vociférations, cris, propos menaçants fusent dans les rues de Paris. Un court orage n'a pas rafraîchi l'atmosphère. Par communautés on s'appelle, on se regroupe. Les uns jurent de venger Coligny et d'égorger Catherine, son fils Henri et le duc de Guise, les autres d'écraser comme vermine Coligny et les siens. On a l'impression qu'un verrou a sauté, ouvrant grande une brèche d'où déferlent défiances, ressentiments et peurs. Les boutiques sont cadenassées, les bourgeois posent des barres de fer sur leurs portes d'entrée, on ferme à double tour les portails des églises. Les Parisiens craignent le pire : un complot huguenot pour s'emparer de la famille royale et de la ville.

Au petit matin, Charles réunit son Conseil. La situation exige d'immédiates décisions. Aux côtés du roi se tiennent Catherine, le duc de Nevers, le maréchal de Tavannes, Gondi. Tavannes, en homme de guerre, parle le premier :

– Il faut mater les séditieux.

– Et comment donc ! s'exclame Catherine. La ville n'est

déjà plus maîtrisable, les huguenots sont armés jusqu'aux dents !

Le roi s'entête.

– Il reste la voie de justice, celle promise à l'amiral.

– Sire, intervient Gondi, il y a huit mille hommes de la religion dite réformée dans Paris. Tous sont prêts à obéir à leurs chefs. La justice ordinaire étant impossible, vous devez avoir recours à votre justice extraordinaire.

– Le danger est imminent, insiste Catherine. Usez, mon fils, du glaive que Dieu vous a confié pour l'élimination des mécréants.

Tour à tour le roi observe sa mère, son frère, ses conseillers. La détermination se lit sur tous les visages.

– Ce serait à mon grand regret et déplaisir.

Combien de temps va-t-il pouvoir temporiser ?

– Pensez, mon frère, au salut de l'État, susurre Henri.

Charles se retourne brusquement vers son frère mais que peut-il répliquer ? L'État en effet est en grand danger.

– Éliminez les meneurs, précise Catherine, les autres seront jugés.

Charles baisse la tête. Un poids insupportable l'écrase. Il faut trancher à l'instant, mais comment ? Il a donné sa parole à Coligny de le protéger. Peut-il, lui, le roi de France, être un parjure ?

– À quels chefs huguenots pensez-vous ? interroge-t-il d'une voix blanche.

Une liste a été préparée. En tête, il y lit le nom de l'amiral suivi de cinquante autres.

– Loin d'apaiser les factieux, leur élimination les excitera davantage encore, observe-t-il.

– Ils ne pourront agir, mon fils. Paris va fermer ses portes, tous les bateaux seront rassemblés sur la rive droite de la Seine et immobilisés par des chaînes. Outre vos gardes, la milice bourgeoise, les gendarmes et chevaliers de guet seront armés et des canons seront disposés devant l'Hôtel de Ville. Quel débordement craindriez-vous ?

Charles ferme les yeux. Il voit des cerfs traqués par la meute. Un mur les arrête. Acculées, les bêtes tentent de se défendre mais sont vite éventrées puis dépecées. Le sang ruisselle. C'est la loi de la nature, la règle du jeu. La pitié est pire qu'un coup de dague.

– Tuez-les, grince-t-il, tuez-les tous.

En percevant les hurlements qui se rapprochent de sa demeure, Coligny comprend qu'il va mourir. Le roi l'a permis. Quels mensonges a-t-on pu utiliser, quelle contrainte a-t-elle pesé sur Charles pour le pousser à cette déloyauté ?

L'amiral ferme les yeux, il est prêt à mourir en chrétien. À cinquante-trois ans, mari, père irréprochable, homme d'État ayant servi trois rois de France, il a la conscience tranquille. Le péché retombera sur ses assassins. « Les Valois seront maudits », pense-t-il, alors que les pas martèlent l'escalier menant à sa chambre. Où sont passés les arquebusiers placés devant sa porte par le roi afin de le protéger ? L'ordre de le tuer vient donc bien de Charles. Il entend dans sa propre maison des cris d'agonie.

– Il ne me reste plus qu'à prier, dit-il à ceux qui se pressent dans sa chambre. Fuyez par la fenêtre, gagnez les toits, quittez Paris au plus vite !

Seul Nicholas de La Mouche refuse de quitter l'amiral. Il lui est attaché depuis tant d'années qu'il veut périr à son côté.

Gaspard de Coligny connaît l'homme qui se tient auprès de son lit, une épée à la main. Maintes fois il l'a croisé au Louvre dans la suite du duc d'Anjou.

– Jeune homme, prononce-t-il d'une voix forte en se redressant sur son bras valide, respecte mes cheveux gris et ma vieillesse.

L'épée entame le cuir chevelu qui ruisselle de sang. Les yeux fermés, Coligny entonne un psaume quand cinq lames le transpercent.

– Jetez le corps par la fenêtre, ordonne le chevalier de Besme qui a frappé le premier.

On hisse la dépouille. Coligny respire-t-il encore ? Peu importe. Il est précipité dans la rue.

– Que la volonté de Dieu soit faite ! clame le duc de Guise.

La dépouille tombe à ses pieds. Son père est vengé.

– Où sont ses comparses, mordieu ? Où sont les amis du traître ? tonne Besme.

On n'a découvert dans la maison que des femmes, des serviteurs terrifiés.

La petite troupe se lance à la recherche des fuyards. On débusque François de La Rochefoucauld chez lui, à deux pas de la rue de Béthisy. Courant sur les toits, Charles de Téligny, gendre de Coligny, est abattu d'un coup de pistolet.

– Trouvez les autres, ordonne Besme, ils ne peuvent être bien loin.

Au Louvre, Charles s'est enfermé dans sa chambre. Il sait qu'on va regrouper les gentilshommes protestants, ses hôtes, et les massacrer. Nul sinon lui n'est responsable de ce déshonneur. N'est-il pas le roi ? Soudain, il pense à Margot. Se pourrait-il qu'un huguenot proche du roi de Navarre l'assassine par vengeance ? Il appelle un écuyer et lui donne l'ordre de conduire sa sœur Marguerite chez Claude, la duchesse de Lorraine, qui, venue pour les noces, loge encore au palais.

On trouve Margot dans sa chambre, couverte de sang. Pour échapper à ses assassins, un huguenot blessé a forcé sa porte et s'est jeté sur elle en la suppliant de le protéger.

Avec témérité, la jeune femme s'est interposée entre lui et les gardes :

– On ne pénètre pas sans ordre dans la chambre d'une fille de France. Cet homme est mon hôte, j'en réponds.

Droit dans les yeux, elle a toisé Nansay, leur capitaine.

– Je place mon ami sous votre sauvegarde, monsieur de Nansay. Votre vie est garantie par la sienne.

Sans essuyer le sang qui tache sa robe et ses mains, Margot se laisse entraîner chez la duchesse de Lorraine. Dans les couloirs, les cadavres sont si nombreux qu'il faut les enjamber. Soudain Margot s'immobilise, elle entend le tocsin qui sonne à l'église Saint-Germain-l'Auxerrois, vite relayé par les cloches de l'horloge du Palais de justice. Quel danger, quels ennemis signalent ces sonneries lugubres ?

– Madame, explique le gentilhomme qui l'escorte, les huguenots sont à nos portes. Mais ne craignez rien, ils vont tous périr.

Lorsque les Parisiens surexcités commencent à dépecer le corps de Coligny, Guise détourne la tête. Il a mieux à faire qu'à contempler ces excès. Il faut exterminer les gentilshommes huguenots qui ne sont pas au Louvre. Seuls Navarre et Condé sont sous la sauvegarde du roi.

– Ces beaux messieurs sont tous rassemblés au Pré-aux-Clercs, annonce un écuyer de son escorte.

– Faites détacher des bateaux et embarquez des soldats. Je vais les rejoindre à cheval.

Le groupe des huguenots voit approcher les barques. Les mousquets et pistolets scintillent sous le soleil déjà ardent.

– Fuyons ! hurle le comte de Montgomery.

Dix cavaliers partent au grand galop. Les autres, faute de monture, se préparent à mourir.

À Montfort-l'Amaury, Guise et les siens doivent abandonner la poursuite et tourner bride. Les chevaux peinent à regagner Paris. La Seine que le groupe de cavaliers longe vers le Louvre est rouge de sang, des cadavres flottent que les hommes contemplent les dents serrées : hommes, femmes, enfants égorgés, éventrés. Le duc se signe :

– Que Dieu leur accorde miséricorde.

– Justice est faite, assure le duc d'Aumale, son oncle, ces gens-là étaient des ennemis de la France.

Dès le faubourg Saint-Germain, le groupe des Guises voit des malheureux qui tentent d'échapper à leurs poursuivants armés de couteaux, de haches, de marteaux. Des Parisiens comme les autres, des commerçants, des artisans devenus des loups ivres de sang.

Henri de Guise a cessé de se réjouir. Coligny mort, sa famille arrêtée ou exécutée, ses biens confisqués, ses titres et honneurs foulés aux pieds, ses châteaux bientôt rasés, il a obtenu bonne vengeance. Mais une tempête a été levée qu'on ne peut plus arrêter. Elle va briser, détruire, écraser. Personne n'y peut plus rien, ni le roi, ni la reine mère, ni lui.

Dans son cabinet de travail, Catherine écrit fébrilement au roi d'Espagne. La missive doit partir pour Madrid au plus vite par courrier spécial pour que Philippe II apprenne d'elle-même les événements en train de se dérouler à Paris. Quoiqu'elle n'ait nulle joie au cœur, elle doit se féliciter des massacres, affirmer que le roi a fait son devoir et que la couronne d'Espagne et celle de France sont plus unies que jamais.
Le tocsin sonne toujours à Saint-Germain-l'Auxerrois ; ce son monotone, lugubre lui met les nerfs à vif. Elle sait que ses ordres ne sont plus obéis, que la population est en train de massacrer tous les protestants jusqu'aux nouveau-nés. On égorge, on assomme, on découpe tout ce qui sent la huguenoterie, on pille, on viole. Des messagers se succèdent, relatant les pires horreurs.
Catherine signe sa lettre et soupire. Il faut qu'elle se rende maintenant chez le roi.
Quand Charles ne reste pas prostré sur un fauteuil, il court à une de ses fenêtres, rit ou pleure.
– Êtes-vous satisfaite, madame ? hurle-t-il d'une voix hystérique. Vous contemplez là ce que vous vouliez voir, une bacchanale d'égorgeurs.
– Jamais nous n'avons ordonné cela et vous le savez fort bien, proteste-t-elle. Mais sans doute avons-nous sous-estimé la haine que vos Parisiens vouent aux huguenots.
– Faut-il donc les exterminer jusqu'au dernier dans mon royaume ?

— Nullement. Je doute que cette violence aveugle gagne nos provinces. Vos sujets protestants continueront à y vivre tranquilles.

Charles va et vient dans son cabinet de travail. De temps à autre, il donne un coup de pied dans un meuble ou frappe un mur du poing.

— Je suppose que les huguenots se défendent, prononce-t-il enfin en dévisageant sa mère. Beaucoup des nôtres ont-ils péri ?

— Presque pas, rassurez-vous. Ceci paraît étrange mais les huguenots ne luttent guère.

Charles ricane.

— Comment résisteraient-ils ? Ne les avez-vous pas fait assassiner dans leur sommeil ? Et ici même, dans mon palais, n'ont-ils pas été désarmés avant d'être massacrés ?

Catherine se laisse tomber sur un siège. Son fils croit-il qu'elle traverse ce drame le cœur léger ? Ce carnage est pour elle un considérable échec. Attisée, la haine se déchaînera plus vive encore, au moindre prétexte. Elle comptait sur quarante à cinquante exécutions, on en dénombrera sous doute des milliers.

— Vous avez donné vos ordres, mon fils, ne les regrettez point. L'abcès était si infecté qu'il allait gangrener le corps tout entier. Si l'opération est douloureuse, elle était nécessaire.

— La justice est une chose, madame, la vengeance la plus aveugle une autre.

Catherine soupire. Par la fenêtre ouverte sur la Seine, elle voit voleter une petite plume blanche, celle d'un eider sans doute, ces grands canards dont on prise si fort le duvet pour garnir les toques. Un couvre-chef tombé à terre avec celui qui le portait. Maintenant elle doit courir chez sa fille Claude, retrouver Margot qui s'y est réfugiée. La jeune épousée doit persuader Henri de Navarre de se convertir. Il n'a pas le choix. Elle-même se chargera de Condé.

Le roi de Navarre n'hésite guère. Abjurer ou mourir ? Son choix est fait, il veut vivre. Les mots qu'il prononcera ne voudront rien dire, ils berneront, ils ridiculiseront.

Henri apprécie le geste de Margot qui a mis à l'abri trois des siens dont un gentilhomme blessé venu chercher secours dans sa chambre. Condé refuse encore de se convertir. Henri est sûr qu'il ne tergiversera plus longtemps. Le gentil prince peut-il s'imaginer la tête sur un billot, laissant veuve une délicieuse épouse convoitée par maints galants dont le duc d'Anjou ? Sa rage, il la dissimule, mais elle éclatera en temps voulu. Ses proches amis l'ayant escorté depuis le Béarn pour assister à ses noces ont péri. À tous il avait donné sa parole qu'ils ne courraient aucun risque. À près de dix-neuf ans il n'a plus aucune illusion. Le vainqueur est celui qui sait le mieux dissimuler : il va rester bon compagnon avec les assassins des siens, jouer à la paume avec le roi, trousser Margot, tenter d'oublier les horribles images de ses coreligionnaires martyrisés, découpés, émasculés, brûlés, noyés. Il ne veut pas entendre encore et encore le hurlement des mourants, le bruit des corps s'écrasant au sol après avoir été défenestrés. Il faut rire, plaisanter, faire l'amour, danser. Il faut feindre, se masquer, surveiller chaque phrase, chaque mot qu'il prononce. Le cœur lui saigne de savoir qu'on va imposer le catholicisme dans son cher Béarn. Ses sujets sont butés, têtus mais rusés.

Ils comprendront qu'ils doivent imiter leur souverain. Simuler, attendre. Bientôt il sera de retour parmi eux.

Dans le cimetière des Saints-Innocents, un aubépinier desséché qu'on croyait mort depuis longtemps vient de refleurir. En plein mois d'août et sous la fournaise. Un événement mineur qui dans ces circonstances devient considérable. Le peuple s'enthousiasme. On se presse autour de l'arbuste, on s'agenouille. On remercie la Sainte Providence qui par ce fait extraordinaire soulage la mauvaise conscience pesant au fond des cœurs.

– Nous irons tous aux Saints-Innocents, s'exclame Catherine, ce miracle est une preuve du soutien de Dieu. Le Seigneur approuve notre répression et la mort de ses ennemis.

La visite des Valois au grand complet consacre le miracle. Le roi remercie ses bons sujets, les bénit. On est enfin heureux dans un monde débarrassé de la lèpre huguenote.

Pour ce pèlerinage, le roi et ses frères se sont vêtus sobrement. Henri lui-même a renoncé aux broderies et aux bijoux. Ce prodige par ailleurs frappe Charles profondément. Il y voit un signe de Dieu. Il est tombé à genoux dans son oratoire, a prié avec ferveur pour être éclairé sur la justesse de ses décisions. Le ciel lui a répondu et il en tire une certaine paix.

Loin d'apaiser la violence, ce miracle, l'entérinement divin transmis par l'intermédiaire d'un modeste arbuste, déchaîne une nouvelle vague de massacres. Pour débarrasser les rues on entasse les cadavres dans des tombereaux avant de les jeter à la Seine ou dans des fosses hâtivement creusées.

Le roi ne chasse plus, ne lit plus, ne compose plus de musique de vénerie, il ne se rend plus chez la reine ou chez sa maîtresse. Entouré de ses chiens, veillé par sa nourrice, il marche, s'assied, tombe à genoux, se relève, va vers une de ses fenêtres devant laquelle il reste debout un temps infini. Il mange à peine, les crachements de sang se succèdent.

Le trente août, le souverain se ressaisit, convoque le Conseil.

– Il faut planter des potences aux carrefours et y pendre sur-le-champ quiconque sera surpris à tuer ou à voler.

Gondi affirme que la rage des Parisiens vient de retomber. Maintenant on rassemble les vêtements, les bijoux, les armes, les chevaux de ceux qui ont été massacrés. Du bon négoce en perspective et nombreux sont ceux qui se frottent les mains. Mais ce que Gondi n'ose révéler au roi, c'est que les tueries ont gagné les provinces. Les gouverneurs ne comprennent rien à l'attitude royale : faut-il ou non éliminer les huguenots ? Finalement, chacun interprète la situation selon ses dispositions personnelles. À Lyon, monsieur de Mandelot tente de protéger ses protestants. En dépit de ses efforts, cinq cents d'entre eux sont massacrés. À Orléans, on les élimine quasiment tous ; à Meaux, on tue deux cents parpaillots et un receveur des impôts bon catholique. À Blois, à Tours, à Saumur, à Bourges, à Rouen, dans maints bourgs et villages on extermine tandis qu'en Provence, en Auvergne, en Périgord, en Guyane, les gouverneurs choisissent la clémence. Aucun ne veut croire que leur roi ait pu commander d'aussi viles actions.

Mais des bandes de voyous prêts à tous les mauvais coups se répandent dans les campagnes. Puisque le roi autorise le meurtre, le pillage, le viol, ils sont enchantés de lui obéir. De justesse, le vieux chancelier Michel de L'Hospital, protégé par ses serviteurs, échappe à la mort. On reluquait, entassés dans ses coffres, d'imaginaires réserves de sacs d'or.

La sauvagerie la plus démente est libérée.

L'automne arrive. Il faut vaquer aux champs, vendanger, entreposer dans les fruitiers pommes, poires et coings, réparer le chaume des toitures, labourer les champs moissonnés. La tension retombe peu à peu.

Le roi a dépêché des gardes pour faire pendre sans procès les bandits qui terrorisent les paysans. On baisse les yeux en croisant les huguenots survivants mais la vie reprend. Les curés ne prêchent plus la haine en chaire mais l'amour de Dieu et le pardon des offenses. Lorsqu'on évoque les cinq mille protestants massacrés en France, on choisit d'être sourd. Les protestants ? Tant qu'ils ne troublent pas l'ordre public, personne n'a rien contre eux. On cite même des noms de huguenots amis, des gens bien, respectables auxquels on ne souhaite pas le moindre mal.

Mais si la France s'apaise, dans les cours protestantes d'Europe on se déchaîne contre les Valois, les Guises et leurs inféodés. En Suisse, en Allemagne, des mouvements populaires ont lieu et les autorités doivent protéger avec énergie leurs minorités catholiques. Les rassemblements de plus de dix personnes sont interdits à Genève et dans beaucoup de principautés germaniques.

La Rochelle regroupe les protestants qui refusent de se soumettre. Dans les provinces, beaucoup d'entre eux ont abjuré par peur, par intérêt, par tiédeur. Suivant l'exemple du roi de Navarre et du prince de Condé, ils ont accepté la conversion afin de travailler, de vivre tranquilles, de voir grandir leurs enfants.

Prête à se défendre jusqu'au bout, la ville fortifiée de La Rochelle a amassé des vivres, de l'eau, des armes. On attend de pied ferme l'armée royale que commandera une fois de plus, sur ordre de Catherine de Médicis, Henri d'Anjou. La reine mère compte sur une victoire rapide et brillante de ce fils tant chéri. Auréolé de gloire en France, il pourra la tête haute coiffer la couronne de Pologne.

Le roi accepte sans un mot de protestation la nomination de son frère. Il s'en moque. Les cauchemars ne lui laissent aucun répit. Dans son sommeil il entend des hurlements, des gémissements, des grincements de dents. Il se lève, court à sa fenêtre. Les cris sont ceux de dizaines de corbeaux qui tournoient au-dessus du Louvre prêts à fondre sur lui. Il se jette dans son lit, ferme les yeux pour voir surgir des corps lacérés, des faces hideuses couvertes de sang. Ambroise Paré qui le visite chaque jour le rassure du mieux qu'il peut. Il n'est pas fou, il a peur, il est rongé par les remords, il faut tourner le dos au passé, se réjouir de la naissance de sa jolie petite fille, Marie-Élisabeth. Élisabeth l'a mise au monde très vite, presque sans souffrance, n'est-ce pas un signe d'apaisement ?

Charles fuit souvent le Louvre pour passer la nuit avec Marie Touchet, à nouveau enceinte. Dans cette discrète demeure, il peut dormir, les corbeaux ne le suivent pas. Marie pose la main du roi sur son ventre arrondi. Ce fils sera épargné par la malédiction qui pèse sur sa famille. Il grandira fier de son père et l'aimera sans attendre richesse ou pouvoir.

Charles ne la croit guère. Verra-t-il grandir cet enfant ? Parfois sa respiration se fait difficile, il a des sueurs glacées, de la fièvre. Il n'a pas peur de la mort mais est terrifié de retrouver devant le tribunal de Dieu l'amiral de Coligny et sa famille, La Rochefoucauld son ami si cher, débordant de joie de vivre, Riles qui avait héroïquement défendu Saint-Jean-d'Angély en son nom, les Montmorency monstrueusement assassinés alors qu'on leur avait promis la vie sauve et tant d'autres, des amis, des serviteurs, des hommes qui avaient confiance en lui.

On a décroché du gibet de Montfaucon les lamentables restes de l'amiral pendus à un croc. Décapité, démembré, éviscéré, émasculé, il ne restait plus que quelques lambeaux de chair épargnés par les oiseaux de proie. Désormais il peut être inhumé, reposer en paix parmi les siens. En vain Charles tente de chasser de sa mémoire celui qu'il nommait « mon père ».

Henri d'Anjou sait qu'à La Rochelle il va se heurter à une résistance acharnée. Et, adossée à la mer, la ville peut recevoir l'assistance des Anglais comme celle des Hollandais.

La fin du mois de décembre est pluvieuse, des averses lavent les rues qui ne gardent plus trace des massacres. Quatre mois déjà.

À la tête d'une armée de six mille hommes, accompagné par ses cousins Henri de Navarre et Condé, Henri déplore qu'il ne puisse une fois encore s'appuyer sur Tavannes. Le vieux général est sur son lit de mort. Catherine l'a remplacé par ses plus fidèles Italiens, Albert de Gondi et Louis de Gonzague. Et Henri a convaincu maints de ses joyeux et élégants amis de l'accompagner. Personne, pas même Catherine, ne semble s'étonner de cet aréopage si dissemblable. D'un côté Navarre et Condé sur lesquels, elle ne l'ignore pas, on ne pourra compter qu'à moitié, le duc de Bouillon qui hait les catholiques, de l'autre des généraux aguerris, nommés par elle, le duc de Guise et son frère Mayenne, Montluc pourfendeur de calvinistes. Figure même à leurs côtés François d'Alençon, le cadet des Valois dont c'est la première expédition. Il se rengorge auprès des troupes qu'il veut impressionner mais n'ose guère élever la voix en face de son frère. François rumine les projets grandioses rêvés par sa mère : faire de lui l'époux d'Élisabeth d'Angleterre. Que celle-ci ait le double de son âge, soit presque chauve, à moitié édentée, fardée à outrance, vaniteuse et autoritaire ne le dérange pas. Roi d'Angleterre, il pourra enfin tenir la dragée haute à sa famille.

Le cinq février, l'armée parvient à Niort, dernier bastion royal avant les avant-postes de La Rochelle. Le onze, elle est devant la ville rebelle. « Si vous voulez la couronne de Pologne, a dit Catherine à son fils Henri, ne versez pas de sang inutile. Il y a dans ce pays que je voudrais voir devenir le vôtre bon nombre de huguenots. Offrir tout l'or de France aux électeurs de la Diète polonaise serait alors inutile. »

Pour l'instant il faut creuser des tranchées, construire des abris, assurer le ravitaillement des troupes et des mille chevaux, tâche ingrate en plein hiver. On doit également surveiller étroitement Navarre et Condé sans aucun doute prêts à prendre la poudre d'escampette à la première occasion.

La disparité de l'état-major commence à faire des ravages. Gonzague et Biron sont à couteaux tirés, les Guises accablent

Gonzague. Henri a froid, il se sent incompétent à régler ces querelles. Dieu merci, ses chers amis lui offrent un peu de gaieté. Ils ont tous son âge, une vingtaine d'années, sont prêts à rire, à boire, à festoyer, à exhiber coûte que coûte des tenues dignes de Paris. Courageux, batailleurs même, Saint-Luc, Caylus, La Valette, Saint-Sulpice, Nangis, François d'O organisent sous leurs tentes de joyeuses beuveries en attendant de monter à l'assaut de cette maudite ville. Plus de protocole. Henri est considéré en camarade. Leur élégante confrérie volontiers narquoise, suffisante, exaspère huguenots comme catholiques fervents. On les juge frivoles, on se pose même des interrogations perverses. Ces jeunes gens ne sont-ils pas des athéistes, des épicuriens, des blasphémateurs, des sodomites ? Qu'ont-ils à rester ensemble des nuits entières ? Est-ce le moment de chanter et de s'enivrer ?

Le froid commence à décimer les soldats. L'hiver traîne en longueur. En mars enfin arrive le redoux. On peut aménager les tranchées jusque-là inondées, réparer les gabions. La ville se défend, elle est bien armée et possède de redoutables canons qui sèment la mort parmi les assiégeants. La liste des officiers fauchés par leurs boulets est envoyée à Paris chaque semaine.

Les attaques du quatorze avril contre La Rochelle puis celle du vingt et un mai sont un désastre. De nombreux officiers sont blessés, deux cents soldats succombent, les hommes sont peu nourris, insuffisamment vêtus et mal chaussés. Le moral a déserté les troupes et les nouveaux échecs des vingt-trois et vingt-six mai finissent par démoraliser jusqu'à l'état-major. Mieux vaudrait lever le camp, la ville est imprenable.

La lettre de Catherine de Médicis tombe comme un cadeau de Dieu. Henri est nommé roi de Pologne. À la première explosion de joie succèdent de terribles interrogations. Anjou se sent soudain piégé. Une fois enterré dans les neiges polonaises, qui se souviendra de lui à Paris ? Dans sa missive, Catherine laisse entendre que la santé du roi décline. À mots couverts il devine que son exil polonais pourrait être bref, mais certains malades ne jouissent-ils pas de longues rémissions ?

L'accueil que lui fait la ville d'Orléans le déride un moment. Bientôt il sera à Paris où on attend d'une semaine à l'autre les ambassadeurs polonais venus lui remettre officiellement une couronne. Les fêtes à venir sont bienvenues après ces mois à piétiner devant d'impénétrables murailles, à s'enliser dans les tranchées. Il a laissé sur place quelques généraux, cinq mille soldats et cinq cents cavaliers. S'ils parviennent à s'emparer enfin de la ville, la gloire rejaillira quand même sur lui, leur commandant en chef.

Mais il doit bientôt déchanter. Biron accepte un traité de paix. Moyennant une forte somme, les huguenots de La Rochelle pourront exercer librement leur culte. Le Trésor a grand besoin de ces pièces d'or. Les fêtes offertes aux Polonais vont coûter cher et Catherine n'est pas prête à lésiner.

Mère et fils se sont retrouvés avec joie mais Catherine constate que son fils a changé. Il a désormais des amis auxquels il se confie plus volontiers qu'à sa mère, et François d'Alençon, frustré d'une victoire sur laquelle il comptait pour sa propre gloire, s'est joint à ceux qu'un traité de paix trop vite accordé a mécontentés. Une guerre, des morts inutiles.

À Paris, Henri apprend que la royauté n'est pas absolue

en Pologne. Il sera contraint de se plier aux décisions de la Diète à laquelle il doit jurer obéissance. Un Valois devant faire serment devant des rustres vêtus de peaux d'ours ? Nul ne pourra l'y contraindre.

En cette fin de juillet, Paris offre tous les plaisirs qui ont tant manqué devant La Rochelle. Soudé désormais à lui, son groupe d'amis n'a pas son pareil pour organiser les divertissements les plus inattendus, les plus débridés. « Les mignons du prince », comme on les nomme, se taillent à la cour des places de choix fort bien rémunérées. Leur insolence irrite, mais le duc d'Anjou est auréolé d'un tel prestige que, mis à part une poignée de vieillards grincheux, nul n'ose critiquer son entourage. Seule Margot avoue à Alençon qu'elle les déteste. Qu'ils décampent tous en Pologne derrière son frère, le plus tôt sera le mieux. Elle s'ennuie. Son époux ne partage plus sa couche et collectionne les aventures amoureuses. La jeune femme sait qu'Henri hait les Valois. N'ont-ils pas exterminé tous ses amis ? Plus que jamais son mariage la dépite et l'humilie. Sa mère a gagné sur tous les plans, elle a osé écrire au pape, au roi d'Espagne, à d'autres princes que ce massacre survenu spontanément fut en définitive un bienfait pour la paix civile.

Sa seule amie est sa belle-sœur Élisabeth. On lui a arraché son nourrisson pour l'installer à Amboise. Une fois encore, la reine n'a pas protesté. Elle a pleuré et prié. Une nouvelle ombre sur une cour où chacun est prêt à s'égorger. Le roi lui-même porte une fine cotte de mailles sous son pourpoint et un couteau de chasse accroché à ses chausses. Margot l'évite autant qu'elle peut. Son frère est sinistre, il a le teint cireux, les yeux creux, ses lèvres sont sèches, il tousse à fendre l'âme.

À vingt ans elle veut s'amuser, se parer, être admirée et aimée. Chaque matin ses servantes et la Turque, sa naine favorite, brossent sa longue chevelure, étalent sur son visage une pommade à la céruse que l'on recouvre de poudre de riz. Elle aime avoir les joues et la bouche très roses, les sourcils très noirs. La Turque enduit son corps d'une huile parfumée à l'œillet avant que les chambrières la vêtent : jupon, corset, vertugadin, la chemise brodée, les bas, la robe en taffetas brodé ou en damas broché, taillée en pointe à partir de la taille, elle noue la fraise, fait bouffer les manchettes de dentelle puis on agrafe les perles, camées et chaînes d'or, on la parfume, on natte ses cheveux qu'on rassemble autour de sa tête par des épingles à tête d'or ou des perles. On accroche un coquet bonnet sur l'arrière de la coiffure, tantôt décoré de plumes, tantôt de pierres précieuses. Elle se contemple dans un miroir, se trouve belle et se rengorge. Bientôt elle va prononcer un petit discours en latin devant les ambassadeurs polonais. Catherine a accepté de confier à sa cadette ce rôle important qui va lui permettre de briller. L'échec de son mariage est si flagrant qu'elle éprouve parfois des remords à l'avoir imposé. Margot va parader, jouer à la reine, étaler des connaissances qui pour n'être point négligeables ne sont pas celles d'une érudite. En mère généreuse, elle lui a ouvert sa bourse. Margot pourra commander les toilettes les plus riches, les plus étincelants bijoux.

Les minauderies de sa sœur exaspèrent le duc d'Anjou. Elle veut le reléguer au second plan le jour même qui doit consacrer son triomphe, faire regretter aux ambassadeurs qu'elle ne fût point leur reine. Et une fois encore, François va chercher à l'embarrasser. Savoir son aîné bientôt en Pologne permet sûrement à ce dernier de nourrir les rêves les plus insensés, celui en particulier d'obtenir la charge de lieutenant général du royaume et d'épouser Élisabeth d'Angleterre.

L'arrivée des Polonais est imminente. Déjà Henri a rassemblé autour de lui ceux qui acceptent de l'accompagner à Cracovie : Villequier, Saint-Sulpice, François d'O, Charles d'Entragues, Bussy, Saint-Luc, Beauvais Nangin, Caylus. Il a écarté beaucoup de gentilshommes vivement recommandés par sa mère. Point de barbons, de donneurs de leçons, de pédants, de bigots. Il veut ne s'entourer que de jeunes gens, ses amis. Ensemble ils rient des mœurs parfois médiévales de leur nouveau pays. On mangera, boira, se parera, dansera, jouera la comédie « à la française ». Outre les appartements royaux, il a promis à ses amis de faire aménager des pièces où ils pourront se retrouver en toute intimité.

Devant les compliments des ambassadeurs polonais, Margot rosit de bonheur. Elle n'entend que des paroles qui la comblent, « beauté de déesse, savoir de docteur, grâce de nymphe, joyau incomparable, elle est la fille de Vénus, soleil, étoile, la rose des Valois ».
Lors du festin qui suit la réception officielle, elle fait son entrée en robe de velours incarnadin d'Espagne fort brodée et rebrodée, un bonnet de la même étoffe incrusté de diamants et d'émeraudes résolument planté sur une chevelure frisée aux petits fers. « Un papillon qui se cogne aux carreaux », pense le roi. Élisabeth sobrement vêtue restant discrète, les Polonais prennent Margot pour sa reine, au grand déplaisir de Charles. Mais la mine déconfite d'Henri, obligé

de jurer obéissance à la Diète polonaise en dépit de ses rodomontades, parvient à lui arracher un sourire. Ainsi son frère partira en Pologne. Il ne veut plus les voir, lui et ses insolents amis pomponnés comme des femmes sans mœurs. Pour être sûr de son départ, il se joindra à eux jusqu'en Lorraine. Le roi de Navarre et Margot, le prince de Condé, qu'il ne veut pas laisser derrière, l'accompagneront, un cortège que Catherine veut royal. Escorteront le prince cinq grands officiers, un médecin, un abbé, un aumônier, cinq chapelains, trente-six chambellans, trente gentilshommes de la chambre à la tête desquels est placé Albert de Gondi-Retz, cinq cents cavaliers, mille chevaux de trait pour transporter jusqu'en Pologne les coffres remplis de linge, d'atours les plus précieux, de meubles, de vaisselle d'argent, des cassettes débordantes de bijoux, certains destinés à être offerts aux nobles Polonais, des tapis de Turquie, des tapisseries des Flandres, l'épicerie indispensable aux cuisiniers qui devront s'efforcer de composer les menus des repas royaux avec ce qu'ils auront sous la main.

La reine mère se réjouit d'avoir pu placer Gondi-Retz qui, ayant conseillé son fils à La Rochelle, n'a pu être écarté. Un abbé italien est, lui aussi, glissé par elle dans le cortège. Cet aumônier jouit de toute sa confiance et pourra en partageant la vie quotidienne d'Henri lui fournir de précieuses informations.

Les fêtes achevées, une grande partie des Polonais est sur la route du retour. Il faut songer au départ. Charles presse les choses et fait taire Henri qui intrigue pour ne quitter le Louvre qu'au printemps. Il devra affronter le terrible hiver polonais ? Mais n'est-ce pas le devoir d'un roi d'être sur son trône au milieu de ses sujets en toutes circonstances ?

Soissons, Reims. Charles doit s'aliter, il brûle de fièvre, a perdu tout appétit. Dans sa chambre il ne tolère que sa nourrice et son chien favori qui dort enroulé contre son maître. Les crachats sont devenus si sanguinolents qu'il faut lui présenter sans cesse une bassine.

— Faites venir mon frère, exige-t-il un matin, je veux que ma mère et lui reprennent la route. Les savoir rôder près de moi ne fait que m'indisposer davantage encore.

Henri ôte son bonnet, avance à petits pas. Le visage de son frère lui fait froncer les sourcils. Pourquoi cette expédition en Pologne alors que Charles se meurt ?

— Adieu mon frère, prononce Charles d'une voix si affaiblie qu'Henri doit tendre l'oreille. Vous allez découvrir le métier de roi. Il vous apportera plus de souffrances que de joies. Soyez juste et méfiez-vous des mauvais conseillers.

Il n'attend pas de réponse et se tourne vers le mur. Henri recule, il sait qu'il ne reverra plus son aîné.

À Nancy, le duc de Lorraine Charles III donne un banquet, une mascarade et un bal en l'honneur du nouveau roi de Pologne et de sa mère. Plus la frontière se rapproche, plus Henri est morose. Il a décidé de ne point s'attarder aux fêtes quand une jeune fille, Louise de Vaudémont, une cousine du duc, attire son attention. Après les sarcasmes, les moqueries, les blasphèmes qui fusent dans son groupe d'amis, cette toute jeune fille le ramène à la pureté de son enfance. À l'inverse de Margot et des dames de son entourage, elle ne porte ni fards ni bijoux, hormis sa croix de baptême.

– Croyez-vous que Dieu m'ait choisi pour être le roi de Pologne ? l'interroge-t-il.
– Certainement, monseigneur. Il attend beaucoup de vous car Il vous aime et vous tiendra sous sa protection.

Au loin, gentilshommes et dames virevoltent et tourbillonnent. Il entend le rire de Margot qu'un homme tient par la taille. Un bel homme aux traits réguliers, à la bouche sensuelle, qui ne la quitte plus. La veille, Margot l'a présenté : Joseph Boniface de La Molle. À côté de lui se tenait un Gascon aux épaules larges, aux traits taillés à la serpe, son meilleur ami Annibal de Coconas. Margot fait les yeux doux au comte de La Molle. Elle est plus fardée, plus parée encore qu'à l'ordinaire, minaude. Henri s'est contenté d'incliner la tête. Ces deux hommes lui font peur, des loups aux yeux perçants, aux dents trop blanches.

Louise de Vaudémont lui paraît un ange. Il a besoin d'elle, il veut la revoir.

– L'élu que Dieu vous destine, mademoiselle, pourrait-il être Henri de Valois ?

Elle rougit violemment.

– Je vous dis au revoir, ma mie, mais pas adieu. Attendez-moi.

Blamont, dernière ville avant la frontière. Catherine pleure, Henri a les larmes aux yeux. Il faut se séparer.

– Vous reviendrez vite, promet Catherine d'une voix tremblante.

Elle serre son fils chéri dans ses bras. Quelle malchance a-t-elle pour que les épreuves les plus cruelles ne cessent de la frapper ? Elle a enterré son mari, son aîné, sa fille Élisabeth, voit dépérir Claude et Charles, et maintenant elle doit se séparer d'Henri. Elle craint qu'il ne soit pas heureux à Cracovie et regrette ses intrigues pour l'y avoir envoyé. L'entourage de ses chers amis ne la rassure guère. Henri est bon, courageux mais léger, trop intéressé par les futilités du monde. Ces jeunes gens ne vont-ils pas pervertir ses qualités et développer ses faiblesses ? Pourquoi les a-t-il choisis si jeunes, si beaux, si ambitieux, si élégants ? Son attachement passionné pour son fils les lui fait voir comme des ennemis. Pourraient-ils accaparer le cœur d'Henri à ses dépens ?

Le retour à Paris est triste. Seule Margot montre un visage radieux. Ce qu'elle espérait, désirait si violemment, tomber amoureuse, partager des nuits passionnées avec un homme qu'elle puisse sans rougir comparer à Henri de Guise lui est enfin offert. Le comte de La Molle est devenu son amant.

8

Cracovie, son palais, ses habitants glacent Henri et consternent ses amis. Le froid est mordant, une lumière pâle comme celle d'un suaire enveloppe les forêts qui cernent la ville. Conformément aux multiples ordres qu'il a expédiés à l'intendant du palais, Henri dispose d'un appartement relativement confortable où il peut entrer et sortir en toute discrétion.

Comme l'étiquette polonaise l'exige, le roi doit convier à sa table les dignitaires, prélats et grands seigneurs de son nouveau pays. Vite impatienté par ces contraintes, Henri décide de se protéger et nomme le sévère Bellegarde qui l'avait assisté au siège de La Rochelle pour limiter l'accès de ses sujets à sa personne. Vaillant général, ami de Gondi-Retz, Bellegarde fait aussitôt preuve d'une telle autorité que le duc de Nevers s'estimant compté pour rien décide de regagner Paris.

Les jalousies, les rancunes, les blessures d'orgueil commencent à séparer les Français qui, par petits groupes, quittent la Pologne. On étouffe dans cette cour de Cracovie.

Chaque mot, chaque geste indéfiniment analysé, répété, peut être source de drame.

Gondi harcèle le roi. Il ne lui pardonne pas d'avoir choisi Bellegarde, son subalterne, pour gouverner sa maison. Henri se bouche les oreilles, s'enferme dans son appartement, convoque ses amis. Vont-ils l'abandonner eux aussi ? Après Nevers, Rambouillet, et Mayenne, Gondi-Retz quitte Cracovie.

Des messages alarmants arrivent de Paris. Le roi est au plus mal et François d'Alençon complote pour s'emparer de la couronne. Il a des alliés sûrs : sa sœur Margot, d'autres inféodés parmi lesquels les comtes de La Molle et de Coconas. Henri rage. Cet avorton de François et cette garce de Margot à la tête d'une conspiration ? Que fait leur mère ? Chaque jour il lui écrit et guette ses réponses. L'une d'elles lui apprend que Margot a trahi son jeune frère et livré les détails du complot. Catherine va agir vite et fermement envers son plus jeune fils qui sera surveillé de près, ainsi que ses complices dont fait partie Henri de Navarre. À aucun prix ils ne doivent rejoindre les troupes rebelles qui reçoivent l'assistance de l'Angleterre, des Pays-Bas, du duc de Bouillon et du prince de Nassau. Elle va persuader le roi, pourtant fort malade, de quitter le château de Saint-Germain qui pourrait être pris d'assaut. Épuisé, ajoute-t-elle, Charles s'est fait porter en litière au Louvre entouré de ses gardes suisses et écossais et a supplié qu'on le mène au plus vite à Vincennes près de ses forêts tant aimées.

Henri est ému. Derrière les vitres, il voit voleter des flocons de neige. Quand verra-t-il le printemps ? Il pense à sa famille si cruellement décimée, son père, puis François, Élisabeth, et bientôt Charles et Claude.

À Paris, terrifié, François a avoué sa participation dans le complot, livré le nom de ses complices. Catherine fait aussitôt enfermer dans le donjon de Vincennes son cadet et son gendre.

L'emprisonnement de son mari à Vincennes donne à Margot une liberté qu'elle apprécie. Au début de sa liaison avec La Molle, Henri de Navarre s'est contenté de lui déclarer d'une voix ferme : « Madame, vos frasques m'importent peu mais jouer au mari cocu et berné m'est déplaisant. Je vous prie d'être plus discrète. » Désormais son amant peut la rejoindre, discrètement certes, mais plus souvent. La passion qu'elle éprouve pour lui est sans limites. Taillé en athlète, puissant, sensuel, cet homme la comble mais elle n'en est jamais rassasiée. Et quand il se vante d'avoir égorgé lui-même une centaine de huguenots, elle ose même un semblant de sourire.

Durant le jour elle se promène en compagnie de son amie madame de Nevers, amoureuse de Coconas. Avec consternation, celle-ci vient d'apprendre que son époux a quitté Cracovie pour la rejoindre.

Avant la nuit, les heures languissent. Margot joue avec ses singes, ses perroquets, ses chiens, harcèle ses naines auxquelles elle a fait refaire une garde-robe de courtisanes. Contempler ces petits êtres fardés à outrance, le buste à moitié découvert, si parfumés que l'on s'évente sur leur passage l'amuse. Ses naines gardent sa porte, ses amies madame de Nevers, madame de Clermont, mademoiselle de Torigny la protègent, accueillent volontiers chez elles ses amants quand les rencontres au Louvre sont impossibles. Dans leurs chambres, Margot trouve des couches moelleuses, du bon vin. Elle sait qu'elle peut compter sur une discrétion sans faille. Lorsqu'elle quitte son lit d'amour, elle porte, avec un masque, une robe appartenant à la maîtresse de maison, utilise sa litière escortée par deux de ses valets. Qui pourrait la reconnaître ?

Charles n'ignore rien des frasques de sa sœur mais n'a plus la force de réagir. Mourant, il ne peut que ressasser le naufrage de sa famille : François est un traître, Margot une femme folle de son corps, une écervelée, Henri un bellâtre ambitieux qui attend sa mort pour décamper de Pologne. Mais ce La Molle ne peut narguer le roi de France. Il va poster des espions dans les couloirs qui mènent à la chambre de Margot. Un malentendu, une querelle, un coup de couteau sont vite arrivés.

Il respire avec peine, sue du sang. Avec effroi, sa nourrice l'a trouvé un matin tout ensanglanté dans son lit. Elle a fait remplir une baignoire d'eau tiède, apporter des linges fins. Entre ses bras, le corps du roi est celui d'un garçon de douze ans. Elle tente de lui faire boire un peu de lait chaud bien sucré, d'introduire entre ses lèvres cuillère après cuillère une bouillie faite de farine de sarrasin dans laquelle elle a battu un jaune d'œuf.

Chaque jour la reine passe de longues heures dans la chambre de son mari. À deux reprises, elle a même permis à Marie Touchet de venir. Cette femme lui a donné un fils alors qu'elle a mis au monde une fille. L'enfant, que Charles a reconnu, est superbe ; elle a posé un baiser sur le front du nourrisson.

Tout enfiévré, La Molle arrive un soir chez madame de Nevers où l'attend Margot. Le comte de Coconas et lui ont été contactés pour organiser une évasion d'Alençon et d'Henri de Navarre du donjon de Vincennes. Ce rôle leur plaît infiniment. Margot est éblouie. Son amant va devenir le sauveur de la France et il posera lui-même la couronne sur la tête de François, le frère qu'elle aime. Pas un instant les prisonniers de Vincennes ne doutent du succès de l'entreprise. On les attend à Sedan, une place sûre commandée par le duc de Bouillon. Sous le sceau du secret, Henri de Navarre confie le projet à sa maîtresse madame de Sauve venue le visiter. Veut-elle l'accompagner dans sa fuite ? Être privé de son joli petit corps si blanc et dodu lui gâcherait un peu la joie d'être libre. Avec un rire cristallin, madame de Sauve le rassure. Tout comme Margot, elle est son amie, son alliée.

Catherine est stupéfaite. Ses bajoues tombent lourdement désormais, sa bouche épaisse est noyée dans le menton trop gras, des cernes profonds soulignent ses orbites. Obèse, elle ne se déplace qu'à petits pas en se dandinant mais toujours avec une étonnante célérité. La volonté est restée la même, la puissance de travail, le goût de la domination aussi.

– Vous en êtes sûre, madame ?

Madame de Sauve opine de la tête. Pour elle, la seule façon de garder une place de choix à la cour de France est de plaire à la reine mère. Mille fois mieux vaut être protégée par Catherine que par Henri de Navarre.

Charles rentre de chez Marie Touchet. Il a le pressentiment

que c'est là sa dernière visite. Il a donné un baiser à son fils, serré dans ses bras cette femme aimée, lui a fait jurer de se marier avec un homme de bonne lignée, de jouir d'une vie heureuse. Marie sanglote. Charles est près de défaillir. Il faut le porter jusqu'à sa litière où on l'enveloppe d'une couverture.

– J'allais prendre le lit, ma mère.
– Faites, mon fils. Je vais m'asseoir à votre chevet. Nous avons à parler.

Charles pressent que Catherine va lui livrer de mauvaises nouvelles. Mais quelle situation pourrait-elle être pire que celles qu'il connaît déjà : la guerre civile a repris en France. On se bat en basse Bretagne, en Auvergne, en Saintonge, on parle de complots ourdis contre lui par son propre frère, Montgomery attend le moment propice pour débarquer en Normandie.

– Alençon et Navarre préparent une évasion. Les principaux instigateurs de cette trahison sont votre sœur Margot, son infâme amant le comte de La Molle et l'amant tout aussi abject de madame de Nevers, le comte de Coconas. Le reste des conjurés leur obéit.

Le roi sursaute. Un peu de couleur lui est revenue aux joues.

– On ne peut souffrir tant de trahisons !

Catherine dodeline du chef. Elle sait qu'en dépit de son extrême faiblesse physique, Charles va réagir avec violence. Elle va seulement tenter de protéger son astrologue Ruggieri, un savant alchimiste qui est, affirme-t-on, compromis lui aussi.

— Qu'on jette aujourd'hui même Alençon, que je refuse d'appeler davantage mon frère, et Henri de Navarre au fond d'un cachot d'où ils ne sortiront plus.

Catherine se raidit.

— Mieux vaut les épargner, avance-t-elle d'une voix maîtrisée. Leur élimination amènerait de grands troubles dans votre royaume. Les princes protestants se lèveront unanimement contre nous et les seuls bénéficiaires de cette sentence seraient les Guises. Ce n'est certainement pas ce que vous souhaitez. Arrêtons plutôt Coconas et La Molle ainsi que leurs complices et, envers eux, sachez vous montrer impitoyable.

Charles a la tête posée sur ses oreillers et ferme les yeux.

— Que ferons-nous du prince de Condé, il est dans le complot, n'est-ce pas ? Ces trahisons sans fin me tuent mieux que mon mal.

— Il en est.

— Convoquez-le, je veux lui parler. Je veux aussi interroger Alençon et Navarre.

— En avez-vous la force, mon fils ? Ne vaudrait-il pas mieux que je m'en charge ?

— Nullement. Ne m'enterrez pas trop vite, ma mère.

Condé s'enfuit vers Sedan où le duc de Bouillon est déjà en sécurité. Traqués, Coconas et La Molle sont enfin découverts, le premier dans la cellule d'un moine dont le couvent communique avec l'hôtel de Nevers, le second dans les appartements mêmes du duc d'Alençon où Margot l'avait cru en sécurité. Ordre est donné de les enfermer à la Conciergerie en attendant leur procès.

François d'Alençon éclate en sanglots. Il n'a pas dormi depuis deux jours et est à bout de nerfs. Face à son frère, il se croit perdu. Va-t-on lui trancher le cou ?

D'un souffle il avoue tout, donne le nom des conjurés. À côté du prince, Navarre garde toute sa dignité. D'une voix posée, il explique que tout prisonnier retenu injustement a le droit d'œuvrer pour recouvrer sa liberté. Sa disgrâce vient de la reine mère qu'il ne veut nullement accabler mais dont il se méfie assez pour tenir ses projets secrets. Son épouse la reine de Navarre détient un mémoire dans lequel il explique sa conduite dans le moindre détail. Elle devait remettre ce document au roi après sa fuite. Il peut en prendre connaissance.

Charles a encore un semblant d'affection pour son beau-frère. Quant à son frère, il n'existe plus pour lui. Maintenant, on doit faire parler Coconas et La Molle.

Coconas avoue, dénonce, charge son complice La Molle. Abasourdi, le roi écoute sans mot dire un gentilhomme en train de se déshonorer. Le duc d'Alençon voulait gagner le Sud-Ouest pour lever une armée. La Molle le rejoindrait, mais point lui-même car il regrettait déjà son étourderie. Que le roi lui pardonne et il sera le plus fidèle de ses serviteurs.

Le personnage donne envie de vomir à Charles. Dans ce flot de lâchetés, l'homme n'a pas tout livré. La question les rendra plus bavards, La Molle et lui.

Les complices résistent peu aux atroces douleurs. Après leur avoir fait subir le supplice des brodequins, on les a liés sur une roue tournant au-dessus de braises, on leur a arraché les ongles et les dents, tailladé la peau. Ce sont bien eux, clament-ils, qui ont entraîné Alençon et Navarre dans cette fatale conjuration. Le greffier prend bonne note. On peut ramener les suppliciés à la Conciergerie. Puisqu'ils ont tout avoué, un procès ne sera pas nécessaire.

On empêche Margot d'aller se jeter aux pieds du roi. Cette démarche très compromettante serait sans fruit. C'est sa mère qu'elle doit aller trouver, non pour plaider la cause perdue du comte de La Molle mais pour se disculper, jurer qu'elle n'a été à aucun moment informée du complot.

La sentence tombe. La Molle et Coconas vont être exécutés le trente avril. Leurs corps décapités seront sciés en quatre quartiers chacun attaché à une potence aux quatre portes de Paris. Les têtes piquées sur des hallebardes pourriront place de Grève.

Margot apprend cet arrêt de mort alors que sa mère l'attend dans ses appartements. On a retrouvé Ruggieri qui nie avoir confectionné une figure de cire représentant le roi sur laquelle les conjurés ont planté des épingles. Il a aussi affirmé avec un vicieux sourire que la reine mère devait n'épargner aucun effort pour le garder en vie. Son décès lui porterait malheur.

Affolée, Catherine cherche une punition pour son astrologue qui puisse sembler juste tout en l'épargnant et pense aux galères. Une fois conduit à Marseille, elle le protégera discrètement. Au lieu de ramer, il pourra vivre tranquillement, ouvrir un petit commerce de parfums et d'onguents.

L'arrivée de Margot dans sa chambre lui procure un sursaut d'agacement. Elle ne peut ni la condamner ni l'enfermer dans un couvent. C'est à Navarre de décider et celui-ci se désintéresse de la conduite de sa femme. Elle doit se contenter d'ordonner à Margot de ne plus quitter ses appartements, comme elle l'a fait pour Alençon.

Quant à Navarre, on le déclare libre tout en surveillant le moindre de ses mouvements.

Margot ne sanglote pas, n'implore pas la grâce de son amant. Crânement, elle se tient bien droite en face de Catherine.

– Madame ma mère, vous sachant insensible à mes émotions, je ne veux pas vous supplier aujourd'hui. Mais je tiens la condamnation de monsieur de La Molle comme une vengeance de votre part car vous n'approuvez point l'amitié que j'ai pour lui ! D'ailleurs avez-vous jamais partagé quoi que ce fût avec vos deux derniers enfants ? Vous prétendez nous gouverner en tout mais mon frère a vingt ans et je suis quant à moi, et selon vos ordres, mariée. Si quelqu'un devait tirer vengeance de mon affection pour monsieur de La Molle, ce serait le roi de Navarre. Il ne le désire pas. Tout au contraire, il souhaite une sentence plus bénigne envers un homme qui a risqué sa vie par attachement à sa personne.

La diatribe de sa fille exaspère Catherine.

– Monsieur de La Molle est un traître, ma fille. La sentence vient du roi, pas de moi. Sachez qu'il a tout avoué.

– Sous d'horribles tortures, ma mère. Un ami du roi de Navarre, un gentilhomme jeté ainsi aux bourreaux ! Fi, quelle indignité, madame !

Margot s'éloigne. La porte est déjà ouverte quand elle se retourne :

– Vous accablez La Molle et sauvez Ruggieri, le premier parce que vous voulez me perdre, l'autre parce que vous ne voulez pas prendre le risque de le savoir votre ennemi. Est-ce là bonne justice ?

Déguisée en servante, Margot rejoint la duchesse de Nevers, elle-même portant robe de toile et coiffe de coton. L'une comme l'autre sont déterminées à assister au supplice des condamnés. Leurs amants ne les verront point mais peut-être auront-ils conscience de leur présence. Et un serviteur sûr a été chargé de demander les deux têtes au bourreau contre une bourse remplie de pièces d'or. Le marché a été conclu, on les leur remettra discrètement enveloppées dans des linges.

Margot ferme les yeux. Son amant défiguré par les supplices tente de se redresser, de marcher sans aide jusqu'au billot. Il y parvient, s'agenouille, murmure quelques mots inaudibles. La jeune femme entend le bruit de la hache qui frappe la bille de bois. Elle ouvre les yeux, voit sur l'échafaud un flot de sang imbibant une chevelure brune.

– C'est à monsieur de Coconas de mourir maintenant, murmure la duchesse de Nevers.

La main dans la main, réfugiées dans la mansarde donnant sur la place de Grève, elles attendent que le valet du bourreau leur remette les macabres restes pour les porter à René, le parfumeur de la cour. Il les lavera, les coiffera, passera sur les faces livides une pommade censée leur redonner les couleurs de la vie. Puis leur voiture, rideaux clos, prendra la direction de la chapelle Saint-Martin sur la colline de Montmartre où une dalle a été déplacée pour permettre leur inhumation.

En cette fin d'avril, le froid est encore piquant mais, le long des rues, des buissons sont déjà parés de bourgeons et de tendres feuilles. La lourde voiture peine à monter les ruelles de la colline de Montmartre. Avec précaution, Margot ouvre le linge qu'elle porte sur les genoux.

— Reposez en paix, murmure-t-elle, vous êtes mort en gentilhomme. Je ne vous oublierai jamais.

Et sur les lèvres où se dessèche déjà la pommade rose de maître René, elle pose un baiser.

Le lendemain, il y a bal au Louvre. Margot et la duchesse ont pris leur décision. Elles y paraîtront mais en grand deuil, portant des voiles de veuve et autour de la taille un chapelet où des têtes de mort tiendront lieu de grains. Le scandale sera grand, elles l'espèrent. Mais qui osera les interroger ? La tenue, l'attitude de la reine de Navarre et de la duchesse de Nevers alimenteront les ragots pendant des jours. Une aubaine dans un palais où, depuis l'agonie du roi, il ne se passe plus rien d'alléchant. La reine mère surveille de près ses prisonniers Navarre et Alençon.

Les bals et divertissements n'ont point cessé cependant. Catherine veut réunir les anciens ennemis dans un mouvement joyeux autour de mets délicats, sûre que ces fêtes sont un exutoire pour apaiser des tensions encore vives. Calée dans un confortable fauteuil, la reine mère observe les danseurs, fait signe à l'un ou à l'autre. L'entrée de sa fille et de son amie la raidit, ses mains s'accrochent aux montants recouverts de velours incarnat. Ses lèvres bougent mais elle ne prononce mot. Margot incline la tête, la duchesse de Nevers plonge en une grande révérence. L'orchestre joue toujours, on s'écarte. Un murmure parcourt l'assemblée qui, stupéfaite, dévisage ces deux femmes en deuil prêtes à danser.

Catherine ne peut que ruminer sa colère. Le roi se meurt, plusieurs fois par jour on change ses draps souillés du sang qui suinte de sa peau. Il ne peut plus tenir debout, il faut le laver dans son lit, lui glisser un bassin. Derrière les fenêtres de la chambre qu'il occupe dans le château de Vincennes, le mois de mai est radieux, le ciel limpide tacheté de petits nuages ébouriffés. Rien ne lui importe plus et il lève les épaules lorsque Catherine lui annonce la capture de Montgomery qui avait accidentellement transpercé de sa lance l'œil droit du roi Henri II lors du fatal tournoi de la rue des Tournelles. Depuis des années, Catherine guette sa proie. Elle veut la mort de cet homme qui a causé son malheur et regrette de ne pouvoir le faire exécuter à petit feu.

— Je ne me soucie pas de monsieur de Montgomery, ma mère !

Il halète plus qu'il ne respire.

— Je souffre atrocement.

Catherine presse son mouchoir sur ses yeux. Charles est le quatrième enfant qu'elle perd, en excluant les jumelles mortes à la naissance.

— Sortez tous, ordonne soudain le roi. Je veux rester avec ma nourrice et monsieur de Saint-Prix. Ils sont les seuls qui ne m'importunent pas.

La vieille femme s'approche de celui qui fut son nourrisson, un bel enfant plein de vie et qui, aujourd'hui, entre en agonie.

— Ah ma nourrice, chuchote Charles, ma mie, que de sang et que de meurtres ! Ah, que j'ai eu un méchant conseil ! Oh mon Dieu, pardonne mes péchés et fais-moi miséricorde.

Que deviendra tout ceci ? Que deviendrai-je moi, qui à Dieu me recommande ? Que ferai-je ? Je suis perdu, je le sais bien.

La femme prend dans la sienne la main glacée du roi et tente de la réchauffer. Elle lui offrirait sa vie si Dieu l'acceptait.

– Sire, les meurtres et le sang sont sur la tête de ceux qui les ont voulus et sur votre méchant Conseil ! Puisque vous en avez regret comme vous venez de le protester tout présentement, croyez que Dieu ne vous les imputera jamais, et qu'en lui demandant pardon de bon cœur comme vous le faites, il vous le donnera et vous couvrira du manteau de la justice de son Fils. Mais pour l'honneur de Dieu, que Votre Majesté cesse de larmoyer et se fâcher, de peur que cela n'aggrave son mal qui est le plus grand malheur qui saurait advenir à son peuple et à nous tous.

Charles demande sa femme. La reine, qui ne quitte pas l'antichambre, accourt. Elle a le pouvoir de l'apaiser, de lui offrir un rayon de lumière dans les ténèbres de la souffrance.

Tandis qu'elle égrène son chapelet, il ferme les yeux. Élisabeth apporte la présence de Marie. Déjà il a fait ses adieux à sa belle maîtresse. Il ne verra plus ni le petit Charles ni sa fille légitime Marie-Élisabeth.

Le jour de la Pentecôte, le roi entend la messe en présence de sa mère, d'Élisabeth et du père Sorbin, son confesseur. L'office achevé, le roi retient son confesseur mais Catherine s'approche du lit. Jusqu'au bout elle doit faire son devoir.

– Mon fils, en attendant le retour de Pologne de votre frère, il faut maintenant me confier la régence. Seule je peux présider le Conseil, donner des ordres et accorder des audiences.

Sa mère vient de couper le dernier fil qui le retient à la vie, le mince espoir si infime soit-il de mieux se porter.

— Faites entrer le chancelier, commandez-le, ma mère, il vous obéira comme à moi-même. Vienne la mort quand Dieu voudra.

Le roi reste un moment silencieux puis prononce avec clarté :

— Amenez-moi mon frère le duc d'Alençon et mon beau-frère le roi de Navarre. Je ne veux plus qu'ils conspirent contre l'État. Les royaumes s'acquièrent non par traîtrise mais par succession ou vertu. Mon frère Henri me succédera et vous, ma mère, serez régente jusqu'à son retour.

À bout de souffle, Charles se tait. Il ne pourra s'adresser longuement à François et Henri mais leur demandera de prier pour lui et pour la France.

Quand le père Sorbin lui propose de lui administrer l'extrême-onction, un sourire apparaît sur les lèvres livides de l'agonisant.

Déjà il a quitté Vincennes, la France, sa mère et les femmes qu'il aimait. Il refuse qu'Élisabeth le voie mourir. De lui elle ne verra qu'un visage serein, maquillé par les embaumeurs, un homme tout juste endormi.

Dans la vaste forêt de Vincennes qui cerne le château, le vent pousse quelques feuilles mortes du précédent hiver. Le sous-bois est calme, plus de sonneries de cor, plus de galopades, plus d'aboiements, plus de clameurs poussées par les chasseurs. Un moment de paix par un beau jour de mai.

9

La missive tombe des mains d'Henri. Charles n'est plus ; lui, troisième fils d'Henri II et de Catherine de Médicis, est aujourd'hui roi de France.

En juin, un peu de chaleur réchauffe enfin le sinistre château de Cracovie. L'hiver a été interminable. Comment s'y distraire quand un jour gris traverse les fenêtres, que les cheminées fument, quand il gèle à pierre fendre dans les couloirs, dans les cours, dans les salles du Conseil où les ministres siègent vêtus de peaux d'ours ? Il ne garde bon souvenir que de chevauchées avec ses compagnons dans la brume où la lumière laiteuse évoque d'invisibles présences. Après des nuits de débauche, il tombe souvent à genoux dans son oratoire : péché et pardon, boue et soleil. Qui est-il vraiment ? L'être futile que beaucoup condamnent ou une âme avide de salut ?

Aujourd'hui ces interrogations se sont dissipées. Il est roi de France et va fuir sans regret la Pologne pour gagner au plus vite son vrai royaume.

Ses mignons l'entourent, tous fébriles, heureux. Il faut préparer leur évasion avec minutie, échapper aux gardes, aux espions, à Anna la fille du défunt roi qui tout énamourée d'Henri le rejoint souvent dans la journée. Elle a quarante ans, la peau épaisse et quelques poils follets au-dessus de la lèvre supérieure. Les Polonais attendent un mariage, ils verront un trône vide.

– Par le sang du Christ, s'exclame d'O, nous allons enfin revivre, admirer de beaux atours, des manières gracieuses, boire du bon vin, nous promener dans des jardins fleuris...

Caylus éclate de rire. Ce serait trop drôle de pouvoir contempler la tête des courtisans quand ils ne verront point leur souverain dans son lit au matin !

– Je vais les mettre en confiance, se réjouit Henri, leur offrir un visage avenant, prononcer des mots flatteurs, évoquer quelques projets...

Les plans sont établis avec une rigueur militaire. Le dix-huit juin, Henri, selon l'étiquette, se couchera entouré des premiers gentilshommes. Avant leur entrée, il se sera glissé dans le lit en tenue de cavalier. Sitôt les rideaux tirés et la chambre royale libre de toute présence, il enfilera ses bottes et s'éclipsera par les cuisines pour rejoindre son groupe d'amis, messieurs d'Épinay, de Saint-Luc, de Caylus, de Villequier, de Livarot, de Cheverny, de Maugiron, de Saint-Mégrin, de Beaulieu, ses chers Entraguet et d'O, le beau d'Arques dont il est devenu fou ainsi que Nogaret de La Valette qui l'attendront. Tous sont des amis sûrs, de redoutables bretteurs. Des mignons certes, mais qui peuvent sur un seul ordre occire ceux qui les gênent. Ils ont tant ri ensemble, tant bu, se sont tant moqués de la belle Margot, cette chienne en chaleur, qu'ils sont devenus une famille.

Après une longue marche dans la nuit, sans autre lumière

qu'une lampe à huile, Henri rejoint ses amis. Soigneusement choisis pour leur vigueur et la vitesse de leur galop, les chevaux filent à travers la plaine, traversent des ruisseaux dans de grandes gerbes d'eau. Le médiocre cavalier qu'est Henri devient par la force de sa volonté le meneur d'une chevauchée digne de l'enfer. On ne s'arrête que pour se soulager, faire reposer les chevaux. Jamais plus de quinze minutes. À Cracovie, on va découvrir d'un moment à l'autre leur absence et se lancer à leur poursuite. Aucun des fuyards ne veut envisager un retour encadré par une cohorte d'archers, de nobles implacables aux regards furibonds.

La nuit est sans lune. La campagne inconnue. Soudain, le groupe de tête pousse de grands cris : leurs montures se sont enlisées jusqu'en haut des jambes dans un marécage. Les cavaliers mettent pied à terre, s'embourbent eux-mêmes pour les tirer sur la terre ferme. On repart sur un chemin bordé d'arbres centenaires que leur guide a identifiés. Il mène à la frontière. Mais le chemin se termine devant les grilles d'un château. Il faut faire demi-tour.

– Mordieu, crie Henri, trouvez-moi un paysan qui connaisse ce pays !

On va tirer un vieil homme de sa cabane, il tremble de peur. Quelques pièces d'or lui redonnent un peu de courage. Il indique du doigt une direction, mentionne des raccourcis. La conversation avec le guide polonais s'éternise.

– Allons, allons, presse le roi.

Le jour se lève. Les chevaux maintenant galopent le long de la Vistule vers la frontière silésienne.

– Soufflons un peu ! suggère Caylus.

Ils mettent pied à terre. Les chevaux écument. Il faut les

laisser brouter, les abreuver. Soudain, tous se redressent. Le martèlement de sabots de chevaux au galop se rapproche. Leurs poursuivants ne sont plus bien loin.

– En selle ! hurle Villequier. Toute la Pologne est à nos trousses. Il faut passer le premier pont venu et le couper derrière nous.

La construction en bois vient de s'effondrer dans la rivière quand les fuyards voient surgir ceux qui les traquent, une horde de cavaliers couverts de poussière.

Pour la première fois depuis sa fuite, Henri éprouve de la honte. Ces pauvres bougres ont été au bout de leurs forces pour ramener leur roi, celui qui avait juré de les respecter et de les protéger. Et il est le seul à ne pas rire quand l'un d'entre eux se jette dans l'eau glacée et hurle : « Mon roi, pourquoi fais-tu cela ? »

La course reprend, plus paisible. Ils sont en sécurité maintenant. L'Autriche n'est plus loin.

Enfin la frontière, la liberté ! Tous poussent des hourras, jettent en l'air leurs chapeaux.

Les fuyards vont pénétrer en territoire autrichien quand trois cavaliers accompagnés d'une douzaine d'archers leur barrent la route. Tous reconnaissent aussitôt le comte Tenczynski, chambellan du roi et membre de la plus haute aristocratie polonaise. Glacé, Henri hésite un instant. Mais il est un Valois, le roi de France, il ne peut se conduire en lâche. D'un coup d'éperon, il pousse son cheval vers celui du comte.

– Monsieur le comte, prononce-t-il d'une voix déterminée, j'ai fait trop de chemin pour retourner. Quand toutes les forces de Pologne seraient ici, je ne le ferais point et je donnerais de la dague dans les reins du premier qui serait si hardi que de m'en parler.

Le comte lui aussi pousse son cheval. Les deux bêtes se frôlent.

– En prenant ce que Dieu me donne par succession, poursuit le roi, je ne quitte pas ce qu'il m'a acquis par élection car j'ai, Dieu merci, les épaules assez fortes pour soutenir l'une et l'autre couronnes.

Avec beaucoup d'attention, le comte l'écoute puis tire un poignard de sa ceinture, s'entaille la main droite. Le sang suinte de la blessure.

– Faites de même, Sire, mélangeons nos sangs. Ainsi ce que vous venez de jurer sera sacré. C'est à Dieu que vous devrez répondre de toute violation de ce serment.

À Vienne, l'empereur reçoit le roi et ses compagnons sans excès d'amabilité. Sa fille Élisabeth n'est plus que reine douairière, Henri pourrait-il envisager une union pour lui rendre le trône de France ? Le roi décline. Il apprécie sa belle-sœur mais songe à celle qu'il a rencontrée en Lorraine, Louise de Vaudémont. Un attrait réciproque les a aussitôt rapprochés. Mieux que sa reine, il le devine, cette modeste jeune fille sera son amie.

Ce qui exalte Henri présentement est sa prochaine entrée à Venise. Depuis son enfance, il rêve de cette ville que les voyageurs évoquent avec enthousiasme. Il va enfin être en Italie, le pays de sa mère dont il parle la langue, découvrir sa lumière, ses senteurs, ses beautés architecturales. Déjà il a écrit aux vieux amis italiens de la reine mère, Alphonse d'Este, duc de Ferrare, et Guillaume Gonzague, duc de Mantoue, pour qu'ils le rejoignent à Venise. Ils seront les meilleurs intermédiaires possible pour le rapprocher du doge.

Il lui faut passer par Padoue pour éviter Milan, possession espagnole mais toujours revendiquée par les Valois. On entrera à Venise par la mer.

La galère le *Bucentaure*, bateau d'apparat du doge, accueille le roi et sa suite. La joie submerge Henri et ses compagnons. En un instant, les mois d'ennui et de mélancoliques regrets sont oubliés. Ils ne sont plus qu'un groupe de très jeunes gens surpris et éblouis.

Contrairement à l'étiquette, Luigi Mocenigo, le doge, accueille en personne Henri. Les costumes de sa suite sont d'une telle richesse, leurs bijoux si éblouissants que les Français, avec leurs pourpoints et culottes achetés en Autriche, se sentent piteux. Mais les tailleurs de Venise travaillent déjà à leur confectionner des atours dignes d'eux. Quelques jours encore et aucun gentilhomme vénitien ne les surpassera en élégance.

La ville pavoise. Les palais, les plus humbles maisons aussi sont fleuries pour accueillir le roi. Au milieu des somptueuses fêtes, des représentations théâtrales, des repas fastueux, des bals étourdissants où les plus belles Vénitiennes font assaut de séduction, les lettres de Catherine irritent le roi. Sa mère le presse de regagner au plus vite la France où d'importantes décisions doivent être prises. De peur qu'ils ne complotent encore contre le roi, Alençon et Henri de Navarre sont toujours surveillés de près. Henri soupire, tend les missives à son secrétaire. Ne va-t-on pas le laisser jouir de la vie avant de l'accabler de conseils et de recommandations ?

La nuit il court les bordels les plus luxueux, dort jusque

tard dans la journée, choisit ses vêtements avec minutie, se pare de bijoux, se parfume, se fait friser. Chaque jour il s'émerveille davantage : on lui fait visiter les ateliers des peintres les plus renommés d'Europe : Véronèse, le Tintoret, le Titien, admirer les collections d'antiquités du patriarche d'Aquilée, observer l'art des souffleurs de verre à Murano. Il flâne dans les marchés sous la houlette de son cousin Alphonse d'Este, découvre la commedia dell'arte avec ses truculents personnages.

Henri se jure de transformer sa cour. Fini les dernières traditions médiévales, il va imposer à tous l'usage de la fourchette, le raffinement de la table, le goût des arts. Ses opinions politiques elles-mêmes se modifient. On le pousse à oublier les dissensions religieuses, à tourner une page. Le doge lui accorde un long entretien sur les bienfaits de la tolérance religieuse.

Henri écoute, s'imprègne de la beauté des palais, des églises, se persuade du bien-fondé de la liberté des mœurs. Les vieux moralisateurs n'auront plus leur place à la cour de France. Il sera un prince éclairé, un grand roi.

Plus il s'approche de Lyon où l'attend sa mère, plus Henri perd son bel optimisme. Aussitôt en France, il est rattrapé par les vieilles querelles, les rancunes sans cesse ressassées. Il revoit avec nostalgie les jeux de lumière sur l'eau de la lagune, le ballet des gondoles, entend les rires, les chants. Il bruine à Lyon en ce début de septembre où sa mère pleurant de joie lui ouvre les bras.

Ses mains dans celles de son fils, elle l'observe. Henri a mûri, mais il a la même silhouette élancée, le même visage juvénile. Henri embrasse Alençon, Navarre, sa sœur Margot. Il est résolu à tourner la page des vieilles rancunes, des éternelles querelles. Désormais il doit s'affirmer, se conduire en roi. Il sait qu'on l'observe, qu'on l'épie, prêt à interpréter la moindre de ses paroles, ses gestes les plus anodins. Son goût pour l'intimité le pousse à s'enfermer chez lui avec ses compagnons.

Le groupe de jeunes gens a connu le départ en Pologne, la vie rétrécie à Cracovie, la fuite éperdue, les orgies des nuits vénitiennes. Ils se cajolent, se font rire, se jouent la comédie. On les critique ? Chaque regard suspicieux les excite et les pousse à plus de provocations encore.

La nouvelle, annoncée avec précaution par Catherine, brise Henri. Marie de Clèves, princesse de Condé, vient de mourir en couches. Cette jeune femme était son double rêvé, sa lumière. Elle possédait ce qu'il a de meilleur en lui : le goût de la beauté, une beauté informelle, asexuée, éthérée, une beauté d'ange. Sa mort le prive d'un idéal qui le laissera seul pour toujours. Il pleure, se griffe le visage. Il est épuisé. Trop d'émotions, trop d'excès, trop de douceur, trop de violence, trop de cris, trop de silences.

Catherine le veille nuit et jour. Revenu à la raison, Henri va avoir besoin d'elle. Mère et fils seront inséparables. Elle possède l'expérience, la connaissance des affaires, il a l'énergie de la jeunesse.

À peine sur pied Henri réclame des habits noirs, pose un crâne sur sa table de travail. Catherine pense à Margot en grand deuil, au bal qui avait suivi l'exécution du comte de La Molle. Quels goûts funèbres habitent l'esprit de ses enfants ? Quels cauchemars les hantent-ils ? La mort tragique d'Henri II leur père, les pendus d'Amboise, la Saint-Barthélemy ? Un roi ne doit être tourné que vers l'avenir. Il faut marier Henri, l'asseoir solidement sur le trône. À vingt-trois ans, il a plus de maturité que François ou Charles, il a gagné des batailles, régné en Pologne. Il est le roi dont la France a besoin.

Sitôt rétabli, Henri surprend son entourage. Il ne veut plus que l'on se presse autour de lui, qu'on l'importune, qu'on le touche, qu'on lui parle sans sa permission. Désormais les courtisans devront se tenir à distance, attendre un geste, un mot de lui pour l'approcher. Il désire n'être entouré que de ses amis. Pour le moment, François se tient coi, nourrissant le rêve extravagant d'épouser Élisabeth Tudor, la reine d'Angleterre. Catherine l'encourage. Les rapports des ambassadeurs qu'elle a expédiés à Londres sont excellents. Élisabeth a même sollicité un portrait de son jeune prétendant.

Margot quant à elle est amoureuse de Bussy d'Amboise, un gentilhomme du duc d'Alençon qui caracole autour d'elle. Pour attirer ses regards, elle prend des manières affectées, ose des petits rires en cascade. Bussy est-il déjà son amant ? Henri méprise sa sœur, sa sensualité presque animale le dégoûte. Ses seins, ses hanches prennent de l'ampleur, bientôt elle sera une matrone, comme leur mère.

De Lyon, la suite royale doit se rendre en Avignon. La politique s'impose. Il faut rallier Montmorency-Damville et ses huguenots. Son influence dans le Sud-Ouest est considérable. Mais le maréchal est entêté. Respecté et obéi chez lui, il se comporte en potentat. Il faudra le faire plier, par la persuasion ou la force. On embarque à Lyon pour descendre le Rhône. Il pleut, il fait froid. Deux barges portant la garde-robe et la vaisselle royale font naufrage. On dénombre vingt-cinq morts. Catherine pince les lèvres. Quand en aura-t-elle fini avec ces errances qui l'épuisent ? En plus de cela, elle doit tolérer les insupportables amis de son fils, Margot et son Bussy, François toujours renfrogné, Navarre tout énamouré de Charlotte de Sauve.

Noël est triste. Montmorency les a poliment envoyés au diable. Sur Avignon tombe une pluie glacée.

Une tristesse intense mêlée d'anxiété s'empare d'Henri. Le Trésor étant vide, on ne donne plus de fêtes, plus de bals. À quoi bon se parer pour moisir de nouveau dans un sinistre palais ? Dieu le punit, il en est sûr. Il déteste ses amitiés trop tendres, sa tolérance religieuse. Pour l'apaiser, il veut organiser une procession, pieds nus, en chemise sous la pluie. Son entourage au complet devra y participer. En cagoule, une chandelle à la main, il quitte le palais sous de la neige fondue. Derrière Henri, encagoulés eux aussi, les mignons se flagellent, pataugent dans la boue glacée. Les suivent évêques et cardinaux, le cardinal de Lorraine, oncle du duc de Guise, le chevalier de Birague, Alençon et Navarre.

Le lendemain, pris par la pneumonie, maints pénitents sont alités. Le cardinal de Lorraine, âgé de moins de cinquante ans, décède. Un vieil ami que Catherine pleure.

Durant tout le séjour en Avignon, le roi se rend d'un couvent à l'autre, entend deux messes par jour, ne manque aucune prédication. Séduit par la dévotion mystique du père Edmond Auger, un farouche anti-huguenots, il tourne casaque et désire à nouveau combattre l'hérésie. À quoi sert cette tolérance dont le doge de Venise avait voulu lui prouver les bienfaits ? Clairement, Montmorency lui a montré l'inutilité de celle-ci.

Aux environs d'Avignon, les huguenots tissent leur toile sous son nez, entrent dans Aigues-Mortes, s'emparent de bourgs et de villages. Un émissaire secret du maréchal a même réussi à approcher Alençon pour l'encourager à le rejoindre. On pend le premier et admoneste le second qui ricane.

Trop de déceptions, d'humiliations. En rentrant en France, Henri ne s'attendait pas à cela. Il faut rejoindre Paris, y faire une solennelle entrée, puis préparer son sacre à Reims, son mariage, le sacre de sa reine, engendrer un héritier pour asseoir sa lignée. Ces perspectives lui redonnent un peu de vigueur. Il revêt à nouveau ses somptueux atours, pique des bijoux sur les toques extravagantes qui montent comme des champignons au-dessus de sa tête. Ses amis le font encore rire. Il aime les caresser, les veut frisés, parfumés, couverts comme lui de dentelles hors de prix.

Les cérémonies du sacre à Reims sont émouvantes et somptueuses. Au premier rang se trouvent non point les dignitaires du royaume, mais les mignons et Louise de Vaudémont qui a accepté de devenir sa reine. La cérémonie dure cinq heures. Il a relégué les Guises au second rang, ces cousins-là ne sont guère ses amis. Le duc que Margot a tant aimé est lointain, sûr de lui, arrogant. Le roi ne va-t-il pas épouser sa cousine Louise ? De nouveau le clan des Guises s'impose, reprend de l'influence. Avec un regard de pitié, ils observent Henri, épuisé, qui laisse choir sa couronne. Catherine sursaute, frappée en plein cœur. Un mauvais présage. Elle va devoir consulter ses mages.

Le lendemain est jour de mariage. Henri est venu de bonne heure rejoindre sa promise. Il veut l'habiller, la coiffer, la farder lui-même. Rien ne le rend plus heureux que de palper les étoffes, manier pinceaux et houppettes de cygne, trouver l'endroit où un diamant, un rubis, des perles seront le plus en valeur. Le temps s'écoule. L'heure de la cérémonie est dépassée mais le roi trouve un détail à rectifier dans la coiffure, exige que l'on repasse encore le col plissé de dentelle à godrons qui orne l'échancrure de la robe ivoire tissée de fils d'or. Enfin satisfait, il regagne ses appartements. Il a choisi un pourpoint et des culottes à crevés en velours brodé de lys d'or et fait friser au petit fer sa chevelure. Sur le devant de la toque plantée sur les boucles qui se suivent en vaguelettes, on pique un toupet de plumes duveteuses qui frissonnent à chacun de ses pas.

Marié, Henri reprend de l'assurance. Il est heureux. Louise n'exige rien d'autre que ce qu'il peut offrir, un amour sensuel sans débordements. Comme lui, elle goûte les caresses, les baisers légers, l'énervement d'un désir qui ressemble au plaisir.

Il ordonne une expédition contre Montmorency qui l'a nargué et humilié en Avignon. L'annonce de sa capture et de son exécution assoit son autorité.

La dette du Trésor atteignant cent millions de livres, il va lever de nouveaux impôts, extorquer des millions à « ses bonnes villes », tirer un autre million du clergé, obliger les magistrats à donner leur contribution. L'exercice du pouvoir, la splendeur de la cour exigent de l'argent. Point de prestige sans luxe, et le goût du faste est intense chez lui. Les règles qu'il a imposées à la cour le protègent et le glorifient. Un roi n'est pas un homme ordinaire, on doit l'approcher tête basse.

À regret, il abandonne l'idée d'une barrière autour de la table où il prend ses repas, servis non par des domestiques mais par des gentilshommes tête nue.

Certains ricanent, Henri se prend-il pour Dieu ? Des pamphlets, des caricatures circulent que le roi ignore.

L'heure des récompenses pour ses adorables amis est venue. Un torrent de faveurs les inonde, des postes clés, des terres, des titres. Profondément heurtée, Catherine se contente de quelques remarques de bon sens. Un roi ne peut soumettre son pouvoir aux humeurs de quelques favoris qui détiennent la direction des affaires. Un roi ne doit ni haïr ni trop aimer. S'il se rend à la messe, c'est par l'ensemble des seigneurs de la cour qu'il doit être suivi. Le renvoi d'Albert de Gondi-Retz, un proche depuis l'Italie, l'a offusquée. Le joli Villequier avec ses sourires ironiques le remplace. Encore une fois, on se gausse. Un premier gentilhomme partage la chambre du roi si celui-ci le désire. Henri pouvait-il accepter que le digne Gondi mette le nez dans sa vie intime ? Nevers, lui aussi, est promptement écarté de la distribution des honneurs. Henri connaît l'influence dont il jouit auprès de sa mère, il l'a connu jeune homme, prince léger peu susceptible de devenir roi. Catherine l'écoute, le respecte. Qu'il reste son ami, lui en possède d'autres. Du Guast, dont il a été séparé lorsqu'il était en Pologne, a repris toute son influence. Parce qu'il a dévoilé sa liaison avec Henri de Guise, Margot hait et méprise ce cafard issu d'une petite noblesse provinciale. Un jour ou l'autre, elle lui rabaissera le caquet. Si elle sait aimer follement, elle peut aussi haïr avec intensité.

10

Les plans sont arrêtés. Le roi de Navarre fuira le premier, suivi par Alençon. Les préparatifs de leurs évasions sont minutieusement organisés. Henri préfère la ruse à la brutalité du fait accompli. Le jeu lui va bien et berner ses ennemis est source de jubilation. Il ne laissera rien au hasard. Il faut duper sa belle-mère. Il se sait espionné par les nains, les demoiselles d'honneur, les servantes de Catherine. Son plan est simple : préparer deux fausses fuites, réussir la troisième. Margot est son alliée comme elle est celle d'Alençon. La jeune femme est pleine d'allant. On la voit souvent rire avec son époux et Catherine se met à espérer que le ménage sera finalement une réussite. Heureuse, Margot suivra bientôt son mari en Béarn. Ce sera un soulagement.

Henri organise une chasse. Le soir, on ne le voit pas revenir. Au Louvre, c'est l'affolement. Aurait-il osé tenter de fuir ? Il n'ira pas bien loin, tous les gouverneurs ont l'ordre d'arrêter immédiatement le roi de Navarre s'il traverse leurs provinces. Catherine ne ferme pas l'œil de la nuit. Ce gendre est le diable fait homme.

Le lendemain matin, Henri lui fait visite. Il s'est égaré et se trouve fort content d'être de retour au sein de sa bonne famille.

— Je ne manquerai pas de vous faire connaître mes occupations journalières. Je vous vois toute pâle et crains que vous n'ayez conçu pour moi de l'inquiétude.

Margot est fort contente. Le plan se déroule à merveille. Une fois Henri en route vers son royaume, elle s'occupera de François. Mettre sa mère en échec est une plaisante perspective.

Le lendemain, Henri prévient qu'il se rend chez les Guises pour une visite de bonne amitié. Le duc est de joyeuse humeur ce jour-là et entraîne Henri à la foire Saint-Germain où chacun leur souhaite la bienvenue. Le Béarnais sait que cette escapade sera aussitôt rapportée à Catherine dans les moindres détails. Mais savoir Henri en compagnie du duc de Guise ne peut que la rassurer.

À nouveau, le roi de Navarre n'est pas de retour à l'heure où l'on ferme les portes du Louvre. Catherine s'inquiète, convoque Margot. Son mari lui a-t-il fait part d'un projet qui le retiendrait hors du palais tard dans la nuit? La jeune femme sourit benoîtement. N'aurait-il pas dormi à l'hôtel de Guise? Avec une nouvelle conquête, peut-être? Sa chère mère désire-t-elle qu'on dépêche un serviteur?

Juste avant l'aube, Henri demande au guet qu'on le laisse entrer. Avec ses compagnons, il partage de grands rires et de belles chansons.

— Le roi de Navarre est de retour, soûl comme un âne, annonce Folle à sa maîtresse, d'ici peu il ronflera dans son lit à en ébranler les murs.

– Demain, ma mère, je partirai chasser avec quelques amis. Il se peut que je ne rentre pas au Louvre au coucher du soleil.

Henri pose ses lèvres sur la main de Catherine. Il rit et elle partage sa gaieté.

– Mon Dieu, mon gendre, s'exclame-t-elle, vous avez bien droit à quelques distractions. On me dit que votre maîtresse, madame de Sauve, est indisposée.

– Je la réconforterai de mon mieux dès demain, ma mère. Assurez-la de ma constance et dites-lui que je ne trouverai pas dans la forêt de biche aux yeux aussi doux que les siens.

Aussitôt à Vincennes avec ses compagnons, Henri fait mettre les chevaux au galop. Ils ont plusieurs heures devant eux pour s'éloigner de Paris sans attirer de soupçons.

Au point du jour, la petite troupe est en Beauce et guidée par le maréchal des logis du roi de Navarre, monsieur de Lespine, familier de la région. Elle se dirige vers Château-Neuf où on changera de chevaux pour courir vers Alençon, où Henri se saura en sécurité.

On met pied à terre, on s'embrasse, on se congratule. Quand ils entonnent un psaume, beaucoup ont les larmes aux yeux.

– Je n'ai de regrets, déclare Henri tout joyeux, que pour deux choses que j'ai laissées à Paris, la messe et ma femme : toutefois pour la messe j'essaierai de m'en passer, mais pour ma femme je ne puis et la veux revoir.

Même s'il est parti sans lui dire adieu, il la trouve bonne compagne. Pour les petits péchés de chair, elle se montre aussi tolérante que lui et rien ne l'ennuie plus que les jalouses avec leurs aigres reproches. Sans doute, en effet, la fera-t-il venir en Béarn, mais rien ne presse. Il est libre.

Margot pour sa part est trop occupée par les préparatifs de la fuite de son frère François pour s'apitoyer sur les jérémiades de sa mère. Son gendre a trahi sa confiance ? Mais ne l'a-t-elle pas privé de sa liberté ?
Margot et François ont décidé de ne rien hâter. Après la fuite d'Henri de Navarre, Alençon est plus surveillé que jamais. À peine François peut-il quitter le Louvre. Il passe le plus clair de ses journées dans les appartements de Margot où il retrouve le beau Bussy tout dévoué à sa personne. On joue aux cartes, on apprécie le talent des musiciens. Bussy s'ennuie et n'ose l'avouer. Une bonne querelle avec ses ennemis, les mignons du roi, serait plus plaisante que les jacassements des perroquets et le glapissement des guenons.
– Madame, complimente un gentilhomme, votre manchon est exquis. Ces X qui y sont brodés sont une trouvaille des plus originales.
On va se rendre en procession à la messe. Encore une heure d'ennui en perspective pour Bussy qui ne peut dominer son envie de railler le freluquet.
– Vous êtes un sot, monsieur de Saint-Phal, ces broderies représentent des Y.
Bussy respire mieux. Il a enfin l'occasion de moucher un de ces gandins qu'il méprise. La jeune femme recule d'un pas, Saint-Phal redresse la tête.
– Je sais ce que je dis, monsieur, et madame ne me contredira point.

– Elle ne le fera pas parce qu'elle vous juge pour ce que vous êtes, un nigaud et un fat.

Saint-Phal a déjà mis la main sur le pommeau de son épée quand Margot s'interpose.

– Allons, messieurs, calmez-vous. Des querelles sont-elles acceptables quand on se rend à la messe ?

Tout en s'efforçant de faire belle figure, elle s'inquiète. Ce démêlé ridicule va être rapporté à son frère qui déteste Bussy. Il tiendra enfin un prétexte pour lui nuire.

– C'est trop pour un Bussy ! s'exclame le roi. Je compte sur vous, mes amis. Rabattez-moi le caquet de ce goujat.

Les mignons rient aux éclats. Ils vont chatouiller Bussy un peu rudement de leurs épées pour lui faire comprendre qu'insulter un proche du roi peut avoir des conséquences fâcheuses.

Le temps est orageux. De la Seine montent des odeurs de fange, des taons attirés par les chevaux et bestiaux qui s'y abreuvent pénètrent à travers les fenêtres grandes ouvertes de l'appartement royal.

Déjà peu porté aux exercices physiques, Henri ne sort guère du palais. Cet incident finalement le divertit et il ne pleurera pas le bravache qui a séduit sa sœur pour s'imposer à la cour. Se croit-il aimé de Margot ? Margot n'aime qu'elle-même et adore qui l'adore.

– Ne faites pas justice vous-mêmes, prononce-t-il d'un ton las. Je ne supporterais pas qu'un de vous soit blessé par ce rustre. Il est teigneux et bon bretteur. Envoyez des seconds couteaux. Du Guast les commandera. Il a des comptes personnels à régler avec ma sœur.

Depuis cette algarade, Bussy se méfie et ne sort qu'avec son épée, un couteau de chasse et un poignard. Si on pense pouvoir l'éliminer facilement, mieux vaut y songer par deux fois. De la chambre de Margot il emprunte un couloir, traverse une salle des gardes, l'antichambre toujours déserte de l'appartement que madame de Sauve occupe au palais, puis descend par un petit escalier vers ceux de son protecteur et allié François d'Alençon. De là, il peut gagner une sortie discrète qui mène dans la cour du Louvre et la rue de l'Arbre-Sec où il loge. Chaque détail de cet itinéraire lui est familier, il identifie chaque borne, chaque flambeau éclairant une porte, jusqu'aux chats errants.

Les assaillants surgissent dans la ruelle longeant le cloître Saint-Germain. Alerté par des ombres, des cliquetis, Bussy a dégainé son épée qu'il tient de la main droite tandis que de la gauche il serre le manche du poignard. L'attaque est brutale. Cinq hommes l'entourent, menaçants. Dans la pénombre il ne voit pas leurs visages mais reconnaît celui qui se tient à quelques pas, du Guast, celui dont Margot et lui souhaitent chaque jour la mort. Le combat est rapide, violent. Un homme gît déjà dans le caniveau, un autre est blessé à la poitrine.

– Du Guast, clame Bussy, tu peux aller dire à ton maître que je ne suis pas encore à terre et que ses tueurs à gages ont failli à la mission qu'il leur a confiée.

La pointe d'une épée lui transperce le bras. Tant la rage le domine qu'à peine il sent la douleur. Le cri sauvage qu'il pousse en plantant son poignard dans la gorge de son attaquant réveille les habitants de la maison voisine. Des volets s'entrouvrent.

– Regagnez vos lits, bonnes gens, les rassure Bussy, je viens juste de nettoyer votre rue de quelques pendards.

Sa blessure pansée, le jeune homme se rend au Louvre comme chaque matin. Aucune marque des souffrances qu'il a endurées ne se décèle sur son visage, et quand il croise le roi en compagnie de du Guast et d'O qui se rendent au Conseil, il ôte son chapeau et les salue profondément.

Henri s'immobilise. Ce geste respectueux accompagné d'un sourire ironique porte à l'extrême son irritation.

– Je vous ordonne de quitter la cour, monsieur. Vous en êtes banni à jamais !

La sentence n'incommode Bussy en rien. Il va certes quitter le Louvre, mais ne s'éloignera pas. François d'Alençon et Margot ont présentement trop besoin de lui.

Les moines de l'abbaye de Saint-Germain-des-Prés, complices de la prochaine fuite du duc, vont l'héberger. Désormais, il leur faut se hâter.

Qui reconnaîtrait François sous le déguisement d'une servante ? Enveloppé dans une cape, coiffé d'un bonichon, il passe inaperçu devant les gardes qui jettent à peine un regard sur cette insignifiante silhouette portant un panier. François a bien retenu sa leçon, il marche calmement, lève même le nez pour observer le vol d'un pigeon. Il traverse la cour du Louvre, chemine du même pas tranquille jusqu'à la porte Saint-Honoré où une voiture l'attend qui le mène aussitôt à l'abbaye de Saint-Germain-des-Prés.

– Enfin vous, monseigneur, se réjouit Bussy, je me tourmentais.

Au-delà des murailles qui cernent l'abbaye, c'est la

campagne, des champs, de petits chemins qui les longent et rejoignent de paisibles villages.

Les chevaux sont prêts à partir. Il faut atteindre au plus vite la Loire où les attendent les hommes de Condé et d'Henri de Montmorency-Danville. Le clan des huguenots a trouvé son chef légitime.

— Le roi et moi n'ignorons rien, jette Catherine d'un ton amer au duc de Mayenne, grand chambellan de son fils. Avez-vous fouillé le Louvre ?

Il lui reste un maigre espoir que François soit tapi quelque part, peut-être chez Margot.

— De fond en comble, madame. Nous avons renversé les matelas, vidé les garde-robes, ouvert tous les coffres.

La reine mère soupire. Ce soufflet qu'elle reçoit en plein visage lui a été donné par Margot, complice de François. Cette fille est un chancre qu'elle porte sur son flanc. Une tête folle qui croit pouvoir braver une famille à laquelle elle doit tout. Il faut la convoquer, la mettre face au roi. Lui fera-t-elle l'affront de nier ?

Comme celles de son frère Charles, une colère d'Henri peut aboutir en des actes d'une regrettable violence. N'a-t-il pas tué voici peu son chien favori qui venait de pisser sur ses pantoufles ? Mieux vaut finalement qu'elle voie seule sa fille. Pour rassurer Henri, elle se dit prête à courir derrière Alençon, à le sermonner, le ramener. Il fera amende honorable.

— François est un ambitieux, lance le roi. Pour obtenir un quelconque pouvoir, aucune bassesse ne lui répugne. Ma sœur quant à elle est une putain de la pire espèce. On dit qu'elle a couché avec Bussy dans le lit même de son mari.

– On rapporte beaucoup de choses dans cette cour, mon fils.

– Cette racaille, continue Henri, a tué un de mes hommes, en a blessé un autre et puis m'a insulté à travers du Guast.

– Monsieur du Guast compte beaucoup d'ennemis.

Elle-même hait cet homme fourbe, candidat à toutes les basses besognes. Son influence sur le roi l'excède. Un jour ou l'autre il faudra s'en débarrasser.

– Il a toute ma confiance, madame. Cela devrait vous suffire.

Catherine s'esquive. Rien ne la bouleverse davantage qu'une querelle avec ce fils tant aimé.

Sans son amant, Margot dépérit. Il ne l'a quittée cependant que depuis une semaine, mais au Louvre, beaucoup l'estimant complice de la fuite de son frère la tiennent à distance. Et du Guast, qu'elle a dénoncé comme l'auteur de l'attentat contre Bussy d'Amboise, lui jette des regards meurtriers. Elle a peur aujourd'hui et seuls les billets de François, désormais en sécurité, lui rendent son sourire. Après avoir donné de ses nouvelles, Alençon a ajouté dans sa dernière lettre : « Faites éliminer du Guast qui m'a trahi, a trahi monsieur de Bussy et monsieur de Vitteaux. Ce dernier se chargera de la besogne. »

Du Guast loge rue Saint-Honoré, seul ou avec une maîtresse occasionnelle. Les femmes de service se couchant de bonne heure, sa domesticité se réduit la nuit à un valet de chambre et un laquais.

La cavalcade dans l'escalier tire du lit les deux domestiques. Du Guast s'est réveillé aussi et, en chemise, cherche son épée. Il va s'en saisir quand la porte s'ouvre brusquement.

– Nous avons à causer, monsieur du Guast, lance d'un ton sec le baron de Vitteaux.

En hâte, le valet de chambre a allumé une chandelle. Dans la lumière jaune, la chambre suggère une crypte mortuaire.

– Laissez là votre épée, ricane Vitteaux, elle ne vous servira à rien. Votre arme favorite n'est-elle pas la traîtrise ? La voici sans effet aujourd'hui. Le temps est venu de payer vos dettes.

D'un geste précis il fend la joue gauche du protégé du roi.

– Avec les compliments de monsieur le duc d'Alençon.

Puis, aussi prestement, il entame la joue droite.

– Avec les compliments de monsieur de Bussy.

Le sang ruisselle. Terrorisé, du Guast ne tente rien pour se défendre. Il ne semble pas même attendre du secours de ses deux valets qui tremblent de peur le dos collé au mur.

– Et ceci avec les miens !

Le poignard s'enfonce dans la poitrine de Du Guast qui s'effondre.

– Quant à vous, messieurs, vous allez être sourds et muets pour longtemps.

Vitteaux fait signe à un de ses hommes de main qui les exécute l'un après l'autre en leur tranchant la gorge.

Le groupe regagne l'escalier sans hâte. Le serpent que le roi considérait comme le fidèle parmi les fidèles ne crachera plus son venin.

– Comment voulez-vous que j'affirme mon autorité quand on ne cesse de me trahir, d'assassiner mes amis ? Du Guast m'était cher, il était avec moi au siège de La Rochelle. Et vous voudriez que je pardonne à Alençon ?

– Oubliez pour un moment vos légitimes griefs, suggère Catherine, la fuite de votre frère donne aux rebelles la caution d'un fils de France. Ceci est d'une extrême gravité. François, que Dieu lui pardonne, a donné son accord à Condé pour recruter des reîtres allemands. Il proclame agir au nom des vrais Français. Le ramener au Louvre est de la plus grande urgence. Envoyez le duc de Guise en Champagne sur ses propres terres pour barrer la route à ces hordes étrangères. J'irai ensuite négocier avec votre frère. Vous vous vengerez alors. Le baron de Vitteaux qui a occis Du Guast sur ordre de François a rejoint les rebelles à Blois.

Elle est lasse de raccommoder encore et encore un tissu qui ne cesse de se déchirer. Mais jusqu'à son dernier souffle le courage lui demeurera. Cette armée que Guise commandera, il faudra la payer et elle n'a plus un sou. Restent les bijoux de la couronne. Les prêteurs sur gages seront nombreux à ouvrir leurs coffres.

Avec effroi, Catherine lit le billet tout juste remis par un courrier. Guise a gagné une bataille à Dormans mais a été blessé au visage. Transporté à Épernay, il est soigné par le médecin d'un de ses oncles qui répond de lui. Au jeune duc restera, tout comme à son père, une balafre qui pour ce dernier fut un moyen de séduction. Mais la mise hors de combat de leur chef ébranle la détermination de ses troupes. Les reîtres avancent maintenant par la Bourgogne et, en dépit du courage du frère du duc de Guise, le duc de Mayenne, qui parvient à garder toutes les villes fortifiées de Bourgogne, l'ennemi qui combat à trois contre un remonte vers la Loire pour faire sa jonction avec Condé et Alençon. Même si le duc de Mayenne juge que tout compromis serait une lâcheté, il faut traiter de toute urgence.

Catherine monte en voiture. Son obésité, ses rhumatismes, ses maux d'estomac sont d'incessantes incommodités, mais a-t-elle le choix ? Alençon l'écoutera et signera la paix. Deux jours de voyage jusqu'à Beaulieu-les-Loches. La lourde voiture cahote, secoue, verse parfois. Et enfermée dans cette boîte, brinquebalée, elle doit lire des dépêches, prendre des décisions. Dieu merci, avec le printemps le temps s'est remis au beau, point de gel, de ces pluies torrentielles qu'elle a dû subir si souvent. Les arbres fruitiers sont couverts d'une écume blanche délicatement parfumée dont elle n'a pas le temps de jouir.

Pour la première fois, elle a en face d'elle un fils cadet déterminé et exigeant.

– Une paix, oui, accepte François, mais pas aux dépens d'un grand nombre de Français. Leur bonheur dans le royaume me tient infiniment à cœur.

À la fin des négociations à Beaulieu, le roi rejoint sa mère et son frère. Puisqu'il faut signer une paix, il signera. Les huguenots auront le droit d'occuper huit villes du Languedoc, de Guyenne, du Dauphiné, d'Auvergne, de Provence. Les parlements de ces provinces seront composés à nombre égal de protestants et de catholiques. Alençon reçoit l'Anjou, le Berry, la Touraine, Condé devient gouverneur de Picardie et rentre en possession de la ville de Péronne. Enfin tous sont pardonnés, déclarés par le roi bons parents, voisins, amis, sujets. Le jeune Coligny et Montgomery sont reconnus innocents et réhabilités.

Humilié, exaspéré, Henri s'enferme dans son oratoire. Dieu pourrait lui tenir rigueur de sa lâcheté. Il faut l'expier. À nouveau il se vêt en moine, porte un chapelet à la ceinture, implore la reine de prier avec lui. Le signe du pardon sera une grossesse. Louise s'est crue enceinte assez vite après leur mariage, mais une soudaine hémorragie a mis fin à leurs espérances.

Dieu l'accompagne et le fera toujours. Ne l'a-t-il pas élu roi de France ? Ne lui a-t-il pas confié comme il le fit à Moïse la charge de guider son peuple à travers les tempêtes ? Rien n'existe que Dieu au-dessus de sa couronne. Sa mission est monarchique et messianique. Il faut implorer la miséricorde divine, jeûner, se donner la discipline pour en être digne.

Catherine connaît l'ambiguïté de son fils : le plaisir avec ses mignons, la pénitence et l'humilité dans les couvents où il fait retraite. Pourvu qu'il gouverne en roi, elle accepte tout. Le traité de Beaulieu était essentiel. Elle n'a pas lutté comme une lionne toute sa vie pour voir se disloquer l'autorité royale. Elle est critiquée, impopulaire ? Peu importe. Elle va droit devant elle sans écouter les donneurs de conseils ou de leçons. Qui se chargerait du fardeau qu'elle porte depuis la mort de son époux, veuve avec la charge de sept enfants ?

Dans le camp des Guises, une clameur de protestation s'élève. On bafoue les catholiques, on les soufflette en plein visage. Le traité de Beaulieu est une flétrissure, une pathétique capitulation. Les catholiques doivent se regrouper, s'affirmer, et Henri de Guise est prêt à les commander sans faillir.

Maintes provinces ont déjà envoyé des protestations au roi, devoir partager les responsabilités de leur administration avec les huguenots leur est intolérable.

Guise a réfléchi. Le moment est venu pour lui et ceux qui ont confiance en sa famille de se réunir en une ligue, une Sainte Ligue pour rétablir en France la loi de Dieu selon les prescriptions de la Sainte Église catholique, apostolique et romaine.

Le succès est immédiat. De toute la France, secondés par le clergé, princes et gentilshommes se joignent à lui. Il faut créer une armée de mercenaires pour lutter contre leurs ennemis. Les Guises ouvrent leur bourse. En son sein, la France, au travers de la Sainte Ligue, voit s'imposer une puissance plus considérable que celle du roi.

Désespéré, Henri regagne sa capitale. Que peut-il faire pour châtier son frère ? Rien. François va revenir au Louvre fier comme le misérable petit coq qu'il est. Le peuple fait grise mine. Lorsqu'il passe dans les rues de Paris, on ne l'applaudit plus. Les ovations vont toutes aux Guises.

Louise console son mari. Il aime cette douce présence qui le délasse de la vitalité combative et moqueuse de ses mignons. Sans fin, sa chère troupe sollicite des faveurs qu'il accorde désormais avec lassitude. Mais la présence de ses amis lui est indispensable pour ne pas sombrer dans l'abattement.

Avec eux il boit, plaisante, se déguise. Il aime revêtir de belles robes, se coiffer de frisettes serrées, se parfumer, étaler sur sa peau du blanc de céruse et de la pommade de géranium, mignarder ses quatre petits chiens qu'il brosse, parfume et frise. Il a lancé la mode d'un paisible jeu : le bilboquet, qui lui convient beaucoup mieux que la paume ou les cavalcades équestres.

Très opposé à la Ligue au moment de sa création, il l'approuve désormais. Guise a raison, elle sera l'arme la plus puissante contre l'arrogance des huguenots. Bientôt, il dépossédera le duc de son commandement pour en prendre lui-même la tête. L'affection du peuple lui reviendra alors et Dieu, satisfait, lui accordera un fils.

Pour fuir les pestilences de Paris durant les mois d'été, il part avec sa troupe et la reine en Normandie : Gaillon, Rouen, Dieppe, Le Havre où avec une joie immense il voit décharger d'un navire quantité de singes et de perroquets. Comme la reine les désire tous, on les achète sur-le-champ.

Sur le chemin de retour au début du mois de septembre, Louise tombe amoureuse du petit château d'Ollainville, près d'Arpajon. Bien que démuni d'argent, Henri le lui offre aussitôt. Cette élégante demeure sera réservée à ceux qu'ils aiment. Là, point d'étiquette, point de malveillants, point de moralisateurs. C'est là qu'il accueillera son frère pour se réconcilier avec lui, loin des insupportables ricaneurs ou juges. Des états généraux doivent se réunir en décembre et il est impératif que la famille royale y paraisse unie.

Une réconciliation de dupes. Toute sa vie, Henri a dû donner le change, paraître ce qu'il n'est pas.

Le raccommodement entre les deux frères ramène Bussy à la cour. Margot commande des robes, des dentelles, des bijoux. Les mémoires des fournisseurs attendront. Ces gens-là ne tirent-ils pas profit des commandes d'une fille de

France ? Henri la réclame en Navarre. Comment peut-elle l'envoyer au diable ? N'est-elle pas sa femme ! Et quelle attitude doit-elle adopter si le roi son frère reprend la guerre contre les protestants ? Alençon lui conseille de partir. Elle hésite. Bussy se fait un peu plus absent chaque jour et la cour l'oppresse : insultes, affrontements, ragots, jalousies. Elle hait les mignons du roi dont le venin ne l'épargne jamais. Ces hommes sont prêts à couper la gorge à qui les critique ou les moque. Arrogants, insolents, ils entraînent le roi dans leur sarabande satanique. La haine qu'ils vouent à Margot est surpassée par celle qu'ils portent à Bussy d'Amboise qui a repris son service auprès de Monsieur. Caylus l'a insulté publiquement avant de préparer une embuscade. Par miracle, Bussy échappe une fois encore à la mort. Margot comprend alors qu'elle doit s'éloigner pour apaiser les esprits.

L'hiver est glacial. La peste sévit ici et là à travers le royaume. Dans les villages on entend fréquemment sonner le glas. Leurs provisions étant épuisées, les paysans grattent la terre pour en extraire des racines, disputent aux corbeaux les restes d'animaux morts de froid.

La cour s'installe à Blois où se tiennent les états généraux. Les mignons s'y réunissent sans joie. Hors l'enceinte du château, la ville n'offre guère de divertissements. Les femmes mariées sont prudes, les jeunes filles vite effarouchées. Pour se distraire il reste la chasse, l'escrime, la courte paume, sports dans lesquels excellent Henri de Saint-Sulpice, d'O et Saint-Luc.

Le vingt décembre, le roi annule une excursion à Loches. Il craint le froid humide et le vieux château n'offre aucun confort. On joue aux cartes, s'entraîne au bilboquet quand

Henri de Saint-Sulpice propose une partie de courte paume à Jean de Beaune, un gentilhomme tourangeau appartenant à Monsieur.

– Estimez-vous heureux, monsieur, lance Saint-Sulpice, de vous mesurer à moi. Habituellement je ne joue qu'avec des gentilshommes.

Beaune, qui est vicomte de Tours, se raidit.

– Étant aussi bon gentilhomme que vous, monsieur, je me considère comme insulté.

La « troupe » se regroupe autour des deux hommes. Une bonne querelle est un divertissement dans l'ennui d'une morne journée.

– Vos ancêtres n'étaient-ils pas des financiers ?

La voix de Saint-Sulpice exprime une ironique arrogance qui fait pouffer ses amis. Ce petit démêlé pourrait déboucher sur un duel, événement des plus captivants.

Tous sont prêts à exciter davantage les antagonistes, quand le duc d'Aumale s'interpose.

– Voyons, messieurs, un peu de mesure, s'il vous plaît. Est-il vraiment nécessaire d'évoquer sa généalogie avant de disputer une partie de paume ? Serrez-vous la main et trouvez chacun d'autres partenaires.

Avec réticence, Jean de Beaune accepte de toucher les doigts de Saint-Sulpice.

La pluie redouble. On fait venir deux chanteurs, un joueur de flûte, un autre de viole. Les petits chiens jappent à leur entrée. Deux guenons perchées sur les épaules de leurs maîtres poussent des cris stridents. La nuit tombe vite en ce vingt décembre, on doit allumer flambeaux et chandelles dès cinq heures. Après le souper, la reine donnera un bal pour lequel on se parera. Un dérivatif à l'ennui avant de regagner des chambres à peine tiédies par le feu crépitant dans les cheminées.

– Monsieur de Beaune veut vous entretenir.

Le domestique s'incline devant Saint-Sulpice. Il est onze heures du soir. Le bal a pris fin.

Guère surpris, le gentilhomme descend le grand escalier. Beaune loge de l'autre côté de la cour. Ce jeune freluquet, il en est sûr, va lui présenter ses témoins pour un prochain duel. Il ne l'acceptera pas. Un Saint-Sulpice neveu des Gontaut-Biron et allié aux Lévis-Caylus ne croise pas le fer avec un petit-fils de roturier.

À peine est-il dans la cour que deux hommes l'immobilisent en le prenant à bras-le-corps tandis qu'un troisième le poignarde. Avant de perdre connaissance, Saint-Sulpice a le temps de reconnaître Jean de Beaune.

On transporte le corps dans sa chambre où accourent son père et le roi, qui vient d'être dévêtu pour la nuit. Le blessé a perdu tant de sang que le chirurgien convoqué en toute hâte hoche la tête. Mieux vaut faire venir un prêtre.

– Qu'on arrête l'assassin, ordonne le roi, qu'on le ligote, qu'on le jette en prison et le mette aux fers avant un exemplaire châtiment.

– Sire, annonce un valet la voix embarrassée, on a vu fuir à cheval monsieur de Beaune et ses amis.

Tous les mignons se sont rassemblés autour de la dépouille d'un des plus jeunes des leurs. La fête est finie. Aucune place ne demeure pour la raillerie et l'arrogance. Monsieur, auquel appartenait Jean de Beaune, a déclaré la guerre au roi. Faction contre faction. Pas de pitié.

Il faut toute la diplomatie des Guises pour empêcher un duel entre « Entraguet » et Georges Babou de La Bourdaisière, comte de Sagonne, un autre gentilhomme de Monsieur ayant clamé joyeusement que Beaune ne serait jamais attrapé. L'atmosphère à Blois devient empoisonnée. On porte sans cesse la main au pommeau de son épée, aucun des mignons ne se déplace sans escorte.

Les états généraux poursuivent leurs sessions. Henri y entend les représentants du tiers état demander le partage de l'autorité suprême entre le roi et son Conseil. Ils réclament des lois inviolables, certains exigent même la création d'une Assemblée représentative regroupant les trois ordres. À elle de décider de l'impôt et de la guerre. « Ces faquins me croient-ils leur valet ! » s'exclame le roi. Ainsi que toute la cour, il est en deuil. Plus de divertissements, plus de comédies, plus de bals.

Dans le but d'enterrer ces ridicules prétentions constitutionnelles, Henri joue les rivalités entre les ordres. Afin de plaire à la Ligue, il annule l'édit de Beaulieu, exige des subsides pour la reprise de la guerre contre les huguenots. En dépit de son art à passer de la séduction à la menace, les fonds sont refusés. À la suggestion du clergé, on consent au roi une aumône insuffisante pour recruter assez de soldats. Les conflits ont pourtant déjà repris dans le Sud. Pont-Saint-Esprit est entre les mains des adeptes d'Alençon, La Charité entre celles des huguenots.

Après deux semaines de deuil pendant lesquelles le roi s'est retiré dans ses appartements, les divertissements reprennent à la cour : festins, mascarades, théâtre. Les Galosi, fameuse troupe italienne qu'Henri avait applaudie à Venise, parviennent enfin à Blois après avoir été capturés par des huguenots exigeant un sac d'écus d'or pour leur libération. Henri a payé.

Il doit se détendre, oublier les fanfaronnades de son jeune frère qui parade à Blois en homme ayant eu le dernier mot. Ses prétentions exaspèrent le roi et le faste de sa maison porte ombrage à la sienne. Monsieur se sent invulnérable et sourit lorsqu'on évoque la traque de Jean de Beaune. Grâce à l'intervention des Guises qui le considèrent comme meilleur catholique que le roi, il va commander une modeste armée royale chargée de reprendre La Charité.

La ville capturée, François se montre incapable de discipliner ses troupes : pillages, viols, meurtres, incendies ravagent ce qui avait été une coquette cité. Satisfait cependant, imbu de sa gloire, François regagne Chenonceau où vient d'arriver la cour.

Catherine veut fêter la paix revenue, si éphémère soit-elle. Il faut en outre distraire le roi trop souvent mélancolique. Les menstrues de Louise sont régulières comme une horloge. François le brave avec insolence. Un bal sera l'occasion rêvée de fraterniser.

La belle madame de Sauve, sœur de Jean de Beaune, trouve dans cette fête l'opportunité de retrouver sa suprématie. Elle suggère à la reine mère un bal en vert, suivi d'un banquet où seuls les hommes seront assis. Les femmes les plus jeunes, vêtues de voiles translucides, la chevelure éparse sur les épaules, les serviront. Catherine approuve, il ne sera pas dit qu'elle impose l'ennui à la cour des Valois. Monsieur exulte. Le roi se laisse vite convaincre. Depuis longtemps il rêvait d'une fête licencieuse, comme celles auxquelles il avait participé à Venise. Ses amis et lui en vert ? Voilà une belle occasion de dessiner des costumes, choisir des étoffes, les faire couper, broder, de teindre des aigrettes et, pourquoi pas, des mèches de cheveux ? Il se voit en vert céladon, la reine en vert grenouille, Caylus en vert émeraude, Entraguet en olive, Saint-Luc en serpentine, Schomberg en malachite, le beau François d'O en vert d'eau bien entendu. Avec sa troupe il choisit les jeunes femmes qui auront l'honneur de les servir vêtues en nymphes. Il leur faudra des perles, beaucoup de perles pour feindre des gouttes d'eau, des voiles irisés, des bracelets et pendants d'oreilles de nacre, de longues perruques argentées avec des flots de boucles cascadant jusqu'au creux des reins.

Henri se réjouit à l'idée de contempler la mine de Margot lorsqu'il lui interdira de faire partie de ces enchanteresses. Cette traînée va en crever de rage et ira pleurnicher auprès du petit frère qui séchera ses yeux. Deux hypocrites, deux pervers. D'eux il n'a à attendre que vilenies et trahisons.

La fête est époustouflante. Pour se venger, Margot s'est vêtue en ondine. La robe de soie moirée vert tendre brodée de poissons dévoile presque entièrement sa poitrine. Pour une fois elle a renoncé aux amples vertugadins à l'espagnole qu'elle affectionne pour laisser la jupe s'épanouir en corolle à partir de la taille. Parmi les bijoux de la cour qui n'ont pas été engagés, elle a choisi une parure d'émeraude : diadème, collier, bracelets, ceinture et bagues.

Lorsqu'elle apparaît dans la salle de bal, Monsieur applaudit, la reine mère vient l'embrasser sur le front. « Vous voilà bien belle, ma fille. » Ses compliments sont si rares que Margot reste interloquée. Pour se montrer si doucereuse, Catherine doit nourrir quelque plan machiavélique. Les naines de sa mère ont rapporté aux siennes qu'on pourrait lui confier « une mission ». Ne serait-ce pas plutôt un bannissement en Béarn ?

Derrière le roi, la troupe des mignons est époustouflante. Leur jeunesse, leur beauté, l'élégance de leurs atours forment une escorte qui laisse pantois et envieux les autres courtisans. Grand, svelte, le roi lui-même ressemble à un dieu marin au milieu de ses génies aquatiques.

On danse le branle, la gaillarde, la solennelle pavane, on festoie. Les seins des naïades frôlent les épaules des hommes lorsqu'elles leur présentent les plats, leurs cheveux d'argent balayent les nappes d'un blanc immaculé. « Une belle fête », reconnaît Catherine qui, à l'extrémité de la salle, a soupé en compagnie de quelques-unes de ses dames d'honneur. Avec ses voiles de deuil elle ne veut pas attirer l'attention. Le vin coule en abondance. Elle entend le rire en cascade de Margot que Bussy a rejointe. La décision qu'elle a prise avec le roi est excellente. On va l'expédier à Spa pour prendre les eaux puis en Flandres afin de préparer les Flamands à l'idée de choisir François d'Alençon comme médiateur. Lui seul a suffisamment de poids pour faire se tenir tranquille Philippe II. Loin de ses bases, la route française barrée, il ne pourra intervenir. Henri est heureux à l'idée de se débarrasser de son cadet, Catherine à la perspective de voir ce dernier porter un jour une couronne. Les négociations avec l'Angleterre traînent, elle ne croit plus trop au mariage avec Élisabeth Tudor. Si la Flandre se révèle être une impasse, il sera toujours temps d'envoyer de nouveaux ambassadeurs à Londres.

Sans mot dire, Margot écoute sa mère qui l'a convoquée dans ses appartements. Elle va partir à Spa prendre les eaux avec la princesse de La Roche-sur-Yon qui souffre de maladies de peau. Mais cette cure est un simple prétexte. Sa mission sera de gagner en grand équipage les Pays-Bas, de flatter les Espagnols tout en écoutant les revendications flamandes. Pourquoi ne se rallieraient-ils pas autour de François d'Alençon, seul candidat de poids en face de Philippe II ? Les armes de Margot ? Catherine les énumère : la grâce, la majesté, l'élégance. Elle pourra en outre jouir des subsides nécessaires pour impressionner le peuple et les princes flamands. Ne la nomme-t-on pas « la perle des Valois » ? Le rapport qu'elle fera intéressera au plus haut point le roi qui lui accordera de nouveau sa considération en retour des services rendus à sa couronne.

L'excitation et la joie étourdissent Margot. Elle n'a aucun doute sur ses qualités de négociatrice, ne se pose aucune question sur les chances de succès de sa mission.

– J'aurai besoin de toilettes, de bijoux et veux une litière vitrée, non un solennel carrosse, pour faire mes entrées dans les villes. Le peuple doit pouvoir me contempler à son aise.

Elle a le rose aux joues, ses mains tremblent.

– Des jolies dames d'honneur m'escorteront, je veux aussi mes chiens, mes perroquets, mes naines.

Catherine promet tout. Ses banquiers italiens vont devoir à nouveau ouvrir leurs coffres. Lorsque la dette de la France ne sera plus remboursable, elle la négociera. Ses ancêtres Médicis procédaient ainsi.

– Voilà les menus détails réglés, ma fille, se réjouit la reine mère, occupons-nous maintenant des choses importantes.

Sans hâte elle lui explique sa mission : un arrêt à Cambrai avant Mons où elle rencontrera don Juan d'Autriche qui gouverne les Pays-Bas au nom de son demi-frère le roi d'Espagne. Puis Liège et enfin Spa, le prétexte de ce voyage.

On la flattera, la courtisera, mais elle doit garder la tête froide. Un bon diplomate n'aime ni ne hait personne. Il sourit, il écoute. Il faut un prétexte pour que les Flamands se révoltent contre les Espagnols et ce prétexte pourrait être le succès de cette ambassade.

Catherine y croit. Ruggieri son astrologue n'a-t-il pas prédit que tous ses fils régneraient ? Pour son cadet, si disgracié, une couronne flamande serait une chance inespérée. Par ailleurs, François hors des frontières françaises, Henri respirera mieux. Elle-même a tout à gagner d'un éloignement de ce fils fauteur de troubles qu'elle doit aller rechercher dans tous les coins de France.

Le roi s'est laissé aisément convaincre. Qu'a-t-il à perdre dans cette hasardeuse expédition ? Même si nul ne l'écoute, une jolie femme est toujours bien reçue. Elle peut entendre et voir beaucoup de choses. Les Flamands sont hospitaliers et les Espagnols trop fiers pour faire injure à une dame. Durant l'absence de sa sœur, fasciné par le mirage d'une possible couronne, François se tiendra tranquille. En Béarn, Henri son beau-frère semble se consoler aisément de l'absence d'une épouse qui ne met aucune bonne volonté à venir le rejoindre. Il a des maîtresses, riches ou pauvres, mûres ou jeunettes, chasse, s'est entouré de joyeux compagnons. Un huguenot pas comme les autres, attentif cependant à soutenir les siens, à les assister en écus dans la mesure de ses moyens.

Par une belle journée de juillet, le cortège de Margot s'ébranle vers le nord. Outre la princesse de La Roche-sur-Yon, ont pris place dans le carrosse de voyage madame de Tournon et Anne d'Aquaviva apparentée aux grands d'Espagne. Sa présence peut être utile. Suivent la litière de parade vitrée et décorée d'écussons, tapissée à l'intérieur de soie incarnadine brodée d'or, les chariots contenant la garde-robe, le lit, la vaisselle de la princesse, six dames d'honneur à cheval, un fourgon où sont entassés deux naines, des chiens, une guenon et trois perroquets. Pour assurer une protection aux dames, des hommes d'armes ferment la marche.

Sans trop de tristesse, Margot a fait ses adieux à Bussy. Une nuit d'amour avant des semaines de gloire. Elle veut toutes les satisfactions : plaisirs physiques, plaisirs d'orgueil, imposer son joug sur le désir des hommes, leurs ambitions, leurs vanités. Elle se sait suffisamment habile pour se faire livrer des secrets. Si elle doit partager son lit avec un potentiel allié, elle le fera. Sa garde-robe a été complètement renouvelée, ses cassettes regorgent de bijoux, ses coffres de perruques et de ses indispensables outils de beauté : fards, gels, crèmes, pommades, lait d'amande, pâte de géranium, charbon pilé, eau de rose, parfum au lilas, au musc, à la fleur d'oranger, onguents au miel, au chicotin, à l'eucalyptus. Sa mère n'a pas oublié les cadeaux, des tapisseries pour don Juan d'Espagne qui les apprécie, des tissus de soie brodée pour les dames, des plumes de héron, des manchons d'hermine, des cols de dentelle.

Après de longues réflexions sur les éléments utiles à la réussite de cette ambassade secrète, Catherine a ajouté au cortège un carrosse destiné à transporter des musiciens :

joueurs de luth, de viole, de flûte, des trompettes pour annoncer l'arrivée de Marguerite de Valois dans les villes ou grosses bourgades. Pour être considéré, il faut impressionner.

Plus elle s'éloigne de Paris, plus Margot se sent libre. Enfin elle va pouvoir donner la mesure d'elle-même, ne plus être écoutée avec malveillance, épiée dans ses moindres gestes, critiquée par le roi qui se permet toutes les libertés et ne lui en accorde aucune. Que fait-il enfermé dans sa chambre avec ses beaux amis ? Sans doute ce qu'elle partage avec Bussy dans la sienne, mais une seule allusion et ce serait l'exil en Béarn.

Après un arrêt à La Fère, cité qui fait partie du domaine de Margot, celle-ci s'arrête à Saint-Quentin où on la reçoit avec honneur. Au Catelet, le duc de Guise l'attend. Elle guette ses expressions, essaie de deviner ce qu'il pourrait dissimuler dans ses propos pour suggérer une passion non éteinte. Mais il affiche une politesse glacée qui détruit toute illusion. A-t-il oublié leurs folies dans ce coin abandonné du Louvre ? Est-il venu l'accueillir en amie ou en ennemie ? Très vite elle découvre qu'il n'est là que pour plaider la cause des catholiques et celle du roi d'Espagne.

L'accueil qu'on lui fait à Cambrai, première ville hors des frontières françaises où elle fait son entrée, l'enchante. On se masse sur son passage, ouvre des yeux ronds quand, debout sur une sorte d'estrade tirée par quatre chevaux, ses musiciens donnent l'aubade. Il fait beau, point trop chaud, un ciel clair piqué de nuages laiteux. Inféodé au roi d'Espagne, l'évêque la reçoit avec chaleur. Il ne mâche pas ses mots : ce pays restera catholique, le prince d'Orange se fait des illusions s'il croit pouvoir s'en emparer.

– Il y a d'autres solutions possibles que ce dernier, insinue Margot d'une voix veloutée, un prince catholique par exemple qui jouisse de toute la confiance des protestants.

L'évêque semble ne pas avoir compris. Il l'accompagne à travers la ville jusqu'au château de la citadelle où le seigneur d'Inchy l'attend.

En un clin d'œil, par ses regards, ses sourires, la jeune femme comprend qu'elle plaît à son hôte. La nuit elle se tourne et se retourne dans le lit que les menuisiers ont monté en hâte. Combien de temps doit-elle rester à Cambrai ? Deux jours ? Il faudra s'attarder, prétendre un peu de fatigue. Et la ville est si belle avec ses places, ses églises, ses rues claires et propres. Dès le lendemain, elle demandera à monsieur d'Inchy de la lui faire visiter en petit équipage. Elle songe à la robe qu'elle portera, à la coiffure appropriée, à un irrésistible maquillage. Le teint sera blanc, les yeux soulignés de noir et elle n'épargnera la pâte de géranium ni sur les pommettes ni sur les lèvres.

Monsieur d'Inchy se fait un bonheur de lui faire découvrir les charmes de Cambrai. Dans le carrosse, leurs corps se touchent, il sent l'eau de muguet dont elle raffole. Sa voix est douce et mâle tout à la fois. Pourquoi attendre plus pour jouir de ses étreintes, lui donner des caresses, en recevoir de lui ?

Le souper qu'il offre en son honneur est charmant. Elle propose de jouer du luth après le dessert. Les invités l'applaudissent. D'Inchy la couve des yeux. Elle prétexte un peu de lassitude. Un gentilhomme aurait-il l'amabilité de l'escorter dans ses appartements ? D'Inchy offre son bras, elle jubile. Après le plaisir elle le convaincra de se rallier aux intérêts de Monsieur qui sont en même temps les siens.

Lorsque, dès le lendemain, l'évêque apprend les manœuvres de séduction de la « perle des Valois », il est fou de rage. Un amant comblé peut tout promettre, même de se rallier à François d'Alençon. Mais comment empêcher monsieur d'Inchy d'accompagner la princesse à Namur où l'attend don Juan d'Espagne ? Une longue route : Arras, Valenciennes, Mons, Nivelles. Sa seule arme sera d'expédier à don Juan un courrier plus rapide que l'interminable convoi de Marguerite de Valois. Il sera prévenu : la femme délicieuse qu'il va accueillir est une dangereuse intrigante dévouée à la cause huguenote.

Bertrand d'Inchy est abasourdi par la science amoureuse de la princesse. Un ange lorsqu'elle joue du luth les yeux mi-clos, elle se révèle au lit être une chienne en chaleur. Ainsi les ragots la concernant étaient vrais et cette belle dame n'a pas lésiné sur le nombre de ses galants. Mais pourquoi se refuserait-il des plaisirs dont tant d'autres ont profité avant lui ? Certes, elle parle souvent de son frère François d'Alençon dont elle vante les exceptionnels mérites et qu'elle voit en arbitre des querelles entre catholiques et huguenots. Mais ce ne sont pas ces petits discours qui l'attirent. Il jouit de sa poitrine épanouie, de ses fesses dodues, de son ventre bombé, de l'exaspérante délicatesse de ses caresses. Au terme du voyage il sera heureux cependant de la remettre en d'autres mains. À Cambrai l'attendent une sage épouse et une maîtresse moins exigeante.

Plusieurs fois par semaine, Margot reçoit des courriers de son jeune frère. La cour est installée à Amboise ou Chenonceau pour l'été. On chasse, on se baigne dans l'Indre, on banquette et danse. Il exige d'elle des rapports minutieux sur le progrès de sa mission. Comment parle-t-on de lui ? Comprend-on clairement tout le bien qu'il peut offrir aux Pays-Bas ? Courrier après courrier, elle le rassure. À son avis, elle a déjà convaincu le gouverneur de Cambrai. Il lui a assuré que son cœur était français. Reste maintenant l'adversaire le plus coriace : don Juan d'Espagne.

Alors que le convoi approche de Valenciennes où l'attendent trois cents gentilshommes flamands conduits par le comte de Lalaing, grand bailli du Hainaut, un courrier rattrape le cortège : une lettre de Monsieur pour la princesse.

Dans les soubresauts du carrosse, elle lit avec bonheur le récit d'un bal à Chenonceau. Leur mère a voulu inaugurer par un bal libertin la galerie enjambant l'Indre. Les ragots courant sur le manque de virilité de son cher Henri l'humilient et elle pense y mettre fin une fois pour toutes. Certes, son aîné tant chéri caresse ses mignons à la vue de tous, mais ceci est sans importance. Le roi est marié, amoureux de sa femme et s'il n'a point de maîtresse, c'est que Louise le satisfait.

« Le bal a eu lieu hier, chère sœur, poursuit Alençon. Les hommes devaient y paraître en femmes et les femmes en hommes. Le souper fut servi par des dames dont la poitrine nue s'ornait de tétons peints en or.

Après avoir préparé sa toilette une journée entière, notre frère fit son apparition au son des trompettes. Comment vous le décrire sans avoir le talent d'un littérateur ? (Je ne parle pas de poète car il n'y avait rien de poétique dans l'hermaphrodite qui pénétra dans la salle de bal.) Je le présenterai donc à vous brièvement et je vous sais assez d'imagination pour compléter une peinture non achevée : sur une perruque couleur lilas était planté un peigne d'or incrusté d'émeraudes et de perles. Les boucles rassemblées de chaque côté de la tête amincissaient encore son visage. Et quel visage ! Tant passé au blanc de céruse qu'on ne voyait qu'un masque. Les lèvres et les pommettes étaient d'un rouge violent, les yeux noirs comme du charbon. Le col en dentelle d'Angleterre godronnée ornait un corsage qu'il avait rempli de je ne sais quel bourrage afin d'obtenir une généreuse poitrine. Je vous parle de robe mais devrais plutôt évoquer les carcans d'or, d'argent et de soie que portent les infantes d'Espagne.

Au grand dépit de notre mère, le roi à la fin du souper tendit la main à la reine et regagna ses appartements. Le désir de notre mère de voir son Henri céder aux charmes d'une dame a échoué piteusement. Par ailleurs, deux nouveaux favoris viennent de rejoindre la troupe : Anne de Joyeuse et Jean-Louis de Nogaret de La Valette. Joyeuse a dix-sept ans, il est tout rose, tout blond, presque imberbe. La Valette a vingt-trois ans. Il a quitté le roi de Navarre votre époux pour rejoindre la maison de notre frère. C'est un garçon très boute-en-train, le teint mat, les yeux de velours, une bouche ourlée à faire aimer le diable. Mais vous le connaissez, n'est-ce pas ? Ne m'avez-vous pas confié qui si vous ne craigniez pas tant notre frère vous lui feriez volontiers visiter votre jardin d'Éden ? »

Margot replie la lettre et soupire. Elle a pitié de la reine, une douce, généreuse, bienveillante créature. Dieu lui accordera-t-il un enfant pour la récompenser de tant de vertus ? Margot en doute. On dit que le roi quitte le champ de bataille avant d'avoir fait tirer le canon – à moins qu'il ne se trompe de champ de bataille.

Le comte et la comtesse de Lalaing reçoivent Margot dans un intérieur plus bourgeois que princier. La comtesse allaite son nourrisson tout en causant. Elle met tant de grâce dans ce geste qui répugne les dames d'honneur françaises que Margot la trouve délicieuse. Dans cette chaleureuse demeure, elle va pouvoir s'imposer. On l'écoutera, on l'approuvera. Mais il faut patienter, ne pas tout de suite dévoiler le but de sa visite.

Les églises ont de charmantes horloges. Lorsque sonnent les heures, des personnages colorés défilent, saints, artisans, bergers. Margot ne se lasse pas de les regarder. Et les rues, les maisons sont d'une propreté inconnue en France, à Paris surtout où de toutes sortes d'immondices s'échappent des odeurs pestilentielles. En Flandres, on ne soulage pas ses besoins naturels sur les bornes des portes cochères ou dans les ruisseaux, mais dans de petits édicules qui accueillent les passants. À coups de grands seaux d'eau, des employés de la ville les nettoient chaque matin.

Après l'avoir laissée aux soins des Lalaing, Bertrand d'Inchy l'a quittée. Un au revoir sans larmes. L'excitation du voyage surpasse pour Margot celle du plaisir. Elle ne doute pas d'en disposer à sa guise, le temps venu.

L'idée d'un État indépendant du roi d'Espagne comme de Guillaume d'Orange a semblé séduire le comte de Lalaing.

— Le joug espagnol nous est odieux, avoue-t-il un soir, nous sommes catholiques, certes, mais le roi d'Espagne se montre cruel envers ses populations. La plupart le craignent, le haïssent même.

Margot sent le moment venu. Tout est paisible dans la grande salle ornée de tapisseries et de moelleux tapis. Les chiens somnolent, les fleurs rassemblées en bouquets colorés égayent les austères meubles de chêne tant cirés qu'ils reluisent.

— Pourquoi vos catholiques ne se libèrent-ils pas, sans guerre il va de soi, de cette domination qu'ils exècrent ?

Elle s'exprime d'une voix douce, persuasive.

— Parce que, madame, le roi d'Espagne ne permettra pas une scission dans ses États.

— Si mon frère François en devenait le chef, et pourquoi pas le roi, Philippe II hésiterait sans doute à envisager une guerre contre la France.

Le comte de Lalaing ne dit mot. Cette belle princesse a des idées par trop séditieuses.

— Et les huguenots, madame, les comptez-vous pour rien ?

— Mon frère les a toujours défendus avec ardeur. Il donnerait toutes les garanties possibles pour les rassurer sur leur liberté de culte.

A-t-elle été trop loin ? La bienveillance habituelle du regard de Lalaing a fait place à de l'inquiétude. Comme la comtesse pénètre dans la vaste salle, son nourrisson dans les bras, elle cherche aussitôt des paroles plus anodines.

– Je vais conseiller à mon frère de venir vous visiter en ami. Vous aurez alors l'occasion d'apprécier ses mérites.

– Quelle sotte ! s'écrie Catherine.

Elle a reçu le premier rapport de sa fille. Comment a-t-elle pu prendre position aussi nettement contre le roi d'Espagne ? Mesure-t-elle la portée de ses paroles ? La France ne peut mener une guerre, elle est financièrement exsangue. Et les Guises, comment vont-ils interpréter cette agressivité ? Sa mission est d'obtenir une couronne pour François, mais en douceur, sans menaces, fussent-elles verbales. Et comment peut-elle jurer qu'une paix durable se fera facilement entre les deux religions alors que, sa vie entière, elle s'est démenée à raccorder des fils sans cesse rompus ? Il faut lui envoyer un courrier rapide avant son entrevue avec don Juan d'Espagne.

Elle admet cependant que Margot par sa présence noue de vraies amitiés avec des personnages de premier plan. Si Catherine lui fait confiance pour user des nuances de la séduction, elle n'espère nullement qu'elle puisse enivrer le fils bâtard de Charles Quint.

Lorsqu'elle lit le message de sa mère, Margot hausse les épaules. Elle sait ce qu'elle a à faire et n'a besoin d'aucune directive supplémentaire.

Elle quitte les Lalaing avec regret. Des cadeaux ont été échangés, gage d'une solide amitié. Aux portes de la ville, il faut se séparer ; elle promet de revenir avec son jeune frère aussitôt que les bonnes gens de Mons souhaiteront leur présence.

En route pour Namur, Margot réfléchit à la meilleure façon d'amadouer le fameux don Juan, le vainqueur de Lépante désormais gouverneur des Pays-Bas. On le dit beau, fort riche et généreux, fourbe aussi. Certains affirment qu'il est entièrement soumis à son demi-frère le roi d'Espagne, d'autres suggèrent qu'il le hait. Elle ne doute pas de se faire bien vite une opinion personnelle.

Un courrier la précède afin qu'on puisse l'accueillir princièrement. Elle apprécie les entrées solennelles, le son des trompettes, les foules massées sur le passage de sa litière. Pour cette première entrevue, elle a choisi une robe noir et or. Le noir met en valeur la blancheur de sa peau, l'or la fait resplendir comme une déesse.

Don Juan en personne, escorté du prince de Chimay, du duc d'Aarschot et de monsieur d'Avrec, vient à sa rencontre. Elle aperçoit de loin son magnifique cheval, la haute stature du cavalier. Margot veut son sourire discret, un peu lointain.

– Vous me faites honneur, monseigneur, en vous déplaçant pour me recevoir.

Don Juan soulève sa toque. Elle voit les cheveux blonds coupés court sans boucles ni mèches frisottées. Il a une barbe taillée en pointe, une fine moustache, des yeux bleus scrutateurs, pas de pendants d'oreilles, aucun bijou, seulement le collier de la Toison d'or.

La nuit est tombée quand le cortège fait son entrée à Namur. La ville est illuminée, toutes les boutiques sont éclairées de torches. Les fontaines cascadent, les cloches des multiples églises carillonnent. Margot est enivrée. L'amitié qu'on lui témoigne la rassure déjà sur le succès de sa mission. Don Juan ne lui résistera pas.

On la conduit dans de magnifiques appartements où pendent des tapisseries évoquant la bataille de Lépante, des tapis offerts par le sultan de Constantinople. Les meubles sont exquis, sculptés, reluisants. Exceptionnellement elle ne demande pas aux menuisiers de monter son propre lit. Celui qu'on lui offre a douze pieds de largeur, il est recouvert de courtepointes matelassées et de moelleux coussins. Sur une table aux pieds torsadés on a posé à son intention une pyramide de fruits, du vin et des biscuits.

Son hôte la fait quérir pour un dîner en tête à tête. Elle prend le temps de se faire coiffer, farder, parfumer. Avec le prince, elle doit jouer serré, ne se montrer ni trop naïve ni trop persuasive.

Le regard de don Juan l'intimide. En dépit de sa science des hommes, elle n'y déchiffre rien qui puisse révéler une quelconque émotion, encore moins un désir. Mais il sourit avec grâce, s'enquiert de sa famille et écoute ses propos avec beaucoup d'intérêt. Lorsqu'elle veut s'attarder sur François, il change aussitôt de conversation et l'interroge sur son époux le roi de Navarre. A-t-elle renoncé à en faire un bon catholique ? Exerce-t-elle sur lui une assez grande influence pour l'écarter de la cause huguenote ? Évoquer Henri devant ce prince si séduisant la contrarie. Certes, il est son mari, mais elle ne veut point en face de ce bel homme sembler trop prude.

– Je n'ai point vu le roi depuis plusieurs mois. On le dit fort occupé par d'autres intérêts que ceux de ses Béarnais.

Don Juan sourit, un énigmatique sourire.

Les plats qu'on leur présente sont exquis, les verres aussitôt vides sont remplis d'un vin de Moselle un peu trop doux qui monte à la tête. Après les compotes, confitures, beignets et brioches aux fruits confits, Margot un peu grise veut ramener la conversation sur son jeune frère.

– Le duc d'Alençon m'a chargée d'une mission, monseigneur. Il brigue l'honneur de vous rencontrer ici, à Namur.

– Il passe pour quelque peu versatile, madame, et peut changer d'avis.

Margot se mord les lèvres. Mieux vaut attendre le lendemain pour faire une nouvelle tentative.

Au-dessus de la nappe elle tend sa jolie main baguée. Don Juan qui ne semble pas l'avoir vue se lève.

– Vous devez aspirer à du repos, je vais vous reconduire à votre appartement.

Un dernier espoir vite évanoui. Devant sa porte, le fils de Charles Quint s'incline.

– Je vous souhaite une bonne nuit.

Margot est décontenancée. Cet homme n'est pas comme les autres. Il semble ne rien attendre, ne rien désirer. Elle le sait cependant sensible aux femmes qui lui rendent bien son intérêt. N'ose-t-il pas faire le premier pas ? Elle se montrera plus enjôleuse le lendemain.

Mais après la messe, il la confie aux dames de sa cour. Un concert est prévu le soir même ainsi qu'un banquet donné en son honneur. Cet homme qui est le charme même est un mur, une porte close. Ses compagnes quant à elles sont conquises, la princesse de La Roche-sur-Yon ne trouve pas de paroles assez flatteuses, les plus jeunes ont le rose aux joues quand elles le croisent.

On s'enivre de musique, on banquette, on danse. Margot obtient une volte avec le prince. Il la prend par la taille avec une fermeté presque possessive. Elle se remet à espérer. Il est homme après tout et elle n'a jamais fait autant d'efforts pour séduire : la robe est de cette couleur incarnat qui lui va si bien et met en valeur la blancheur immaculée de l'aérienne fraise, l'éclat de son teint. Elle presse la main de don Juan qui lui sourit. Va-t-il enfin s'apercevoir qu'elle est une jolie femme ?

– Vous ressemblez, madame, à votre sœur Sa Majesté la feue reine d'Espagne. Je la vénérais.

Aussitôt Margot se rembrunit, mais il est impossible de ne pas donner réponse.

– Élisabeth avait la plus haute idée de son rang, de la gloire de son époux et de celle de l'Espagne.

Don Juan s'attarde sur la cour espagnole qui entoure son demi-frère le roi, si soucieux de ses provinces flamandes. Le ton est politique, rien n'indique une affection ou une quelconque jalousie envers Philippe.

Il faut quitter Namur dès le lendemain. Face à un hôte d'une politesse extrême et d'une totale froideur, Margot n'a pu placer un mot sur le rôle que François pourrait jouer dans les Flandres. Un échec humiliant. Elle le cachera à sa mère. Mieux vaut dans sa prochaine missive s'attarder sur la splendeur de l'accueil qui a été réservé aux Valois à travers sa personne.

Des bateaux attendent les Français pour les mener jusqu'à Liège par la Meuse. Ils ne sont point encore à bon port quand Margot apprend que don Juan ne tolérera plus de huguenots à Namur. Cette belle ville si accueillante se referme sur elle-même. Le prince d'Orange va réagir, les Flandres n'ont pas mis fin à leurs meurtrières querelles et François n'a pas même été évoqué comme possible arbitre. Margot perd ce qui lui restait de confiance. Elle devine enfin l'hostilité que porte don Juan aux Valois.

Les contrariétés s'accumulent. À Huy, la crue soudaine de la rivière les oblige à débarquer. Une de ses dames, Hélène de Tournon, une jeune fille de vingt ans, tremble de fièvre. Il faut la transporter dans la demeure de l'échevin qui, bâtie sur une hauteur, est épargnée par les eaux. On rembarque le lendemain. À peine à Liège, Hélène de Tournon décède.

Margot ordonne des funérailles conformes au rang de sa demoiselle d'honneur. Elle les paiera de ses deniers. Une messe chantée est célébrée dans la cathédrale drapée de noir, suivie d'un repas qui les réunit tous. Margot couche dans le palais de l'évêque. Il faut tourner le dos au malheur, jouir de cette charmante petite ville qui voit accourir pour la saluer toute la noblesse du pays. On va à nouveau banqueter, danser, se promener dans les beaux jardins du palais en prenant les eaux de la petite ville de Spa, toute proche.

Il faut six semaines pour que la cure thermale fasse effet et on s'installe tant bien que mal à Liège. Le prince-évêque est un hôte joyeux et chaleureux. Il s'ingénie à offrir des plaisirs à Margot, la sœur du roi de France, la reine de Navarre. Ce respect comble la jeune femme, adoucit l'amertume de son échec face à don Juan.

La cure se poursuit heureusement quand elle reçoit un pli de son frère François. À nouveau il s'est brouillé avec le roi, avec ses mignons surtout qui s'ingénient à lui nuire, cherchent querelle pour un rien à Bussy d'Amboise. L'hostilité d'Henri ne vise pas que lui, précise François, il la hait tout autant et s'irrite chaque jour de ce qu'il nomme « le carnaval flamand ». Il ne donnera plus un sou pour cette escapade qui se solde par la prise de Namur par don Juan. « Rentrez, ma sœur, conclut François, et bien vite si vous le pouvez car vous allez devoir traverser des territoires qui vous sont hostiles désormais. La cour que vous avez faite à ce traître de don Juan a levé contre vous l'opinion huguenote. Prenez garde à vous. Je vais insister auprès de notre mère pour qu'elle vous envoie une escorte afin de garantir votre sécurité. »

Ces piètres nouvelles gâchent la fin du séjour de Margot, il faut en effet regagner la France. Avec joie elle accepte la compagnie de l'évêque. On n'osera pas s'attaquer à un prince de l'Église.

Le pécule remis par la reine mère est à sec, il faut emprunter à la princesse de La Roche-sur-Yon qui ouvre sa bourse en faisant mille grimaces.

Liège est devenue franchement hostile, on conspue le cortège, des poings se lèvent. Terrorisées, les naines piaillent plus fort encore que les perroquets excités par les secousses des chariots. Le tocsin sonne. Margot se veut impassible. On n'intimide pas facilement une Valois.

À Dinan, seul le nom du comte de Lalaing son ami parvient à écarter la foule qui barre le passage du convoi. Nul ne sait si on pourra repartir le lendemain. Toute la nuit Margot entend des insultes sous ses fenêtres. Loin de lui faire peur, l'adversité la raidit. Elle est responsable de son ambassade, de ceux qui l'escortent. Ils quitteront tous la ville, sains et saufs.

À l'aube, un messager l'informe qu'ayant appris ses infortunes, don Juan envoie une petite troupe pour la protéger. Une initiative empoisonnée confirmant les rumeurs que le roi de France est de mèche avec Philippe II et a envoyé sa sœur pour menacer les huguenots. Il faut déguerpir au plus vite avant l'arrivée de cette indésirable escorte. On rassemble les bagages, charge les chariots. Dès l'aube, on passe la Meuse pour gagner le château de Fleurines où on est censé les accueillir.

Le temps est doux, les moissons sont faites, les paysages paisibles. On ne peut imaginer les hommes assez fous pour se battre au sein de cette calme nature qui offre de si abondants bienfaits. On pique-nique au bord d'un ruisseau. Libérées pour qu'elles puissent s'abreuver, deux guenons s'échappent qu'on ne peut rattraper. Décidément ce retour ressemble à une débâcle. Les lourdes portes du château médiéval sont fermées. Craignant l'arrivée d'une troupe de comédiens ambulants, des voleurs la plupart du temps, leur hôtesse a fait remonter le pont-levis. L'opportune venue du maître de maison dénoue la situation. Le comte de Lalaing l'a chargé de la sécurité de la princesse. Il leur faut éviter Mons et passer par Le Cateau-Cambrésis.

Là encore, on conspue la Valois, tend des chaînes à travers les rues pour empêcher le cortège de progresser vers la France. Margot rage : comment cette vermine ose-t-elle harceler ainsi une fille de France ! Et l'escorte promise par son frère, où est-elle ? Henri et leur mère la jettent aux chiens sans états d'âme, elle a pourtant bien œuvré pour eux.

Avant de faire seller un cheval, elle se redresse dans sa litière et harangue la foule avec tant d'autorité qu'on lui ouvre la route. Maintenant elle doit passer la frontière française au plus vite. Les siens la rejoindront, à la grâce de Dieu.

Escortée de trois gentilshommes et d'une dizaine de soldats, Margot galope jusqu'au château de La Fère. Enfin en sécurité, elle éclate en sanglots. Cette radieuse ambassade se termine en cauchemar. Elle hait don Juan, son frère Henri, sa mère.

Fort à propos, on lui remet une lettre de François. Il va la rejoindre.

Le sourire de Margot revient. Son jeune frère et elle vont se prendre la main dans ce doux paysage que roussit l'automne. Ils vont s'encourager, se féliciter, dresser des plans pour se protéger des mignons. Bussy accompagnera-t-il François ? Celui-ci n'a pas écrit et Alençon n'a pas mentionné son nom. Il apprend juste à sa sœur que le roi a créé un nouveau corps, les Quarante-Cinq, ayant pour mission de le protéger. Des hommes féroces encore plus redoutables que les mignons, des nobliaux avides de se pousser au premier rang par tous les moyens.

Le frère et la sœur tombent dans les bras l'un de l'autre. Trop de déceptions, trop d'amertumes, trop d'émotions. Des heures durant, ils se racontent ce qu'ils ont vécu. Une fois encore, les mignons ont provoqué un scandale. Sûr qu'elle le trompait, le premier gentilhomme de la chambre, René de Villequier, a poignardé sa femme enceinte dans la chambre qu'ils occupaient au château de Poitiers où séjournait le roi. Henri a fort promptement étouffé l'affaire et le beau René est blanchi. Françoise de Villequier, a décidé le roi, était une putain et son mari a fort bien fait de s'en débarrasser. On se contente de verser quelques écus à une femme de chambre qui, de terreur, avait sauté par la fenêtre et s'était brisé la jambe. Quant à Joyeuse, il occupe désormais un appartement contigu à celui du roi. Leur frère l'aime tant qu'il songe à lui faire épouser la sœur de la reine.

Margot écoute, bouche bée. Jusqu'où ira le pouvoir de nuisance de ceux qu'Henri nomme son « écrin » ? Ces hommes tous parfaitement beaux sont, assure-t-il, une incarnation de la grâce divine. Grâce qui par ailleurs lui est refusée car la reine ne montre aucun signe de grossesse. Henri passe des heures à prier, à moins qu'il ne fasse retraite dans quelque couvent où il se vêt de bure et marche pieds nus dans de méchantes sandales. Le peuple commence à parler de « déraison ». Un jour leur roi apparaît frisé, fardé, portant bijoux, moulé dans des tenues qui épousent d'une façon suggestive les formes de son corps, le lendemain il se transforme en pénitent, un chapelet de têtes de mort noué à sa ceinture. Ces outrances dans le vice comme dans la religiosité font horreur aux bourgeois et aux membres âgés de la noblesse.

– Si le peuple se détourne d'Henri, prononce Margot d'une voix vibrante, alors tu seras roi.

François redresse sa petite taille. Il a maigri, et dans le visage qui s'émacie, le nez prend des proportions plus formidables encore. Comme feu son frère Charles, il tousse, est pris de brusques accès de fièvre qui le forcent à s'aliter. Il est bouillonnant d'énergie cependant, travaille sans relâche à se faire un réseau d'amis sûrs. Il attend le moment propice pour à nouveau se jeter dans l'action.

À son tour Margot narre son ambassade, omettant le peu glorieux retour, s'attarde sur les liens privilégiés noués avec les comtes d'Inchy et de Lalaing, laisse entendre une possible alliance avec don Juan d'Espagne si François décide de venir en personne plaider sa cause.

Le frère et la sœur échafaudent leurs plans. L'alliance avec

Henri de Navarre étant inévitable, il faudra bien que Margot consente à séjourner dans sa petite cour. Dès son retour à Paris, leur mère va l'y pousser. Elle est prête à payer enfin sa dot et à lui céder l'Agenais, le Rouergue et le Quercy.

– De beaux revenus, souligne François. Tu pourras contribuer à nos ambitions mieux que quiconque car notre mère, prétendant que le Trésor est vide, me compte chaque écu.

Margot interroge son frère sur le roi de Navarre dont elle ne reçoit que de rares et brèves nouvelles.

– Il semble se plaire parmi les femmes, répond laconiquement François.

Sur les Guises, il se montre plus bavard. Leur Ligue prend une ampleur dangereuse pour l'autorité royale. Elle recrute dans tout le royaume. Les prélats, les curés de campagne, les bourgeois lui offrent de considérables soutiens. Il est grand temps qu'Henri s'en déclare le chef avant d'être tenu pour rien.

– Il se cloîtrera alors dans un couvent, conclut Margot, et tu seras roi de France.

11

Margot retrouve l'atmosphère irrespirable de la cour. Désormais bien établies, les factions se montrent féroces les unes envers les autres, comme si la faveur de l'une ne pouvait être assise solidement qu'après la chute de l'autre. Henri et François s'affrontent en réalité par fidèles interposés. Il n'y a plus de banquet, plus de bal où des insultes ne soient prononcées ou des défis inacceptables ne soient lancés en présence même du roi. Bussy d'Amboise reste l'ennemi juré des mignons qui s'acharnent contre cet homme insaisissable. Les plus acharnés, Caylus, Saint-Luc, Saint-Mégrin, Livarot et surtout Maugiron, ancien membre de la maison de Monsieur, ont juré sa mort. Quelle sorcellerie le protège de toutes les embuscades ? Depuis le retour à Paris de Margot, Bussy affiche plus de morgue encore. Les incidents sont quotidiens : refus de laisser le passage dans un couloir, regards insolents échangés main sur le pommeau des épées, rebuffades hargneuses ou méprisantes, soufflets administrés aux serviteurs de la partie adverse. L'imagination des deux clans pour se provoquer semble ne point avoir de limites.

Depuis que sont connues les ambitions flamandes de

François, moqueries et railleries se font plus cruelles. Cette demi-portion, roi des Flamands ! Les dessins grotesques d'un combat singulier entre Alençon et don Juan d'Espagne se multiplient, on y voit un nain au nez démesuré affronter un géant blond.

Au cours d'un bal, Philippe de Gramont, un proche du roi, témoigne d'une telle insolence envers Bussy qu'un duel est décidé à la porte Saint-Antoine pour le lendemain. Le roi l'interdit. On se contente de consigner les deux protagonistes dans leurs appartements.

Aussitôt libéré, Gramont, escorté de Caylus, d'O et de Saint-Luc, guette Bussy à la porte Saint-Honoré. « Le diable protège ce coquin ! », clame Caylus. In extremis, Bussy s'est enfui à cheval. Réfugié à Saint-Cloud, il exige du roi que justice soit faite.

– Le roi ne fera rien car cet attentat a été commandité par lui, s'indigne Margot.

– Supporterais-tu tant de honte ? glapit François. Quant à moi, je refuse de vivre sous le même toit que celui de mon frère. Je vais partir, ma sœur, et aussitôt que possible.

– Pour aller où ?

– À Saint-Germain. Je vais y faire transporter ma maison et mes biens.

À peine a-t-elle eu vent des projets de son cadet que Catherine se précipite dans ses appartements. François va finir par la rendre folle. Le tort en revient à sa sœur qui lui empoisonne la cervelle. Il est grand temps de la voir déguerpir. Dès les beaux jours, elle la conduira elle-même chez son époux en Béarn.

– Vous ne pouvez faire cet affront au roi, mon fils.

Elle veut prendre les mains de François qui les lui retire.

— Je suis présentement l'offensé, ma mère. Tolérez-vous que j'accepte sans broncher les insultes et humiliations de toutes sortes qu'on inflige aux miens ?

Catherine soupire. Henri est en effet passé sous l'influence de cette « troupe » qu'elle n'aime pas. Mais elle est assez fine pour savoir que si elle ne veut pas perdre son fils préféré, elle doit brider ses ressentiments.

— Je n'approuve personne, mon fils, mais vous supplie d'assister au mariage de monsieur de Saint-Luc avec Jeanne de Cossé-Brissac. Voilà des semaines que je me dépense pour ces fêtes.

— Qui scellent une mésalliance. Une Cossé-Brissac unie à ce petit gentilhomme ?

— Il n'est point séant de donner un avis quand nul ne l'a sollicité. Je tiens à ce que les Valois soient solidaires et fassent bonne figure à celui que le roi aime et respecte.

Le rire sarcastique d'Alençon impatiente un peu plus Catherine. Mais avec l'âge elle a bu tant de potions amères qu'elle n'en est plus à une près.

— Serez-vous présent, mon fils ?

— J'y serai.

François sait que sa mère a toujours le dernier mot. S'il n'a plus d'affection pour elle, il la craint. Mieux vaut ne point la mettre hors d'elle. Il cède la tête haute et non en chien battu.

Le 9 février, on célèbre au Louvre les noces tant attendues d'un des favoris du roi avec une Cossé-Brissac – la mariée est fort jeune, assez jolie. Elles scellent surtout l'alliance des Saint-Luc, des Normands au service du roi depuis deux générations seulement, à une des plus vieilles familles de France. Une ascension spectaculaire due à l'amitié du roi. Chevalier de Saint-Michel, gentilhomme de la chambre, Saint-Luc a obtenu le commandement du régiment de Piémont, puis de Picardie. Faisant précéder sa signature dans les documents officiels par les mots « Haut et Puissant Seigneur », il joue à la cour un rôle prééminent. Le roi qui aime donner de gentils surnoms à ses chers amis le nomme « le Petiot » et ne lui refuse rien. Ce mariage inespéré est son plus beau cadeau.

D'un commun accord, Margot et François décident de ne paraître qu'au bal suivant les cérémonies. L'obéissance qu'ils doivent au roi et à la reine mère a ses limites et ils ne peuvent cautionner par leur présence les pompes liturgiques glorifiant leur ennemi. Saint-Luc enragera et toutes les flatteries du roi ne pourront effacer l'offense.

Escortés de leurs amis, le frère et la sœur se promènent à cheval dans le bois de Vincennes. Il fait froid et beau. Les pins détachent leurs cimes vert sombre sur un ciel très bleu. Vers quatre heures de l'après-midi, la messe, le banquet et le concert achevés, ils tournent bride vers Paris. Catherine ne pardonnerait pas leur absence au bal qui par ailleurs promet d'être splendide. Margot s'est juré d'y produire une grande impression. Elle n'a point trouvé d'amant pour remplacer Bussy, et son corps privé de caresses la tourmente. Même si elle doit se rabattre sur du plus menu fretin que son viril amoureux, elle n'hésitera pas un instant.

Lorsque François, vêtu de velours vert pâle, pénètre dans la salle, Margot échange quelques mots avec la mariée. Une docile jeune personne qui se contentera de bien tenir sa maison et d'y élever ses enfants. Saint-Luc pourra mener sa vie comme il l'entendra.

À petits pas, Alençon traverse la salle. Tout au bout, entouré de sa « troupe », le roi l'observe. S'il tolère la présence au Louvre de ce fauteur de troubles, de cet hypocrite, il n'a plus pour lui la moindre affection. Ses mignons savent qu'ils ont toute liberté pour le persécuter.

À deux pas de son frère, François le salue.

– Au moins, monsieur, s'exclame Caylus, vous n'avez point trop à vous pencher pour que la plume de votre couvre-chef balaye le sol.

Des éclats de rire fusent. François se raidit. Les beaux amis du roi l'observent avec une ironie frôlant l'insolence.

– À moins que ce joli bonnet de velours ne soit arrêté dans sa chute par l'amplitude d'un nez.

Le rire d'Henri fait le silence. Dans la salle de bal, toute conversation cesse.

– On prétend, monseigneur, ajoute d'O, que vous gardez rancune à notre Créateur des traits harmonieux qu'il nous a accordés. À nous aujourd'hui de déplorer la parcimonie dont il a fait preuve à votre égard.

On s'écarte sur le passage du duc d'Alençon pour le laisser sortir. Margot court derrière son frère. Quand elle le rejoint, il est adossé à un mur et pleure.

François décide de partir aussitôt pour Saint-Germain puis Angers où il rejoindra un groupe de partisans. L'humiliation qu'il a subie lui interdit de rester à Paris.

– Bussy sera au Louvre dès l'aube pour vous escorter, assure Margot. Je vais lui faire parvenir un message.

François arpente sa chambre, convoque ses valets pour qu'ils remplissent coffres et paniers de ses effets. Tout doit être prêt à l'arrivée de Bussy. Ses vieux amis Simies et La Rochepot préparent déjà les étapes de sa fuite.

Au lever du soleil, Margot le rejoint et montre de l'inquiétude quant au manque de discrétion de l'entreprise.

– Notre mère n'osera pas me faire arrêter.

Il ne faut à Catherine que quelques heures pour prendre connaissance du projet ourdi par son cadet. Le roi, déjà irrité par l'absence de François à la cérémonie du mariage, l'a également appris. Il va faire claquemurer dans sa chambre Alençon et emprisonner ses amis. La garde écossaise s'en chargera.

– Attendons quelques heures pour agir, conseille Catherine. On m'a dit que Margot a demandé du secours à monsieur de Bussy d'Amboise. Avec une seule pierre nous provoquerons alors la chute d'une volée de rapaces.

– Vous n'avez guère d'alternative, mon frère. Tous vos amis, y compris Bussy qui avait tenté de se dissimuler sous votre lit, ont été arrêtés.

Le duc d'Alençon est enfermé dans ses appartements dont les portes sont étroitement surveillées. Margot n'a pu y pénétrer qu'avec l'autorisation du roi.

– Je sais combien ma demande vous déplaît, insiste-t-elle, mais le vainqueur n'est-il pas celui qui dissimule le mieux ? On exige de vous des excuses pour avoir voulu quitter Paris sans le consentement du roi. Donnez-les. Vous serez libre ainsi que vos amis. Messieurs de Caylus et d'O ont accepté de témoigner leurs regrets de vous avoir offensé. Caylus est même prêt à vous embrasser.

– Vous me voulez complice de ces singeries ?
– Brièvement, François. Une fois la paix rétablie, vous pourrez quitter ce nid de vipères sans alerter Henri ou notre mère. Je vous aiderai. À Angers, vous retrouverez vos fidèles et, croyez-moi, ils sont nombreux. Le peuple commence à haïr le roi et votre crédit est plus grand que jamais. L'insolence des favoris aura un terme, plus rapide peut-être que vous ne le pensez. Bussy veut occire Caylus pour toutes les injures qu'il a subies, les autres suivront. Vous verrez qu'ils finiront par se manger entre eux.
– C'est cela, qu'ils s'égorgent tous, ricane François.

La nuit est sombre, seul un mince croissant de lune apparaît au gré du passage des nuages. Dans la chambre de Margot, tout est prêt : le coffre dans lequel François se cachera, les cordages qui serviront à le descendre jusqu'au pied des murailles. Le rejoindront par une corde à nœuds son ami monsieur de Simies et Gangé son valet de chambre. Bussy, qui a déjoué la surveillance de ses gardiens, a rassemblé des chevaux qui les attendent à l'abbaye Sainte-Geneviève.
– Priez, ma sœur, demande Alençon, pour que les cordes ne se rompent point.
La malle descend en heurtant parfois les parois. Cramponnés aux cordes, quatre serviteurs de Margot suent sang et eau. Enfin le coffre atteint le fossé. Fébrilement François s'en extrait et, rejoint par ses compagnons, s'élance vers le pont.
– Brûlons les cordes, ordonne Margot.
Dans l'âtre les flammes montent, crépitent, dégagent une fumée noirâtre qui alerte le guet. Le feu aurait-il pris chez la

reine de Navarre ? Margot a juste le temps de se jeter sous sa courtine.

— Un début de feu de cheminée que nous avons maîtrisé, explique une servante aux archers venus tambouriner à la porte. La reine dort, ne la réveillez point.

Margot se retient de rire. Le tour qu'elle vient de jouer à son frère et à sa mère la met en joie.

La fureur du roi et de Catherine est à son comble. François est déjà loin, rien ne sert de lancer des cavaliers à sa poursuite.

Convoquée par son frère, la jeune femme pénètre dans la chambre royale avec le reste de dignité que sa peur lui permet d'afficher.

Catherine se tient près d'Henri. Le teint blême, le regard encore plus glacial que de coutume ôtent à Margot toute illusion. L'esclandre va être terrible. Elle n'a plus qu'un souhait, rejoindre la Navarre le plus tôt possible.

— Je vais vous tuer, ma sœur.

La voix du roi est suraiguë. Elle le voit ce matin comme un homme épuisé par d'incessants efforts de volonté, de terribles angoisses.

Il lève la main, la gifle avec brutalité. La riposte vient sans qu'elle ait eu le temps de réfléchir. Ahuri, le roi se tient un instant la joue avant de bondir sur la jeune femme pour lui serrer le cou.

— Mes enfants, par pitié, cessez ! Je vous en supplie.

La reine mère sépare le frère et la sœur. « Elle a peur que je crève les yeux de son cher fils », pense Margot. Échevelée, elle recule d'un pas.

– Votre intolérable hostilité envers notre jeune frère l'a contraint à s'éloigner de sa famille, à me quitter, moi sa sœur aimante qui jamais n'a cessé de le défendre. Croyez qu'il ne m'a demandé aucune autorisation pour fuir. Mais eût-il quelques jours de plus respiré dans cet air pestilentiel, il serait mort empoisonné.

Margot crie plus qu'elle ne parle, elle crève de rage, de haine contre cette mère, ce frère qui n'ont jamais eu pour elle qu'une indifférence hautaine. Des images traversent sa mémoire : elle est accueillie à Namur au son des trompettes, comme une reine. On la sert à genoux, on se groupe autour d'elle pour humer son parfum, jouir de chacun de ses mots. Voilà la vie qui lui était destinée.

– Où cet idiot va-t-il aller ? hurle le roi.

– En Flandres sans doute où il sera accueilli aussi honorablement que je l'ai été.

Margot reprend son souffle. Elle est désormais sur un terrain où elle se sent sûre d'elle-même. Ne connaît-elle pas la situation là-bas mieux que le roi ?

– En Flandres ! Il veut donc une guerre contre le roi d'Espagne ?

– Y établir le duc d'Alençon n'était-il pas le but que vous m'aviez confié ?

Catherine intervient. Cette ambassade était plus son idée que celle d'Henri. Une mauvaise initiative sans doute qui lui a coûté une fortune.

Le regard perçant d'Henri s'attarde sur sa mère. Catherine a beaucoup vieilli mais son énergie reste intacte, presque désespérée.

– Faites arrêter ses comparses, ma mère, Bussy en particulier pour que je le fasse pendre, ordonne-t-il.

Margot va répliquer quand un courrier présente un pli au roi. Une lettre de François. Il a demandé qu'on la lui remette après sa fuite.

« Mon frère, lit Henri à voix haute, je suis depuis plusieurs jours au Louvre en grand péril. Vous avez fait assassiner certains de mes serviteurs et vous n'hésiteriez pas à me faire embastiller à jamais. J'ai fui pour sauver ma vie, accomplir mes projets en Flandres et ôter de votre regard une présence qui vous est si odieuse que vous laissez vos plus vils serviteurs m'insulter à leur guise. Je compte établir une principauté en Flandres. »

– Que dites-vous de cela, ma mère ?

Catherine soupire. Le moment est mal venu pour expliquer à Henri que François pourrait en effet contribuer à établir une paix entre Flamands.

– Je vais le ramener, répète-t-elle, nous causerons de tout cela plus tard, lorsque vous serez réconciliés.

Elle se sent fiévreuse. Elle a toussé toute la nuit, une bronchite sans doute. Chaque hiver elle les enchaîne sans prendre pour autant soin de sa personne. A-t-elle le loisir de se dorloter quand ses enfants se déchirent ?

– Lorsque François sera de retour, j'accompagnerai Margot en Béarn. Il est malséant qu'elle soit séparée de son époux depuis si longtemps.

Henri fait un geste de la main signifiant que l'entretien est terminé. Il va rejoindre Louise qui jamais ne le fâche.

En mars, Henri de Guise quitte à son tour Paris. L'indécision du roi, la morgue de ses mignons l'exaspèrent au point qu'il ne peut plus feindre l'amitié. Le roi ne pense-t-il pas à le dépouiller de la charge de grand maître de France pour la donner à Caylus ? À Angers, il rencontrera Monsieur et, même s'il le juge sans indulgence, tentera de structurer la Sainte Alliance autour du prince.

Catherine flaire le danger. Tout insignifiant qu'il soit, son cadet peut réunir autour de lui assez de mécontents pour menacer le pouvoir royal. Dès le début du mois d'avril elle prendra la route et qu'il neige, vente ou fasse soleil, se rendra à Angers.

Les routes ravinées par le gel sont creusées d'ornières. De brusques rafales de vent soufflent une pluie glacée qui fouette le méchant carrosse où la reine mère est brinquebalée.

À près de soixante-dix ans, obèse, catarrheuse, rhumatisante, elle a de plus en plus de mal à dominer les effets de l'âge. Seule une volonté de fer la pousse hors du lit à l'aube pour demeurer des heures dans la pièce où elle travaille, reçoit ses conseillers, répond aux courriers les plus importants. Depuis longtemps elle a renoncé à l'équitation qu'elle prisait tant et ne prend plus guère d'exercice. Un tour dans le jardin au plus, au bras d'une dame d'honneur. Elle appréciait la compagnie de la princesse de La Roche-sur-Yon qui se meurt. Loin de lui faire du bien, le voyage à Spa avec Margot a précipité sa fin. Son décès privera Catherine d'une vieille amie. Elle n'en compte plus guère.

Parvenue à Angers, Catherine demande aussitôt à son fils de la recevoir. Son refus l'atteint comme un soufflet. Il s'entretiendra avec elle quand il jugera le moment opportun.

Il lui faut patienter deux jours pour retrouver enfin un cadet fort souriant qui a fait préparer à son attention une de ces collations dont elle raffole : confitures, pets-de-nonne, fruits confits, dragées. Catherine fait honneur au goûter, se rapproche du feu. Elle veut prendre son temps, faire comprendre à son fils qu'elle n'est point à ses ordres.

– Eh bien ma mère, interroge enfin François avec un sourire ironique, quel bon vent vous amène ?

– Celui, mon fils, qui vous reconduira au Louvre où le roi vous attend.

– Je n'irai certes pas. Quelles promesses par ailleurs pouvez-vous inventer ? Aucune de celles que l'on m'a faites, y compris les vôtres, n'a été tenue.

– Certains n'ont seulement point encore abouti, mon enfant.

– Lesquelles, ma mère ? Mon mariage avec la reine d'Angleterre ? Ma couronne flamande ?

La voie a une intonation ironique que Catherine n'aurait pas tolérée quelque temps plus tôt. Aujourd'hui elle doit se montrer plus diplomate que jamais. Le royaume ne peut se permettre une guerre fratricide.

– Si l'on sait ménager don Juan, la cause flamande n'est point tout à fait perdue. Il faut du temps, faire comprendre aux huguenots du prince d'Orange comme aux catholiques du roi d'Espagne que votre présence serait celle d'un arbitre, d'un pacificateur ne nuisant en rien à leurs pouvoirs respectifs.

Un rire sonore fait se retourner Catherine. Bussy d'Amboise est derrière elle.

– Considéreriez-vous Monsieur comme un chien de compagnie quêtant les caresses des uns et des autres ?

L'insolence du propos scandalise Catherine. Comment cet homme détestable ose-t-il s'adresser à elle sur ce ton ?

– S'il y a une compagnie, monsieur, que je vous déconseille, c'est bien celle du roi mon fils. Il veut vous faire pendre et je ne plaiderai pas en votre faveur.

Durant les deux jours passés à se morfondre à Angers, Catherine a appris que Bussy est amoureux fou de la femme du seigneur de Montsoreau. On ne sait si celle-ci lui a cédé, mais le mari la surveille de près. Cette nouvelle l'a plutôt réjouie. Au moins Margot n'idolâtrera-t-elle plus cette crapule. Elle partira en Béarn le cœur léger.

En cette aube de dimanche vingt-sept avril, l'ahurissement, l'inquiétude, une totale détresse clouent la reine mère dans son lit. Depuis son retour d'Angers elle n'a pu retrouver son énergie habituelle : l'échec de sa mission, l'insolence de Bussy, l'extrême fatigue du voyage ont eu raison de sa volonté.

Jean de la Fome, curé de la paroisse Saint-Paul, se racle la gorge. Sa mission est si délicate qu'il doit peser chacun de ses mots.

– Après un long évanouissement, Sa Majesté va mieux, assure-t-il. On l'a copieusement saigné, on lui a fait respirer du vinaigre. Il reprend ses esprits.

— Oh mon Dieu, répète Catherine ! Qui l'entoure présentement ?

— La reine, messieurs de Joyeuse et de La Valette.

— Dites-moi tout, monsieur le curé, supplie Catherine, car j'ai l'entendement brouillé. Folle, ma naine, m'a laissé entendre qu'un duel mortel avait opposé les amis du roi. Je vous prie de ne m'épargner aucun détail.

Le prêtre saisit la main de Catherine, la serre dans la sienne puis se laisse choir sur un tabouret poussé près du lit.

— Tout est parti, madame, d'une querelle entre messieurs de Caylus et d'Entragues.

— Pour quelle raison, Seigneur Jésus !

— Un manque de civilité, des paroles un peu lestes, disent certains. D'autres avancent une affaire de femme. Qui sait ? Ce qui est sûr, c'est qu'une dissension a eu lieu entre monsieur de Caylus et monsieur d'Entragues.

Ne trouvant pas de mots appropriés pour adoucir ses propos, le malheureux ecclésiastique se décide à les livrer dans leur brutalité.

— Voici quelques heures, juste au lever du soleil, messieurs de Caylus, de Maugiron et de Livarot se sont mesurés à l'épée et au poignard avec messieurs d'Entragues, de Riberac et de Schomberg.

— Ici, au Louvre ?

— Non, madame, sur le marché aux chevaux.

— Celui qui se tient derrière la Bastille ?

— C'est cela. Pour montrer qu'ils ne portaient pas de jaseran, ces messieurs se sont affrontés en chemise. L'engagement fut d'une extrême brutalité et messieurs de Maugiron et de Schomberg, ce si jeune et aimable gentilhomme, sont tombés morts, embrochés l'un par l'autre. Loin de calmer leurs amis, cette terrible vision a décuplé leur rage. Monsieur de Riberac s'écroula à son tour fort blessé à la poitrine et la tête de monsieur de Livarot fut entaillée si profondément que, rendu aveugle par le sang, il dut s'éloigner du combat. Caylus et Entragues se battaient toujours comme des chiens enragés. Entragues était en fâcheuse position quand monsieur de Riberac, quoique très mal en point, se précipita à son secours et avec la force que donne le désespoir d'une mort prochaine, transperça Caylus de son épée et de son poignard plus de vingt fois avant de perdre connaissance. On transporta Caylus chez lui et le roi fut averti du carnage. Sa Majesté a poussé un grand cri et perdu connaissance. Voilà, madame, vous en savez maintenant autant que moi.

La tête entre ses mains, Catherine pleure, non point à cause du chagrin qu'elle éprouve pour les morts mais pour l'absurdité d'un combat motivé par la vanité, l'intolérance, l'ennui, la jalousie. Henri a cru tenir solidement en laisse des fauves qui se sont entredéchirés.

– Pourra-t-on au moins sauver monsieur de Caylus ?
– On ne le croit pas, madame.

Catherine se soulève, rabat sa courtepointe.

– Je me rends chez le roi.
– Pardonnez mon audace, madame, mais Sa Majesté ne désire voir personne.

La reine mère se laisse retomber sur ses oreillers. Henri se meurt de chagrin et elle ne peut le consoler. Cette épreuve est la plus rude qu'elle ait subie depuis la mort de sa fille Claude trois ans auparavant. Pourquoi Dieu lui inflige-t-il tant de malheurs ? Elle a enterré son mari, cinq enfants, et les trois qui lui restent sont cause d'incessants tourments.

— Menez-moi à la chapelle, murmure-t-elle, je veux entendre une messe.

Henri pleure, gémit, se mord les poings, se frappe la tête contre les murs. Anne de Joyeuse et Jean-Louis de La Valette gardent le silence. La reine tente de prendre dans ses bras un mari qui tantôt y consent, tantôt la repousse. Maugiron, Schomberg sont morts, Riberac et Caylus mourants, Livarot est grièvement blessé. Seul Entragues, grâce à Riberac, s'en est tiré avec une égratignure au bras.

Soudain, le regard fou, Henri s'immobilise.

— Caylus, où est-il ?

— On l'a transporté chez lui, Sire.

— Je le veux ici même à côté de moi. Je le soignerai, je le persuaderai de survivre pour l'amour de moi. C'est un ordre ! hurle-t-il au milieu du silence de ceux qui l'entourent.

Seule Louise ose le contredire.

— Cela est impossible, mon cher seigneur. Ce voyage le tuerait certainement.

— Alors je me rendrai quotidiennement à son chevet jusqu'à ce qu'il revienne à la vie.

— Ah mon roi, mon roi !

Le blessé tente de se soulever. Il a été tant bandé par les chirurgiens qu'on ne voit que le visage tuméfié et les mains.

— Par le sang du Christ, Caylus, vous m'avez tous causé le plus grand chagrin de ma vie.

Le ton se durcit, devient coupant.

— Comment vous, mes plus chers compagnons, avez-vous décidé de vous battre en secret ? Vous m'avez tous trahi.
— Un différend sur une dame, mon roi. Entragues croyait pouvoir me l'enlever.
— La peste soit des dames, fulmine Henri. Pas une, fût-elle la plus belle du monde, ne justifierait ta mort.

Caylus ferme les yeux. Sa lividité, ses lèvres bleutées frappent le roi en plein cœur. Il aime, il a toujours aimé Caylus à la si parfaite beauté tant de corps que de visage. Il allait le combler de bienfaits, le faire grand maître de France.

— Guéris, mon ami, je ne te le demande pas, je t'en supplie.

En silence, Henri reste à côté du blessé. Il a ordonné que l'on étende de la paille dans la rue afin que celui-ci ne soit pas fatigué par des bruits de pas. Nul n'a plus le droit de crier, de s'interpeller. Les chiens doivent être gardés à l'intérieur des maisons.

Deux fois par jour, Henri se rend auprès de Caylus, il promet aux chirurgiens de les combler d'or si son ami se rétablit, fait venir de toutes les provinces les médecins qui prétendent connaître des potions capables de cicatriser les plus horribles blessures. Des chaînes sont maintenant tendues au travers de la rue pour empêcher toute circulation.

Le Louvre est figé, le roi ne reçoit plus les ambassadeurs, ne paraît plus au Conseil, ne signe plus son courrier. Quand il n'est pas auprès de Caylus, il se rend chez la reine où il retrouve Joyeuse et La Valette. Riberac est mort, Livarot se remet lentement de sa blessure à la tête. Au vingtième jour, Ambroise Paré affiche un certain optimisme. La gangrène semble écartée, Caylus qui est fort vigoureux paraît décidé à vivre. Le roi passe du désespoir à l'allégresse. Il prie des heures durant, se sustente pendant trois jours de pain et d'eau. On n'ose lui dévoiler que des pamphlets orduriers circulent sur lui. Les libelles gagnent le royaume. On ose qualifier Henri de « roi de France et des sodomites », de « roi des bougres* ».

Entragues ne se représente pas à la Cour, il sait que le roi ne le châtiera pas mais que son statut de privilégié n'est plus. Sollicité par le duc de Guise dont la famille protège les Balzac d'Entragues depuis des générations, il rejoint leur maison tout en gardant ses charges au Louvre. Pour le roi, la survie de celui qui a été la cause du duel est une provocation.

Le premier juin, l'état de Caylus empire soudainement, le cinq, Ambroise Paré annonce au roi que le blessé n'a plus que quelques heures à vivre.

– Six semaines d'agonie, mumure le roi, et je n'ai rien pu faire.

Lui-même ferme les yeux de son ami. Personne n'ose une parole de consolation et, en silence, on lui apporte les ciseaux qu'il réclame. Avec des gestes très doux il coupe une mèche de cheveux, enlève les boucles d'oreilles d'or, de perle et de jaspe qu'il lui avait offertes puis, se penchant sur la dépouille de celui qu'il a tant aimé, baise ses lèvres.

On doit tirer Henri hors du logis, le faire monter par la force dans son carrosse pour le ramener au Louvre. Sur son passage certains rient, beaucoup n'ôtent pas leur bonnet. Un roi, ce fantôme ?

Les obsèques ont lieu dans l'église Saint-Paul. Caylus est

---

* Homosexuels.

inhumé auprès de Maugiron. Henri a commandé de somptueux tombeaux de marbre. Les gisants auront les traits de ceux qu'il a aimés afin que chacun dans les siècles des siècles puisse admirer leur prestance et leur beauté. Ce projet lui redonne le goût de vivre. Il convoque les marbriers, le célèbre sculpteur Germain Pilon. Mieux qu'une tombe, il veut un mausolée, une œuvre prestigieuse qu'aucune sépulture royale n'égalera.

Catherine se tait. Que dire ? Que ces mausolées, ces médaillons où ont été enfermées les mèches de cheveux de ses amis et que le roi porte autour du cou nuit et jour soulèvent moqueries et indignation ? Elle ne veut ni absoudre ni condamner son fils. Depuis toujours Henri a été amoureux de la beauté, son sang italien le rend vulnérable à ses manifestations. Comment le condamner ? Boudant une possible princesse, il a épousé Louise de Vaudémont parce qu'il la trouvait charmante. Il s'entoure de chiens de race, de perroquets aux couleurs éblouissantes venant du Brésil, refuse d'être accompagné de nains ou de naines dont la vue lui déplaît, se vêt avec une extrême recherche, adore les bijoux, les parfums, les fourrures. Mais cet homme tout à la fois courageux et si fragile est le fils qu'elle préfère à tous.

Il faut maintenant songer au voyage en Béarn avec Margot. Retrouver le cahot des routes, l'inconfort des étapes, l'ennui des discours de bienvenue. Mais elle assumera tout cela. Une longue conversation avec le roi de Navarre, son gendre, est nécessaire. Le sud du royaume est loin d'être pacifié et elle ne peut pousser plus loin son ambition d'imposer François en Flandres si les huguenots français y font obstacle.

Les malles sont bourrées, les meubles rassemblés, les vêtements pliés dans des coffres quand, le vingt et un juillet, la nouvelle tombe comme la foudre sur le Louvre. Paul de Saint-Mégrin a été attaqué rue Saint-Honoré en sortant du coucher du roi par Mayenne, le frère du duc de Guise, accompagné d'une troupe de trente tueurs. Transpercé par une multitude de coups de poignards, défiguré, celui que le roi chérissait est mourant.

– Il courtisait la duchesse de Guise, mon roi, balbutie Louise. Encore un crime dit d'honneur.

Elle voit avec horreur revenir les jours de sanglots, de désespoir, de macération mystique.

– Je te vengerai, Paul, répète le roi. Tôt ou tard, je te vengerai.

Après les obsèques somptueuses de Caylus et de Maugiron, la pompe donnée à celles de Saint-Mégrin renforce l'exaspération des Parisiens. Les nouvelles se répandent vite. Henri exige de poètes et de bibliographes des œuvres écrites à la gloire de ses amis. Deux sonnets composés par Ronsard sont gravés sur les tombeaux aux côtés d'odes latines écrites en lettres d'or. Tous célèbrent la parfaite beauté des favoris, à l'égale de celle d'Adonis, de Narcisse, d'Apollon, et l'amour que leur portait le roi. Un amour-passion expliqué par la perfection quasi divine de leur être.

Le vingt-cinq juillet, Arnaud de Sainte-Foy, prédicateur du roi, déclame l'oraison funèbre de Saint-Mégrin. Le choix d'un prélat ayant prononcé celles de Charles IX, de sa fille Marie-Élisabeth morte à six ans, d'Anne de Montmorency, témoigne de la volonté du roi d'unir ceux qu'il a aimés aux plus grands du royaume.

Devant les mausolées érigés près du grand autel dans le chœur de l'église Saint-Paul, le roi reste longtemps prostré. Germain Pilon travaille au monument funèbre de Saint-Mégrin qui pour le moment repose sous une simple plaque de marbre auprès de ses amis. Catherine sait que son fils ne se remettra jamais de ces pertes. Lui restent trois intimes : la reine, Joyeuse et La Valette. Et Dieu dont l'œil vengeur va désormais le hanter.

12

Margot n'est point mécontente de quitter le Louvre, plongé dans le deuil et l'ennui. Peut-être après tout se plaira-t-elle à Nérac où elle tentera de former une cour brillante dont elle sera le point de mire. L'accompagneront ses dames d'honneur, ses filles de chambre, ses naines, ses animaux de compagnie, des malles bourrées de robes, de jupons, de chemises, de toques, de dentelles, de souliers, de bas, sa vaisselle, le complet mobilier de ses appartements avec tapis, tentures et tableaux.

La trahison de Bussy d'Amboise, toujours amoureux de madame de Montsoreau, achève de la détacher de sa précédente vie. De surcroît, elle n'a que peu de relations avec la reine. Par faiblesse, par calcul, Louise est l'amie des mignons et ce qu'il en reste la déteste. Déjà le blond, le blanc, le délicat Joyeuse et le velouté La Valette ont, lorsque par hasard ils s'adressent à elle, un ton de voix d'une insupportable suffisance.

Catherine ne dit mot à sa fille de la lettre de son gendre reçue la veille de leur départ. En tant que catholique, Margot sera considérée là-bas comme pestiférée et devra faire ses dévotions dans le secret de sa chapelle privée. Mais elle garde bon espoir que sa fille impressionnera suffisamment ses sujets pour qu'ils apprennent à la respecter, à défaut de l'aimer. La crainte d'Henri que la présence de Margot puisse fournir davantage de motifs de haine que d'apaisement n'a pas raison d'être. Elle a beaucoup à reprocher à sa fille mais doit admettre qu'elle a l'étoffe d'une reine. Quant à l'appétit qu'elle montre pour les hommes, quelques bons sermons l'inciteront à le faire discret. Le roi qui avait promis à sa sœur une confortable somme d'argent la lui refuse aujourd'hui sous le prétexte qu'il n'a pas les moyens de satisfaire ses extravagances. Margot fulmine. L'or va à Joyeuse et La Valette, désormais duc d'Épernon. Fort conscients que le bonheur du roi dépend de leur dévotion pour lui, ils exigent des terres, des revenus, des titres. Et pour leur plaire, encouragé par Louise, Henri donne à nouveau des bals, organise des fêtes, des joutes. « Je n'y brillerai plus, pense Margot, et c'est tant mieux. »

Les naines ont vu leur garde-robe renouvelée, elles seront désormais vêtues comme elle de soie, de satin et de velours. Ses domestiques mâles porteront une livrée rouge incarnat et ivoire, ses couleurs préférées. Les chevaux de selle sont tous des demi-sang à robe isabelle. Tout est prêt, presque parfait. Reste une gêne financière à laquelle elle ne veut pas songer. Les terres de son douaire rapportent peu, beaucoup sont incultes, les forteresses sont inhabitables. Son mari devra se montrer généreux.

– Le château de Pau jouit de mille agréments, la rassure Catherine, et la ville de Nérac est charmante. Savez-vous, ma fille, que je vous envie ?

Elle respirera mieux quand Margot sera à des centaines de lieues, loin de son jeune frère. Un souci épargné. Reste, en dépit d'innombrables messes, pèlerinages et neuvaines, celui de la stérilité de la reine. Sans descendance, les Valois seront remplacés par les Bourbons. Elle ne veut y songer. Pourquoi le seul enfant survivant de Charles, le petit duc d'Angoulême, est-il bâtard ? La bien-aimée du feu roi, Marie Touchet, ne l'a point pleuré plus que ses intérêts ne l'exigeaient. Tout le monde sait qu'elle est la maîtresse d'« Entraguet » qui veut l'épouser. « Entraguet », le survivant du duel dont la vue déchire le cœur d'Henri.

Le deux août, le cortège s'ébranle pour le Béarn. On s'arrête à Ollainville où le roi et la reine se sont retirés pour l'été, afin que Margot leur fasse ses adieux. Le château jouxte un couvent où Henri prie à genoux sur les dalles de la chapelle durant de longues heures, quand il ne se flagelle pas dans une cellule qu'il a fait mettre à sa disposition. Louise baise sèchement Margot au front. Sa belle-sœur leur porte malheur. Qui sait, peut-être concevra-t-elle enfin un enfant quand elle sera au loin ?

La route s'étire et la chaleur progresse. On sommeille dans les carrosses pour se réveiller à l'entrée des villes ou des bourgades. Il faut faire bonne figure, écouter les aubades, arborer un air majestueux. Les dames d'honneur sont lasses et maussades, seule la plus jeune d'entre elles s'amuse à taquiner les unes et les autres. Fille du baron de Fosseux, on la surnomme « la Fosseuse ». Comme elle n'a que treize ans, on la gâte et lui pardonne ses farces et ses fous rires.

La poussière s'infiltre dans les carrosses, couvre la belle robe isabelle des chevaux, le poil des chiens, les coffres, les malles, les panetières, macule le visage, les vêtements des domestiques entassés dans des tombereaux.

Enlisée dans l'ennui, Margot remarque soudain un cavalier qui trotte à sa portière. Elle reconnaît monsieur de Pibrac, un ami du roi qui les a rejoints. Son regard s'attarde sur elle, il a un sourire un peu faux qui la dérange mais il est bel homme, le seul du cortège que l'on puisse trouver séduisant. Pourquoi le roi son frère l'envoie-t-il en Béarn ? Pour lui tenir compagnie ? Pour l'espionner ? En dépit de ses réticences, elle remet du rouge sur ses lèvres, se parfume au muguet. Tout regard d'homme la fait revivre.

On atteint Cognac où Margot éblouit les dames par son élégance, ses coiffures si originales. Admirée, elle se sent mieux.

Bordeaux est proche où sans aucun doute Henri les attend. Margot va lui prouver que sa femme éclipse ses plus belles maîtresses.

Le dix-huit septembre, le cortège royal fait son entrée à Bordeaux. Point de roi de Navarre ! Catherine est perplexe. Pourquoi cette incivilité ? Un simple retard ou une manifestation de son peu d'enthousiasme à revoir sa femme ? Il faut lui écrire sur-le-champ et confier la lettre à un courrier rapide. En relayant, un bon cavalier sera rapidement à Nérac.

Trois jours plus tard, un dimanche, le courrier revient sans réponse. L'humiliation qu'Henri fait subir à Catherine et Margot semble voulue. À la fin de la semaine arrive enfin un gentilhomme du Béarn.

– Le roi de Navarre est vexé, madame.

– Et pourquoi donc, monsieur ?

À Bordeaux où elles se sont installées tant bien que mal,

où leurs serviteurs ont été casés à droite et à gauche dans la mauvaise humeur et les récriminations, la mère et la fille s'impatientent.

Le gentilhomme semble embarrassé.

— Il reproche à Sa Majesté la reine, son épouse, d'avoir entrepris, sans son consentement, un voyage politique en Flandres. De méchants bruits ont aussi circulé sur certaines amitiés que le roi juge offensantes pour son honneur.

La colère enflamme les joues de Catherine. Ce n'est pas à son âge que le roitelet d'un insignifiant pays va lui faire la leçon.

— Dites à votre maître que Margot a entrepris ce voyage pour prendre les eaux car elle souffrait de démangeaisons. Certes, elle fut reçue par différents seigneurs, mais le bon accueil réservé à sa femme devrait lui procurer plus d'honneur que de déplaisir. Quant au reste, le roi sait fort bien que les bruits les plus méchants circulent à la cour. Si certaines formes d'amitié l'offensent, pourquoi de son côté les entretient-il avec autant d'ardeur ? Soyons sérieux, monsieur, quand mon gendre arrivera-t-il à Bordeaux ?

— Ses sujets ne le poussent guère à quitter Nérac.

Le jeune homme omet de dire que l'arrivée dans leur territoire des responsables de la Saint-Barthélemy provoque la colère des pasteurs qui n'ont pas de mots assez durs dans leurs prêches pour accabler les Valois.

Catherine écrit à nouveau. Le ton cette fois-ci est péremptoire. Si Henri ne se montre pas avant la fin du mois, elles regagneront Paris.

Cette menace lui offre plus de trouble que de réconfort. Ramener Margot au Louvre est inenvisageable. Au pire, elle l'installera dans une des antiques forteresses de son douaire et reprendra seule la route.

Le gouverneur de Bordeaux, le maréchal de Biron, ne sait plus quoi faire pour occuper ces dames. Avec leur suite, les domestiques, leurs chevaux à nourrir, cette présence lui coûte une fortune.

Biron, Pibrac et le duc de Bouillon sont expédiés à Nérac pour négocier. Pibrac manque à Margot. Elle aime écouter ses galanteries auxquelles elle répond avec un sourire entendu. Lorsqu'il regagnera Bordeaux, peut-être lui permettra-t-elle l'accès à sa chambre. Au moins saura-t-elle bien vite s'il est ami ou ennemi. Après le plaisir, les hommes s'épanchent facilement.

Le début de septembre est là, mais Catherine ne donne point d'ordre pour le retour. Si cette affaire l'exaspère, elle n'est pas encore prête à capituler. Le délai de grâce est reporté à la fin du mois. « Parce que mes divers maux ne me permettent pas, mon gendre, de voyager en ce moment », écrit-elle.

Enfin, un très court billet lui est remis le vingt septembre. Ces dames peuvent rejoindre Casteras, une ville mi-protestante mi-catholique qui ne montre point de réticence à les recevoir. Un vieux château leur permettra de s'installer en attendant que le roi de Navarre les rejoigne. Aucune date n'est précisée. Vont-elles devoir passer le restant de l'automne dans cette bourgade ? Catherine est décidée à ne pas le permettre, dût-elle prendre seule la route de Nérac et ramener son gendre par le collet.

– Je suis fort content de vous voir, ma femme, et rends grâce à la reine votre mère.

En grand équipage, suivi par six cents cavaliers vêtus de noir, Henri arrive à Casteras. Il a le teint vermeil, la bouche gourmande, le verbe haut. Un regard seulement le confirme dans la certitude que Margot, trop fardée, trop sanglée dans son vertugadin, trop parfumée, n'est pas pour lui. Mais il a tout de suite lorgné dans sa suite une fort gentille enfant toute en blondeur et en fossettes. Quatorze ans, quinze ans ?

Il doit faire maintenant ce que la bienséance attend de lui. Une chambre a été préparée au château de La Réole, ville protestante. Une nuit suffira. Ensuite il s'estimera en règle pour un certain temps avec le devoir conjugal.

« Pire qu'un lapin », soupire Margot. Henri s'est délacé, déboutonné avant de la renverser sur le lit. Il sent la sueur, l'ail cru. Elle pense à Guise, à La Molle, à Inchy, à Bussy, tous si délicats, raffinés dans les jeux de l'amour, et ferme les yeux. Henri est un bon cousin, un ami, mais jamais au grand jamais ne sera un époux, encore moins un amant.

Enfin le cortège prend la route de Nérac, terme du voyage. Henri chevauche à côté de la petite Fosseuse qui rit aux éclats. Pibrac s'attarde à la fenêtre du carrosse où sont installées les deux reines.

– Cessez donc de faire grise mine, gronde Catherine. Ai-je eu tout le temps la vie facile ? Vous êtes reine, le bonheur personnel ne compte pas. Votre devoir est d'honorer votre époux et de lui donner des fils.

À Marmande, Henri vient leur faire ses adieux. Il a des affaires en cours qui réclament sa présence et veut leur souhaiter bonne route.

Un appartement a été aménagé à Nérac. Pour plaire à la reine, on a choisi beaucoup de rouge et de satin ivoire. Prêt à quitter Marmande, Henri mentionne à sa belle-mère la largeur du lit destiné à « leurs voluptueux ébats conjugaux ». Le clin d'œil qui accompagne ce détail l'offense profondément. Pourquoi ce qui devrait être un agréable devoir devient-il une plaisanterie graveleuse ?

Margot ne quitte plus son lit. Les jours à venir lui semblent sombres comme une nuit sans fin.

À Toulouse, cité fidèle au roi de France, Catherine renaît. Cette ville presque italienne la séduit. Et il faut l'arrivée soudaine du duc de Joyeuse pour lui faire perdre sa bonne humeur. Le roi l'a dépêché pour faire honneur à sa mère et à sa sœur.

Margot ne quitte pas le lit, Henri a disparu.

On repart cependant, mais pour L'Isle-Jourdain où le roi de Navarre les retrouvera. Il ne se sent pas à l'aise en pays catholique et souhaite à Margot un prompt rétablissement.

Les jours passent. Margot reste souffrante. Henri ne se montre toujours pas. Catherine n'en peut plus. Elle ne supportera pas cette nouvelle vexation.

– Écrivez, ordonne-t-elle à son secrétaire. « Monsieur mon fils, nous n'attendrons pas trois jours de plus. Ma fille votre épouse est souffrante en cet endroit qui n'a rien à envier à une étable. »

Navarre répond en quelques lignes : il les attend à Nérac.

Sa mère et Margot au loin, le roi de France respire mieux. Chaque jour ou presque il en reçoit des nouvelles. Les incidents du voyage lui semblent dérisoires. Margot piétine à Bordeaux, à Toulouse ? C'est fort bien fait. Elle doit comprendre enfin que ses manières affectées et ses prétentions ne font pas d'elle le centre du monde. Joyeuse lui a narré avec esprit la nuit des retrouvailles, Margot traitée avec désinvolture et Henri tout pimpant courtisant dès le lendemain une ravissante jeunesse surnommée La Fosseuse. Il a ri. Depuis la mort de ses amis, cela ne lui arrive guère. Sa mère ne regagnera pas Paris avant le mois de mars. Elle veut travailler à la paix dans le Sud-Ouest quand les Pays-Bas sont virtuellement séparés en deux camps, une région protestante inféodée à Guillaume d'Orange, une autre catholique fidèle au roi d'Espagne.

François s'agite. Il a toujours dans la tête l'ambition de jouer un rôle de prince conciliateur. Ce naïf ne comprend pas qu'il passe pour un arriéré aux yeux de Philippe. Plutôt que de voir son frère batailler en Flandres, Henri espère sans trop y croire qu'il sera enfin accepté par la reine d'Angleterre avec laquelle ont repris les négociations matrimoniales.

Sans la compagnie de Louise, d'Anne de Joyeuse et du duc d'Épernon, il sombrerait dans la mélancolie. Les hivers parisiens ne lui réussissent pas : otites, rhumes, coliques néphrétiques se succèdent. Et la peste sévissant à nouveau dans la capitale, il doit se claquemurer au Louvre.

Louise n'est toujours pas enceinte. Trois ans de mariage et une hémorragie attribuée à une fausse couche. On lui conseille de la répudier pour épouser une femme fertile. Bien qu'il l'ait cent fois rassurée, Louise craint si fort ce renvoi que sa santé en pâtit et, sans le secours de la religion, elle sombrerait dans le désespoir. L'un et l'autre sont unis dans le chagrin mais aussi dans la conviction que Dieu les entendra enfin. Processions, messes, neuvaines se succèdent. Henri vient de réunir des prélats français pour créer un ordre prestigieux qui mettra ses récipiendaires sous la protection du Seigneur. Il attend du pape l'approbation de son ordre du Saint-Esprit. Qui pourra douter ensuite de son profond attachement à la religion ? De son désir de réunir la noblesse française catholique autour de lui, le lieutenant de Dieu sur terre ?

Son exaltation mystique, la discipline qu'il se donne fréquemment inquiètent son entourage. Joyeuse et La Valette font assaut d'habileté, de tendres paroles pour lui rendre quelque entrain. Le goût immodéré du roi pour la parure les aide. On multiplie les bals, les banquets, on fait assaut d'élégance. En pomponnant lui-même la reine et ses mignons, en brossant leurs beaux cheveux, en les ornant de bijoux ou de plumes, en rosissant leurs lèvres, Henri retrouve le sourire. Oubliés pour un temps les robes de bure, les chapelets, les sandales de rude cuir. On plaisante, on brocarde les Guises et Monsieur qui vit d'espoirs sans cesse déçus. Henri ne peut pas se passer de ceux qui sont ses amoureux, ses amis, ses enfants. Et tant pis si les courtisans se sentent écartés.

Catherine connaît trop bien Margot pour se laisser duper. Ses parades de reine, la vanité qu'elle éprouve à être appelée « Votre Majesté », ses commandes incessantes et prodigues pour embellir le château de Nérac, folies qu'Henri lui accorde afin de se faire pardonner sa passion naissante pour la petite

Fosseuse, fardent mal une grande inquiétude. Quel avenir l'attend dans cette charmante petite cour ? Certes son appartement est arrangé avec goût, elle dispose d'une chambre, d'un petit salon et d'un oratoire ; ses dames d'honneur logent dans des dortoirs à l'étage supérieur et peuvent à tout moment la rejoindre, elle garde auprès d'elle ses deux naines plus un jeune nain, Galopin, difforme mais fort enjoué, ses perroquets, ses petits chiens, mais la Navarre est bien reculée, bien solitaire au milieu de ses montagnes. Son peuple est composé en majorité de paysans et de bergers qui ne parlent pas le français. Et certains gentilshommes huguenots tel Agrippa d'Aubigné la détestent ouvertement.

Le vingt-trois décembre, alors que Catherine, Margot et leur suite s'apprêtent à fêter Noël dans l'église Saint-Nicolas, celle-ci est mise à sac. Les statues sont brisées, l'autel renversé. Il faut se rendre au prieuré Sainte-Marie qu'Henri a mis sous bonne garde. Est-elle vraiment reine de ce pays ? Monsieur de Pibrac rôde autour d'elle, mais elle en a peur. Est-ce du désir ou du fiel qu'elle voit dans son regard ? Faire l'amour lui manque, elle ne peut vivre sans cette excitation de la tête, du cœur et du corps. Seul son frère François la comprend, si isolé lui-même, écrit-il, en dépit de bonnes fortunes passagères. Saura-t-il toucher le cœur de la reine Élisabeth ? Son mariage est évoqué désormais ouvertement. On parle même d'une visite qu'il pourrait faire à la souveraine anglaise au cours de l'été. Quels que soient son âge et sa figure, être son prince consort lui octroierait une position de premier plan, plus enviable que celle de souverain d'une principauté flamande.

Le quatre février s'ouvre la conférence de Nérac, des

négociations qui ont retenu Catherine en Navarre plus longtemps qu'elle ne le souhaitait. Dans ce minuscule pays la vie est monotone. Le Louvre, son fils, le pouvoir, les intrigues, ses astrologues, ses amis lui manquent. Elle mange trop, a encore grossi, et ne se déplace plus qu'aux bras de deux dames d'honneur. Après les repas, elle a des étouffements, des vapeurs. On la remonte dans ses appartements où elle somnole. Décidément, ce pays ne lui convient pas.

Les débats avec Henri sont rudes. Dieu merci, Margot n'y a pas été conviée. Mieux vaut discuter entre fortes têtes politiques. Il faut répertorier, confirmer ou infirmer les places de sûreté accordées aux protestants, établir la source de la rémunération des garnisons. Catherine refuse que le Trésor verse un seul écu, Henri plaide sa pauvreté. On remet la séance au lendemain et l'on bute sur les mêmes obstacles. Où les réformés pourront-ils pratiquer leur culte hors de leurs villes de sûreté ? Chez eux ? Dans des lieux qui leur seraient octroyés ?

Lors des repas, Margot prend le parti d'Henri. Il faut une paix à tout prix entre les deux communautés. Son mariage ne suggère-t-il pas qu'une harmonie est possible ?

Fin février, on signe un compromis. Quatorze nouvelles places de sécurité sont accordées aux réformés pour six mois. Henri représentera les intérêts huguenots non seulement chez lui mais en Languedoc et dans le Dauphiné. Une victoire pour lui.

Le moment est venu pour Catherine de reprendre la route. Margot, qui s'est habituée à la présence familière de sa mère, est désespérée. Comme elle va être seule ! Plus d'algarades, de bouderies, plus d'intrigues. Elle n'est plus que l'épouse d'un homme qui la domine, la reine d'une modeste cour qui, bien qu'agréable, n'offre que des émotions limitées. À nouveau elle prête attention à Pibrac. Ses sourires entendus lui laissent espérer en ne promettant rien. Il n'est plus très jeune, pas très beau. Elle aime les hommes virils aux embrassements ardents. Rien de tel à Nérac. Autour d'elle gravitent des êtres vêtus de noir qui passent leurs loisirs à chanter des psaumes.

Pour s'occuper, elle convoque des jardiniers. Elle veut un parc digne de ceux des jardins de Touraine, des massifs, des allées, des cascades, des labyrinthes, des roseraies.

Après un séjour à Pau où elle a souffert mille morts de l'intransigeance huguenote, elle est heureuse de retrouver son petit paradis.

Henri, décidément fou des treize ans de Fosseuse, n'importune sa femme que rarement et toujours en hâte. Lorsqu'elle entre inopinément dans l'appartement du roi, elle voit la petite Françoise toute rose, assise sur les genoux de son amant qui lui fait déguster de la confiture à la cuillère.

– Ah le bel âge, madame, le bel âge ! s'exclame-t-il.

Il est trop joyeux pour qu'elle fasse triste figure. Par ailleurs, elle s'en fiche.

La lettre qu'Alençon lui a écrite avant son départ pour l'Angleterre lui parvient en septembre. La splendeur du parc est à son apogée, les ruisselets cascadent, le verger croule sous les fruits, les roses escaladent les treillis des berceaux avant de retomber en grappes rouges jusqu'au banc où Margot lit la missive de son frère. Soudain elle saute sur ses pieds, pétrifiée.

« ... Notre ami Bussy d'Amboise, ma chère sœur, n'est plus. Il a été victime de sa passion pour madame de

Montsoreau qu'il a voulu visiter durant une absence de son mari. Il avait eu le malheur de confier son amour et ses espérances à monsieur de Thou dans des termes que ce dernier a pu réprouver. Mais vous connaissez Bussy et son rude parler.

Il s'introduisit donc dans le château où le comte de Montsoreau, en dépit des pleurs et supplications de sa femme, avait préparé une embuscade. Lorsque Bussy pénétra dans la salle où donnait l'escalier menant aux appartements de la comtesse, une douzaine d'hommes, épée et poignard à la main, se précipitèrent sur lui. Bussy se défendit comme un diable, mais que pouvait-il contre tant d'assaillants ? Son épée lui ayant été arrachée, il continua à se battre cependant, tout blessé et ensanglanté qu'il fût, avec des chaises, des tabourets, des flambeaux avant d'expirer, un poignard planté en plein cœur. On jeta par la fenêtre son corps qui s'empala sur les grilles cernant les douves. Le comte de Montsoreau vint le contempler, un sourire victorieux aux lèvres. On ôta la dépouille quelques heures plus tard, après que les corbeaux eurent picoré les yeux... »

Margot replie la lettre, elle en veut à François de lui avoir livré ces affreux détails. Elle a aimé cet homme viril, tendre, beau, débordant de joie de vivre. Ni l'un ni l'autre après leur séparation ne s'était juré la moindre fidélité. Pour eux, les circonstances, le hasard faisaient la loi. Après La Molle, elle pleure aujourd'hui un homme qui avait su la rendre heureuse.

Monsieur de Pibrac est le seul à prononcer des paroles de compassion. Il lui offre un petit sonnet écrit à la mémoire de Bussy. Ses vers l'émeuvent, elle tend une main qu'il baise dévotement.

À peine a-t-il débarqué sur le sol anglais que François se sent alerte. Cent gentilshommes magnifiquement vêtus l'accueillent chapeau bas sur le quai. Ces honneurs le changent de l'indifférence qu'on lui témoigne au Louvre où il s'est réinstallé après une nouvelle réconciliation avec son frère. Joyeuse et Épernon sont pires encore que «la troupe» si heureusement décimée. Douceâtre et faussement plaisant, leur fiel n'en est que plus amer. Nul honneur n'est trop haut pour eux. Henri compte marier le beau Joyeuse à la sœur de la reine Louise, faisant de ce blondinet son beau-frère.

– Sa Majesté vous attend, prononce en français lord Willoughby.

Le vieux duc est surpris par la courte taille et la laideur du prétendant. Si elle est de méchante humeur, la reine est capable de lui tourner le dos.

Mais Élisabeth est tout sourire en accueillant ce petit soupirant au nez gros comme une courge. Dans l'ennui d'une cour qui se rigidifie avec les années, cette intrigue amoureuse est un intermède amusant. De loin, elle voit avancer vers elle un homme court sur jambes, carré d'épaules, vêtu de vert d'eau et de drap d'argent.

François est surpris par l'aspect décati de sa promise. Elle a le teint blanchi à la céruse, les pommettes très rouges, des lèvres minces, un nez aquilin. Une énorme perruque bouclée d'un roux flamboyant couronne ce visage si peu féminin.

«Une grenouille», pense Élisabeth.

«Un rapace», juge François.

Élisabeth offre fête sur fête pour plaire à sa grenouille. Traité en favori, en homme désirable, François perd son air maussade, rit, plaisante, danse, ose même réciter des vers de sa composition à la reine qui l'écoute, sourire aux lèvres. Il la nomme sa déesse, sa fée, son elfe, sa magicienne. Elle se pare de bijoux somptueux et l'invite à une promenade en barge sur la Tamise.

Au fil de l'eau, il ose parler mariage. Elle se serre un peu contre lui sans répondre. Cette grenouille française est plus amusante que ses courtisans et il manie avec une dextérité tout italienne les fourchettes et couteaux à bout arrondi qu'il a apportés de France.

À la veille du départ de François, Élisabeth donne un ballet où toutes les figures évoquent l'amour : amour timide, amour encouragé, amour comblé. François prend les mains de la reine et les couvre de baisers.

– Revenez vite, je vous attends, susurre Élisabeth en lui faisant ses adieux.

Elle tend ses lèvres sur lesquelles il pose les siennes.

– Je n'ai pas à revenir, ma reine, car je ne vous quitterai pas un seul instant par la pensée.

Paris est doré par le soleil de fin d'automne. Triomphant, François annonce à sa mère que le mariage anglais est sur le point d'être conclu. Il va régner. Cette perspective lui fait redresser la tête, marcher d'un pas conquérant.

La nouvelle que l'ambassadeur des Pays-Bas apporte au roi de France le confond. Soucieux de créer un lien entre la population huguenote et catholique, les états généraux des

Provinces-Unies ont décidé d'élire un roi qui serait le représentant de tous les citoyens. Le nom de François d'Alençon a été avancé. Ne montre-t-il pas depuis longtemps son intérêt pour leur pays ? Mais le futur roi devra signer une clause qui exigera le respect des libertés religieuses. Une charte en quelque sorte qui stipulera qu'il se met au service de ses sujets et non l'inverse. Tout de suite, Henri a pensé à ce qu'il avait dû jurer pour être couronné roi de Pologne : le respect scrupuleux des décisions de la Diète. Ces restrictions du pouvoir royal l'irritent mais comme lui-même y a consenti quelques années plus tôt, François signera. Une couronne vaut bien un serment que l'on n'est nullement prêt à tenir.

Aussitôt, Catherine voit les risques de l'entreprise. Si François épouse Élisabeth d'Angleterre et devient roi des Pays-Bas, la guerre avec l'Espagne est inévitable. Les Valois peuvent-ils se ranger du côté huguenot, même si les bénéfices qu'ils tireraient d'une alliance anglo-flamande seraient grands ?

– J'entrerai aux Pays-Bas, ma mère, qu'Henri le veuille ou non. Les Flamands m'ont choisi et m'attendent.

Alençon ne se tient plus de joie. Après des années d'humiliation, tout lui réussit. On l'espère de nouveau à Londres. Devant Élisabeth, il fera étalage de ses capacités de guerrier et de souverain, se montrera plus pressant, plus amoureux, prouvera de mille façons que le choix de sa déesse ne peut être meilleur.

Mais l'accueil d'Élisabeth est beaucoup plus froid. Sa grenouille l'amuse déjà moins et les quelques privautés qu'il se permet l'irritent. Elle ne voit plus qu'un petit homme au gros nez qui n'a sa place ni auprès d'elle ni nulle part en

Angleterre. Qu'il aille donc dans les Pays-Bas puisque ceux-ci semblent vouloir de lui. Il n'est pas au bout de ses surprises. Que fera une armée française mal payée, donc peu pugnace, contre les combatives troupes espagnoles menées par Alexandre Farnèse ? Il la presse de l'assister au nom de l'amour qu'ils partagent et de leurs communs intérêts politiques. Pour le voir partir, elle donne sa parole. Elle promettrait n'importe quoi.

13

Margot, que les projets de François avaient enthousiasmée, connaît maintenant la désespérante vérité. L'écuyer envoyé à Nérac par son jeune frère, le beau Clermont, ne lui a rien caché. Elle l'a longuement écouté dans ses jardins, puis dans son salon, puis dans sa chambre et enfin dans son lit. Entre étreintes, soupirs et gémissements, ils reconnaissent que François est né sous une mauvaise étoile. Élisabeth lui a fait comprendre à travers des mots tendrement anodins qu'en fin de compte elle ne voulait point se marier. Après cette déception, la conquête de son royaume flamand s'est révélée être une rude épreuve. Quelques succès comme la prise de Cambrai et du Cateau-Cambrésis l'ont tout d'abord gonflé d'orgueil.

– Je suis sûre, murmure Margot lovée contre le corps de son amant, qu'il serait un souverain juste et impartial.

Clermont hésite. Comment énumérer en mots point trop offensants pour cette sœur aimante les maladresses et erreurs accumulées par François d'Alençon ? À ses côtés pendant de longues semaines, il a constaté son incapacité politique, ses atermoiements, ses petites lâchetés. Les troupes françaises qui assurent sa sécurité n'étant plus payées vivent sur l'habitant et soulèvent une colère latente que François ne perçoit pas.

– Ma mie, remarque Clermont, les Flamands sont gens d'ordre et d'habitudes. Monsieur ne les a point pénétrés. Nul n'a pris les armes contre ceux venus délivrer Anvers de sa présence. Notre armée a été mise en déroute, la plupart des amis de Monsieur ont perdu la vie.

– Mais mon frère le roi, s'exclame Margot, n'a-t-il pas volé à son secours ?

– Le roi n'a rien fait, ma mie, et la débâcle de Monsieur a été totale.

Margot pose la tête sur l'épaule de son amant, elle a tant besoin d'être aimée, réconfortée. Dans son joli château de Nérac, reine d'une cour pleine de charme, elle se sent pourtant très seule. Pourquoi François n'est-il pas venu en personne la rejoindre ?

– La reine mère, poursuit Clermont en caressant les cheveux de sa maîtresse, veut se venger des Espagnols. Elle met la France sur les rangs des prétendants à la succession de la couronne portugaise. On juge folle cette décision car le roi d'Espagne a toutes les chances de l'obtenir.

Margot ne comprend plus ni sa mère, ni ses frères, ni son mari. Que peut-elle faire ? Lui restent la joie de se vêtir avec faste, celle de séduire, de danser, de dépenser tout l'argent qu'elle n'a pas. Ses naines et Galopin font, eux aussi, assaut d'élégance. Elle a commandé des éventails aux lames d'ivoire peints de scènes champêtres, des manteaux de soie plus frais par les fortes chaleurs que ceux de velours ou de satin. Dix musiciens ont rejoint son orchestre qui donne aubade chaque soir dans le parc. Après le concert, on lit des vers. Un cercle de poètes l'entoure qui vantent son charme et sa beauté. Mais en dépit de paroles aimables qu'elle a consenti à lui adresser, Agrippa d'Aubigné reste son ennemi mortel. Il a commis une piécette, *Le Divorce satyrique*, qui l'a exaspérée. Elle vicieuse ? dévergondée ? Ce huguenot momifié dans ses dévotions n'a rien compris. Elle aime l'amour, l'enthousiasme qu'il suscite, le plaisir qu'il offre, l'envie d'être la plus élégante, la plus belle pour séduire l'amant, le garder pour longtemps dans les rets de jouissances partagées.

Son amant reparti, elle n'est plus tout à fait certaine que la cour raffinée, lettrée qu'elle a réunie autour d'elle suffise à la rendre heureuse. Et ce royaume de paix, d'élégance, est à nouveau troublé par des bruits de guerre. Henri de Navarre veut reprendre Cahors qui fait partie de la dot de sa femme, donc du domaine royal. Du roi de France elle reçoit une lettre l'accusant d'intelligence avec l'ennemi. À nouveau il emploie les mots qui salissent : traîtresse, ribaude... Et Pibrac la trahit. Revenu au Louvre, il se tourne contre celle qu'il jurait aimer jusqu'au trépas et n'a désormais pas de mots assez durs pour la condamner. Vengeance d'un homme qui avait beaucoup espéré et rien obtenu ? Jalousie envers le succès si rapide de Clermont ?

Henri de Navarre garde son bel optimisme. Il exècre le maréchal de Brienne qui le combat et se réjouit de lui mettre le nez dans la boue. Margot suggère la médiation de François d'Alençon qui seul peut négocier avec les huguenots. Revoir ce frère serait un tel bonheur ! Navarre se laisse persuader.

Avec son frère revient son bel amant. Les retrouvailles

sont passionnées. Margot le fait appeler plusieurs fois dans la journée. Elle a soif de plaisir, d'amour, d'oubli.

Henri a engrossé Fosseuse. Que fera-t-il lorsque la jeune fille ne pourra plus cacher l'enflure de son ventre ? Et pourquoi s'en soucierait-elle ? N'a-t-il pas dit, lorsqu'il l'a sue tout énamourée de Clermont : « Quelle aille se faire foutre par le diable lui-même ! » Il n'a plus avec sa femme que des rapports physiques épisodiques, brutaux dans leur rapidité, mais il goûte les raffinements de la cour qu'elle a su créer, l'élégance des dames et des gentilshommes vêtus de couleurs éclatantes faisant paraître plus sinistres encore les nobles protestants. Sa table où l'on ne servait que du gibier et des plats rustiques est devenue délicate. Bien qu'il refuse d'utiliser la diabolique fourchette ou les ridicules couteaux à bout arrondi qui ne permettent pas le nettoyage des dents, il ne boude pas les rôtis, les volailles farcies, les pâtisseries. Mais préférant la chasse à la danse, la guerre aux charades et bouts-rimés, il déguerpit à la première occasion.

La paix si ardemment souhaitée par Margot semble durable. Alençon, qui avait rejoint le Louvre pour rendre des comptes au roi, revient en Navarre pour la formaliser. Il est accompagné d'un nouvel écuyer, monsieur de Champvallon. Son charme embrase Margot. Clermont, qui ne lui écrit plus, est vite oublié. Fâché par certaines critiques qu'il a osé lui adresser, Alençon l'a congédié.

Dès le lendemain, Champvallon est dans son lit, la traite en fille, lui impose ses goûts amoureux. Le corps de Margot vibre, elle retrouve en plus sauvage la folie de La Molle. L'ennui disparaît. Lorsqu'elle quitte sa chambre, elle se rend toute guillerette aux repas, aux concerts ou aux promenades dans un parc dont elle pensait avoir épuisé les charmes, écrit à tout propos à son amant des billets aux termes crus.

Monsieur étant à Coutras, on s'y rend et s'installe au château de Foix-Candale. Là, doit être signé entre Monsieur et Henri le traité du Fleix que Margot a défendu avec ardeur. Mais a-t-elle le temps, l'énergie d'imposer désormais ses vues ?

L'accord conclu, Monsieur doit repartir avec son écuyer. Margot supplie de le lui laisser.

– Ma sœur, rétorque Alençon, une reine ne se conduit pas en fille de chambre. Monsieur de Champvallon m'est plus indispensable qu'à vous. J'ai ouï dire par ailleurs que les candidats à votre couche ne manquaient pas à la cour de Nérac.

Stupéfaite, Margot comprend que son frère est jaloux. Certes, elle l'a un peu négligé durant son séjour en Navarre, mais comment résister à la passion ?

– Un mois peut être ? hasarde-t-elle.

François rit. Inutile d'insister. Champvallon a déjà pris la route pour préparer les étapes. Elle a pleuré, il a promis de revenir. À l'instant où il franchit les murs de Nérac, elle se jette sur son écritoire.

« Ah mon bon cœur... Tant de perfections me donnent la certitude que vous êtes un divin être à qui rien n'est inconnu. Je vous dirai les plus durs rochers où en mille et mille lieux j'ai gravé votre nom, vos beautés, mes passions aussi. Pourrez-vous témoigner que mon âme n'est point semblable à celles faites de cire que le temps, l'absence changent. L'écho de ces caverneuses montagnes serait importuné de ma voix et de mes soupirs si elle avait autre cause que mon beau Narcisse... »

La plume court sur le papier, les mots deviennent exaltés, elle s'essuie les yeux.

« Revenez au plus vite ou je mourrai. Vous tenez dans votre belle main le fil et le terme de ma vie... »

– Ma sœur, voilà le traité signé. Usez de votre influence auprès de Navarre pour qu'il soit suivi d'une paix durable.

En dépit de sa mine satisfaite, François n'est point trop fier de lui. Le traité du Fleix favorise les huguenots qui conservent leurs places de sûreté pendant six années au lieu de six mois préalablement fixés. Le visage radieux de son beau-frère béarnais le met mal à l'aise. Va-t-il se faire semoncer par le roi et leur mère ? Il comptait fort sur Margot pour le soutenir mais elle ne pensait qu'à son Champvallon.

– J'userai, mon cher frère, de l'influence que je possède. Elle n'est pas considérable. Politiquement, Henri sait fort bien ce qu'il veut, et conjugalement me traite avec beaucoup de désinvolture. Sa maîtresse Françoise de Fosseuse qui est enceinte de ses œuvres prétend me dominer. Et Henri veut me faire la complice d'un accouchement clandestin.

François déteste que Margot lui conte sa vie amoureuse. Ne comprend-elle pas que ses confidences le gênent ? Lui détaille-t-il ses jeux érotiques ? Il n'en a plus guère par ailleurs. Sa santé se détériore. Il tousse, a parfois du mal à reprendre son souffle. Et les échecs anglais comme flamand l'ont durement meurtri.

– Sans la lâcheté de notre frère, j'aurais pu accomplir la

mission que les Flamands m'avaient confiée. Que lui coûtait-il de m'envoyer deux ou trois mille soldats ?

– La vérité, mon frère, est que jamais Henri n'a soutenu votre entreprise. Il joue double jeu. Ni fâcher le prince d'Orange ni fâcher le roi d'Espagne. Vous vous êtes trouvé pris comme une noix dans une pince.

La voix du duc d'Alençon apitoie Margot. Son jeune frère et elle ont toujours été des victimes.

– N'abandonne point tes rêves, François. Au moins as-tu celui de mettre un jour le roi échec et mat en Flandres. Que me reste-t-il à moi hormis cette cour de Nérac ?

– Regretterais-tu celle du Louvre ? l'interrompt François. Tu n'y serais pas depuis deux jours que déjà tu te languirais de ta Navarre. Joyeuse et Épernon y règnent. Ils ont accès nuit et jour à la chambre du roi, ce qui est de la plus haute inconvenance. Notre mère qui a osé quelques réflexions a été remise vertement à sa place. Le roi est toqué de ses archimignons. Vous n'ignorez pas qu'il veut faire d'Anne de Joyeuse son beau-frère ?

En route vers Paris, il semble à François que leur merveilleuse familiarité d'antan a souffert. Sa sœur et lui aimaient comploter, manigancer quelque vengeance contre le roi ou ses mignons. Tout cela appartient au passé. Aujourd'hui il se voit toujours comme le futur souverain des Flandres et Margot est reine de Navarre. Ont-ils abandonné une réalité parfois douce, parfois cruelle pour des utopies ?

François pense à Élisabeth d'Angleterre, sa prestance, son regard dominateur. L'aurait-il épousée, quel aurait été son rôle au sein de la cour anglaise ? Celui d'un insignifiant compagnon tenu en laisse par la reine pour entretenir l'illusion qu'elle ne vieillit pas ? Élisabeth est un arbre sec aux fruits factices. Qu'ont-ils tous à être frappés de stérilité ? Le roi son frère n'aura sans doute point de descendance, lui-même n'a jamais produit de bâtard en dépit de multiples accouplements, Margot semble inféconde. La reine mère parvient à cacher son inquiétude, mais il la sait tourmentée. Que disent ses astrologues ? Prédisent-ils l'extinction des Valois ?

Au Louvre, il ne restera pas inactif. Les Flandres ne sont pas pour lui un rêve enterré. Il a des appuis solides qui l'informent de la situation aux Pays-Bas. Lui manque l'argent. Pas un sou à tirer du Trésor désespérément aride mais certains seigneurs qui attendent beaucoup de lui ont de la fortune. Et Élisabeth d'Angleterre, dans un revirement dont elle est familière, peut proposer des troupes, de l'or. Il accourra à Londres, couvrira sa « déesse » de mots doux et de baisers. Bien qu'on lui ait rapporté qu'elle avait les os saillants comme une haridelle, les seins flasques, il est toujours prêt à partager sa couche.

Traitée rudement, menacée même, Margot, bien que révoltée, doit obéir. Henri lui ordonne de prendre soin de Fosseuse pendant ses couches. Elle veillera à son confort et à la santé du nouveau-né. Elle, une Valois, une fille de France, la reine de Navarre, s'occuper de cette petite dévergondée enceinte de son propre mari ! Cette moins que rien qui prétend la gouverner ? Usant de quelques mots secs, Henri a balayé les reproches d'infidélité qu'elle tentait de lui faire : comment ose-t-elle le blâmer quand elle vient de se vautrer dans la débauche avec l'écuyer de son frère ?

Il faut céder, trouver une maison tranquille pas loin de son fief d'Agen. Fosseuse la prend de haut et le roi ne lui refuse rien. Là où elle veut aller, Margot ira. Et il se trouve que la future parturiente désire rester à Nérac où elle se sent en sécurité. Qui peut lui garantir que, loin du roi et malade de jalousie, Margot ne leur fera pas un mauvais sort, à son nourrisson et à elle ?

L'accouchement a lieu en pleine nuit. Fosseuse pousse des cris lamentables et il faut de toute urgence convoquer une sage-femme, faire bouillir de l'eau, du linge. Le travail est long, la petite est si jeune. À l'aube l'enfant apparaît, c'est une fille et elle est sans vie. Fosseuse sanglote. On leur a jeté un sort, elle en est sûre. Elle dévisage Margot avec haine.

Henri est parti chasser. Il déteste ces affaires de femmes, de sang, de glaires. La mort de l'enfant le soulage plutôt. Fosseuse ne pensera plus qu'à lui donner du plaisir.

– Allez visiter ma petiote chaque jour, demande-t-il à Margot, lorsqu'il revient le rose aux joues, l'œil pétillant. Il n'est pas séant que je me rende moi-même chez vos dames. Vous me donnerez de ses nouvelles.

Sans doute Henri n'a-t-il pas mesuré l'ampleur de l'humiliation infligée à une Valois. Margot le toise, son regard est noir de colère.

– Voilà quelques mots de trop que je ne saurais tolérer, monsieur. Les vexations dont vous m'accablez m'interdisent de demeurer ici plus longtemps. Je vais écrire à ma mère et l'informer de mon retour au Louvre. Et puisqu'il est malséant qu'une reine voyage seule, vous m'escorterez.

Catherine est consternée. Margot va donc revenir. Deux ans de paix où elle l'espérait heureuse dans sa jolie ville de Nérac. Henri certes a des torts mais de tous temps les rois se sont permis des libertés amoureuses. Elle a bien accepté la putain Diane de Poitiers et le fils bâtard que son mari tant chéri avait eu de la flamboyante écossaise lady Fleming, gouvernante de Marie Stuart. La dame a été renvoyée chez elle et l'enfant fort bien traité. Ces pilules amères, elle les avalait seule, avec dignité, alors que Margot passe d'un amant à l'autre. Même si elle réprouve l'attitude indigne d'Henri envers une Valois, elle ne peut la plaindre. Mais on n'exige pas d'une fille de France qu'elle joue la garde-malade auprès d'une dévergondée. Elle reprendra donc la route en plein hiver pour rejoindre sa fille et son gendre dans le Poitou où il a l'intention de faire demi-tour. Elle s'emploiera à convaincre Henri de revenir au Louvre. Son absence du Sud-Ouest huguenot apaiserait peut-être les querelles religieuses. Le roi en outre serait satisfait de tenir sous sa coupe un beau-frère dont il se méfie toujours.

Lors de leurs retrouvailles, Catherine trouve sa fille grossie. Le corsage retient à peine sa gorge épanouie. Entouré d'une raide collerette plissée, le cou orné de perles a perdu sa gracilité. Mais la maturité lui donne une majesté qu'elle apprécie. Les embrassades sont polies. Henri de Navarre fait bonne figure, montre même une certaine joie à la revoir. En fait, il se frotte les mains. Sa femme désormais remise à sa belle-mère, il peut regagner la Navarre l'esprit libre. Certes, il laisse derrière lui sa Fosseuse. Ni Margot ni Catherine n'acceptent de la lui laisser. Mais il s'arrangera pour la faire revenir au plus vite de Paris. Déjà il imagine une vie rêvée où ils seraient seul à seul à Nérac, loin du regard scrutateur, altier et méprisant de Margot.

Son brusque départ du Poitou consterne Catherine. Cet homme lui résiste, lui échappe. N'a-t-il pas compris qu'elle l'a choisi, lui, petit prince huguenot, afin d'imposer ses propres volontés ? Gage de paix, il se plaît à jouer les trublions. La reine mère s'empare d'une plume. Avant même son arrivée en Navarre, Henri doit savoir qu'elle considère son absence comme provisoire. On l'attend au Louvre, c'est le vœu d'une belle-mère aimante et l'ordre du roi.

La réponse d'Henri parvient à Catherine alors que son cortège a dépassé Orléans sous une averse de neige fondue qui la glace jusqu'aux os. Cette escapade ridicule va lui valoir encore une bronchite. Ses enfants hâteront-ils sa mort ?

La lettre est brève. Henri lui envoie ses hommages affectueux et empressés. Il reviendra à Paris si on laisse Fosseuse le rejoindre à Nérac.

– Le diable l'emporte ! s'exclame Catherine.

Elle tend la lettre à Margot qui la déchire.

– Jamais il ne reverra cette putain. Renvoyons-la dès demain chez son père le comte de Fosseux avec l'ordre de la claquemurer dans son château.

Margot est à bout de fatigue, de colère, de déception. Dans le carrosse glacé, brinquebalant de sa mère, elle a peur de l'avenir. Champvallon n'est pas à Paris mais quelque part dans le nord de la France en compagnie de Monsieur. Ne l'accueilleront que le roi et la reine. Élisabeth, sa belle-sœur, a depuis longtemps regagné l'Autriche. Lui restent quelques amies dévouées comme madame de Duras et mademoiselle de Béthune qui l'ont suivie en Flandres puis à Nérac.

À la cour du Louvre, Margot observe les dames, les gentilshommes. En deux ans, la mode a changé, et ses robes qu'elle croyait époustouflantes sont démodées. Vite, elle va convoquer couturières, brodeuses et dentellières. Choisir les tissus, décider des coupes l'occupe un moment. Pas de Champvallon, pas de convocation du roi.

Quand enfin il demande sa sœur, elle a le cœur battant. Va-t-il se montrer ami ou ennemi ? Assis dans un coin de la chambre royale, l'air ironique, les ducs de Joyeuse et d'Épernon caressent des petits chiens. Henri a maigri, il a le teint blême, les lèvres pâles. Il affiche malgré tout un air de noblesse qu'il n'avait pas dans ses jeunes années. Son regard est trop sérieux, un peu triste.

– Je vous souhaite la bienvenue, ma sœur.

Il désigne un siège, tend un verre de vin de Loire.

– J'espérais que mon beau-frère vous accompagnerait.

– Il a dû regagner la Navarre pour des affaires pressantes mais ne tardera pas, soyez-en sûr, à venir vous présenter ses respects.

Margot déguste une petite gorgée de vin. Les fenêtres sont grandes ouvertes sur un beau ciel bleu, l'air sent le muguet, son parfum préféré dont un gros bouquet s'épanouit sur la table du roi.

– Peut-être, ma sœur, est-il las de votre conduite !

Le ton a changé. D'indifférent, poli, il est devenu dur et menaçant.

– Que voulez-vous dire ?

Margot pose son verre. Son cœur bat à tout rompre.
- Vous le savez fort bien. On m'a rapporté fidèlement votre scandaleuse conduite en Navarre. Des écuyers de François... Bientôt ses palefreniers !
La jeune femme tressaille, cherche à dominer sa colère.
- Vous avez dans votre entourage, poursuit le roi, des personnes dépravées qui favorisent vos débordements. Je vous donnerai les noms de celles qui doivent quitter la cour.
- Toutes mes dames sont pour moi de chères amies, proteste Margot. Vous ne pouvez pas m'en priver.
Le roi ricane.
- Je peux tout, ma sœur. Elles partiront. Quant à vous, sachez que les murs du Louvre sont encore plus transparents que ceux de Nérac.
Margot se raidit. Reine de Navarre, va-t-elle se laisser traiter en enfant indocile ?
- Je ne compte pas rester au Louvre, mon frère, et aspire à avoir mon propre hôtel. J'ai en vue celui du vieux chancelier de Birague, rue Sainte-Catherine. Nous serions ainsi débarrassés de nos mutuelles présences. Je vous salue, Sire et monsieur mon frère.
Elle fait une longue révérence et tourne le dos sans un regard pour Joyeuse et Épernon.
Pour s'étourdir elle achète des meubles, des tableaux, du linge fin, des bijoux. L'absence d'argent ne la trouble pas. Elle ne pense qu'au prochain retour de son cher amant.

Côte à côte, sous le nez du roi, Margot et Champvallon paradent aux noces de Joyeuse. Comme toujours elle est trop parfumée, trop fardée, mais serait-elle autant aimée si elle n'était pas extraordinaire ?

À Nérac, Henri enrage de savoir sa Fosseuse prisonnière de son père. Il lui a écrit qu'il viendrait lui-même la chercher. Le comte a envoyé la lettre à la reine mère qui l'a communiquée à Margot. Mais aujourd'hui elle se moque d'Henri, elle se moque de Fosseuse. Elle a son Champvallon. Par ailleurs, les travaux dans l'hôtel de la rue Sainte-Catherine qu'elle a acheté à crédit à monsieur de Birague avancent avec rapidité. Tous les jours elle visite cette maison qu'elle désire transformer en un petit palais intime, un écrin. Elle veut du bleu pour sa chambre, du velours, du satin, des tableaux la représentant, de l'argenterie, du vermeil, un nécessaire de toilette en or. On meurt du typhus, de la peste à Paris ? Qu'y peut-elle ? Scrupuleusement, elle fait l'aumône avec des écus empruntés.

Margot apprend qu'Henri a succombé à Nérac à une nouvelle passion, aussi brûlante que celle qu'il éprouvait pour Fosseuse. Diane de Gramont, duchesse de Guiche, est veuve et vit non loin de la Navarre. Femme mûre, lettrée, elle entretient avec son amant une correspondance amoureuse passionnée. Il l'appelle « mon âme », elle le nomme « mon petiot ». Avec elle, point de familiarités apparentes, point de petites vanités, jamais de colères ni de reproches.

Savoir Margot dans son propre hôtel soulage la reine mère. Si sa fille poursuivait ses frasques au Louvre, un jour ou l'autre les Quarante-Cinq assassineraient Champvallon.

Une nouvelle expédition de François en Flandres ne soulève en elle aucun enthousiasme. Là-bas, il commet de multiples erreurs à nouveau, pavoise comme si déjà il était roi. Il assiège Anvers, sûr qu'on va lui ouvrir grandes les portes de la ville pour les acclamer, lui et sa petite armée.

Avec horreur Catherine apprend le massacre des Français, près de quatre mille morts. Pourquoi Dieu lui a-t-il infligé ce dernier fils ? On dit qu'il s'est sauvé avec Champvallon, abandonnant les cadavres de ses soldats aux huguenots flamands. On prétend aussi qu'il galope vers le Louvre, vers elle, à bride abattue. Il maudit désormais Philippe II, les huguenots, les Flamands.

Catherine reçoit le duc d'Alençon défait dans le petit hôtel de la rue des Deux-Écus où elle se retire quand elle est fatiguée du Louvre. C'est un fils au teint cireux, vieilli de dix ans, qu'elle voit s'approcher. Que faire de lui ? La reine d'Angleterre n'en veut pas, reste peut-être une princesse portugaise, si Philippe II le permet.

— Vous avez manqué de discernement, mon fils, et m'en voyez navrée. Quatre mille morts ! Votre conscience ne vous tourmente-t-elle pas ?

Alençon tousse, demande un verre d'eau, se reprend.

— Si les consciences pouvaient tuer, madame ma mère, nous, les Valois, aurions tous trépassé depuis longtemps. Vous devriez vous réjouir de me revoir au lieu de me sermonner. On a voulu m'assassiner en Flandres, un tueur à la solde de l'Espagne. Je l'ai ramené.

— On le jugera et l'exécutera, soupire Catherine.

Encore des tortures, une mise à mort, du sang.

— Outre cet assassin, vous avez, je suppose, ramené votre écuyer ?

François se garde de répondre. Champvallon est déjà chez

Margot rue Sainte-Catherine. Il doit présentement se vautrer dans ses draps de satin ivoire. Croit-elle qu'on ignore ses frasques ? Son hôtel ne la protège pas plus que le Louvre. Chacun connaît le moindre de ses faits et gestes et les commente avec des rires salaces. Sa sœur, il ne sait plus s'il l'adore ou la hait.

Rarement Margot a ressenti plus de chagrin et d'humiliation. La courte liaison de Champvallon avec l'éternelle amoureuse Charlotte de Sauve lui a été rapportée. Elle a pardonné après de brûlants embrassements, des marques passionnées de repentir. Mais aujourd'hui elle apprend son mariage avec la fille du duc de Bouillon, une prestigieuse alliance qui le place au centre d'une puissante famille. Pour le faire revenir, elle écrit lettre sur lettre. Il est son dieu et un dieu ne peut se refuser à ses adorateurs. Elle n'exige rien, que son corps, ses étreintes, ses baisers. Il revient. Mais si leurs corps se retrouvent avec une rage passionnée, Margot sent son amant ailleurs.

À Pâques, elle est tout à fait installée rue Sainte-Catherine mais ce décor, ces soieries, ces meubles, ces tableaux, cette argenterie qu'elle a voulu rassembler pour charmer davantage encore son Champvallon ont perdu leur magie. Elle y est seule trop souvent avec ses dames ou François qui la visite de temps à autre. Le progrès de la maladie de son frère est évident. Comme Charles, il se meurt de consomption. Quand elle tente de le rassurer, il ne la croit guère mais fait toujours allusion à la glorieuse conquête des Flandres qu'il va enfin mener à bien et à la petite infante portugaise que Catherine lui fera épouser.

Longtemps, Margot hésite à confier son angoisse à

François. Elle y renonce finalement. Cette affaire ne doit pas dépasser le cercle de ses intimes, mesdames de Duras, de Béthune et son médecin monsieur de Saint-Pons. Depuis trois mois, elle n'a plus de règles, sa poitrine a pris un volume qui l'oblige à se refaire une garde-robe, son ventre enflé est à peine dissimulé par le corset qu'elle fait serrer un peu plus chaque jour et le large vertugadin. Quand Saint-Pons lui annonce qu'il la croit enceinte de quatre mois, elle affiche un sourire incrédule. Elle est grosse ? Mais tout le monde, sa mère la première, la dit stérile. Le rire s'est changé en larmes et en une anxiété qui l'empêche de dormir. Mettre au monde un bâtard serait un tel déshonneur qu'elle risque l'enfermement dans un couvent jusqu'à la fin de ses jours ou, pire encore, un assassinat camouflé en accident. Alarmé, Champvallon ne se montre plus rue Sainte-Catherine.

Mesdames de Duras et de Béthune se tiennent très droites devant elle. Margot comprend ce qu'elles vont lui imposer plus que lui conseiller.
– Tous les enfants ne viennent pas au monde, madame. Il arrive des accidents plus ou moins fâcheux qui interrompent les espérances des parents. Nous avons été informées sur les moyens possibles pour mettre fin à des situations qui ne peuvent être que temporaires.
Margot inspire profondément. A-t-elle le choix ?
– Que dit mon médecin ?
– Il confirme que cet enfant n'est pas viable.
Margot se recroqueville dans ses draps de satin. Elle voit des taches de sang qui s'élargissent, des matières visqueuses.
– Sera-ce douloureux ?

– Vous oublierez vite vos souffrances, madame, dans le soulagement de vos angoisses...

Monsieur de Saint-Pons explique qu'elle devra boire deux fois par jour un certain breuvage d'herbes qu'il va lui faire concocter. Lorsque les premières crampes surviendront, on introduira un clystère dans sa matrice. L'expulsion suivra.

– Je m'occuperai de tout, la rassure madame de Duras. Ne me posez aucune question. Aux douleurs physiques il est inutile d'ajouter de regrettables souvenirs. Nous vous dirons souffrante de coliques, alitée pour quelques jours. La semaine prochaine, vous danserez au bal donné par la reine.

Seules la présence constante, l'affection, la discrétion de ses deux amies comme celle du médecin permettent à Margot de venir à bout d'une telle épreuve. Elle leur offre de l'or à poignées, des fourrures, des bijoux de grand prix. Le soulagement d'avoir vaincu ce cauchemar la pousse à une surabondance de largesses. Elle engage ses propres rentes, le revenu de sa dot. Elle vendrait sa chemise si celle-ci valait de l'or. À sa mère elle se plaint d'un surcoût incroyable des travaux entrepris rue Sainte-Catherine, du prix des tapisseries, des argentiers. Catherine emprunte, prête à Margot. La dernière chose qu'elle souhaite est que cette prodigalité inconsidérée parvienne aux oreilles du roi.

Pour le moment, Henri se moque des dépenses de sa sœur. Une des naines de Catherine lui a chuchoté que la reine de Navarre avait subi une bien fâcheuse fausse couche qui la laissait pantelante. Sans l'assistance bien dévouée de mesdames de Duras et de Béthune, la pauvre princesse aurait pu craindre pour sa vie. Mais tout était arrangé au mieux des intérêts de chacun.

Henri étouffe de rage. Encouragé par Joyeuse et Épernon, il est décidé à tordre le cou de cet oiseau de malheur, sa propre sœur. Elle veut paraître au bal donné par la reine ? Qu'elle vienne avec tout son tralala, pommadée, parfumée. Son air royal, elle ne l'affichera pas bien longtemps.

La salle des Cariatides est illuminée de plus de deux cents flambeaux. Des bouquets de roses mêlées aux lys de France sont alignés le long des murs. Tout au bout, les musiciens accordent leurs instruments. La salle bruisse des conversations, du froissement des robes de soie, du gargouillement des fontaines où rafraîchissent les bouteilles de vin de Loire, de Bordeaux et de Provence. Le début du mois d'août a vu l'arrivée de forts orages qui éclatent à la tombée du jour, inondent les rues de Paris qu'ils transforment en cloaque. Dans les égouts on voit flotter des cadavres de rats, de chats, des immondices de toutes sortes.

Le duc de Joyeuse accueille Margot à la porte. Pâle en dépit des fards, elle garde la tête haute, a le pas assuré.

– La reine étant indisposée, le roi vous veut à ses côtés. Veuillez prendre place, madame.

Margot respire. Elle craignait des reproches sur ses dépenses et on lui fait honneur. À pas mesurés elle se dirige majestueusement vers l'estrade, s'installe à côté du trône royal encore inoccupé.

Le roi tarde. Dix minutes, vingt minutes. On dévisage Margot, des regards curieux, parfois narquois. Certains semblent même hostiles. Margot se cale sur le trône de la reine. Elle a un peu perdu de sa superbe.

– Le roi ! annonce enfin le grand chancelier.

On s'écarte pour lui laisser le passage, les hommes se découvrent, les femmes plongent en révérences. Henri est ce soir plus scintillant, plus majestueux que jamais. Vêtu de noir et d'argent, il paraît plus grand encore. Sur ses épaules il a fait jeter une courte cape de velours noir juste gansée de pourpre. Ses cheveux sont rassemblés sur le sommet du crâne en un chignon où est fichée une aigrette de diamants.

Aussitôt assis sur le trône, il se tourne vers sa sœur. Son regard est acéré comme une lame de poignard. Mais il sourit, sa voix est douce.

– Vous êtes très en beauté, ma chère sœur.

D'un signe, il demande à l'orchestre de jouer. Le bal va pouvoir commencer. Soudain, alors que Margot sent sa tension se relâcher, Henri se lève. Face à elle, il la pointe du doigt.

– Vous êtes, madame, la honte de ma famille et de ma cour ! hurle-t-il.

L'orchestre s'est tu, tous les regards sont posés sur la reine de Navarre.

La dominant de sa haute taille, son frère la force à se lever, la traîne au bas de l'estrade.

– Vous êtes une putassière, ma sœur, qui copulez avec tout homme voulant bien de vous, du grand seigneur au laquais. Vos débauches ont finalement porté leur fruit. Où est ce bâtard ? Où le cachez-vous ?

Elle ne peut riposter. Si elle ouvrait la bouche, ce serait pour insulter son frère, le roi de France, en face de toute sa cour, le traiter de sodomite aux ordres de ses mignons de couchette, de demi-homme sans foutre, incapable d'engrosser sa femme.

Henri la tire vers la porte. Embarrassée par ses jupes, ses jupons, son vertugadin, elle manque plusieurs fois de tomber.

– Sortez de ce palais et n'y revenez plus ! tonne Henri. Allez en Navarre vous jeter aux pieds de votre mari. On verra bien s'il vous pardonne. J'en doute. Votre avenir, ma sœur, est dans un cloître où vous finirez vos jours dans le repentir et la pénitence.

Les huissiers ouvrent grandes les portes de la salle des Cariatides. Margot se redresse, tente de sortir avec dignité, le sang bat dans ses tempes. Elle ne veut qu'une chose : se réfugier dans ses appartements, y faire boucler ses malles, fuir cette ville. Pour aller où ? Elle ne sait pas encore. À l'instant, elle doit écrire à Champvallon, l'implorer de se cacher. Sa vie est en danger. Henri sait qu'elle a porté son enfant mais ignore sans doute s'il est vivant ou mort. Elle sanglote, le fœtus a dû être enterré par madame de Duras, une motte de terre sur laquelle pousseront les fleurs de pissenlit et les salicornes. La feuille de papier où court sa plume est tachée de ses larmes.

Elle ignore que Champvallon est depuis longtemps installé à Sedan, fief de son beau-père le duc de Bouillon, où il coule des jours paisibles.

Le lendemain s'entassent dans trois carrosses Margot et ses dames, ses naines, ses femmes de chambre. Les bagages suivent dans des tombereaux. On n'a pris que l'essentiel. Sans cesse mordues, les lèvres de Margot saignent. Elle a rongé ses ongles jusqu'à la peau.

Bourg-la-Reine n'est plus loin. Il faut changer les chevaux. Déjà le relais de poste est en vue quand un léger carrosse rattrape celui de Margot. Un des cavaliers qui l'escorte saisit le mors d'un des chevaux. La lourde voiture des voyageuses s'immobilise.

Brutalement, le rideau de cuir du carrosse est tiré. Avec effroi, Margot reconnaît le roi aux côtés d'Épernon. Dix gentilshommes commandés par monsieur de Larchand les accompagnent.

– Nous allons être égorgées, sanglote la jeune Louise de Béthune, le roi ne fera merci à aucune d'entre nous.

– Faites fouiller ces voitures de fond en comble, ordonne le roi, videz les coffres, ôtez les banquettes, les tabourets, tout ce qui peut cacher les preuves d'un crime.

À coups d'épée, Épernon fend les sièges, les repose-pieds, les gardes renversent les coffres, les malles.

Serrées les unes contre les autres, Margot et sa suite sanglotent. Un vent sec et chaud soulève des volutes de poussière qui tourbillonnent autour des femmes éplorées, s'engouffrent dans les voitures, se déposent sur les précieuses parures jetées en tas sur le bord de la route. Un des petits chiens de Margot aboie furieusement, le roi lui décoche un coup de pied qui le fait voltiger à trente pas.

– Je ne sais pas ce qui m'empêche de vous boucler toutes à la Bastille où patiente déjà votre bon médecin monsieur de Saint-Pons. Dix années de mise au secret lui feront peut-être passer le goût des cachotteries.

Un instant il toise sa sœur, savourant la terreur qui la fait trembler.

– Où avez-vous dissimulé votre corniaud ?

– Il n'y a pas d'enfant, Sire, il n'y en a jamais eu.
Un rictus tire les lèvres d'Henri.
– Nous allons à Montargis, madame. Remontez en voiture.
Elles s'entassent dans les carrosses aux sièges défoncés, suivis par les tombereaux où l'on a jeté en vrac le contenu des coffres. Le convoi reprend la route. Le petit chien tout frisé et parfumé est mort. Le roi ordonne qu'on le laisse pourrir dans le fossé.

À Montargis, on réquisitionne la maison du bailli à côté de l'église de la Madeleine. Les fenêtres du salon joliment meublé donnent sur un jardin rectangulaire coupé d'allées bordées de buissons fleuris.

Assise dans un fauteuil près de l'âtre éteint en cette saison, Margot répète inlassablement :
– Il n'y a pas d'enfant, il n'y a pas d'enfant.
Elle serre les poings, ses mâchoires sont douloureuses.
Enfin, Henri lâche prise. Derrière lui, Épernon a posé familièrement une main sur son épaule.
– Eh bien, madame, allez conter vos mensonges au roi de Navarre. Je le sais fort irrité contre vous et nul n'ignore qu'il a le sang chaud. Adieu, ma sœur, je souhaite ne plus jamais vous revoir.

Il quitte le salon, claquant la porte derrière lui.
« Mon frère est un monstre, pense Margot. Il peut multiplier les dévotions, c'est l'enfer qui l'attend. »
Il lui faut reprendre la route. « Allons à Nérac, songe Margot avec désespoir. Je n'ai nulle part ailleurs où me réfugier. »

Henri de Navarre est accablé de lettres expédiées par sa belle-mère : elle raconte, explique, implore. Il ne doit pas juger Margot sur les apparences. Certes, elle a la tête légère, est un peu folle peut-être, mais elle est fort consciente de son titre de reine de Navarre. Un malentendu regrettable a éclaté entre le roi et elle. S'il prend le parti de répudier sa femme, il donnera du crédit aux rumeurs et déshonorera les Valois comme les Bourbons. Il faut réfléchir, se montrer conciliant, recevoir Margot, écouter ses explications. Le roi s'est emporté outre mesure et le regrette aujourd'hui. Il est prêt à rencontrer à Lyon son beau-frère ou un émissaire de son choix s'il ne peut quitter son royaume. N'est-il pas l'offensé ?

Henri de Navarre prend son temps. Il pourrait regretter une hâtive décision. Sur sa femme il ne se fait aucune illusion, là n'est pas le problème. Mais peut-il se faire de Catherine de Médicis et du roi de France des ennemis mortels ? Henri a offensé gravement Margot sans preuves. Les apparences sont contre lui. Il faut en tirer parti, rafler la mise dans cette partie sans gloire.

Comme ambassadeur, il va choisir Philippe Duplessis-Mornay, un homme raisonnable et courtois qui lui est fort attaché. À Lyon il saura ménager la chèvre et le chou, la fierté du roi, celle de la reine mère et accessoirement celle de Margot. Le roi n'ayant aucune preuve de l'inconduite de Margot, on peut donc lui demander la réparation des insultes proférées devant la cour. Une ville en Gascogne, une place forte qu'il aimerait joindre à la Navarre ?

Les négociations s'éternisent à Lyon. Le roi de France ne peut admettre d'avoir tort, mais les conditions du roi de

Navarre sont catégoriques : il ne reprendra sa femme que blanchie de tout soupçon.

Sans se hâter, le convoi de Margot fait route vers le Sud-Ouest. Sa mère a fait désembastiller mesdames de Béthune et de Duras qui ont pu la rejoindre ainsi que trois autres dames d'honneur qu'elle n'avait pu, dans la hâte du départ, emmener.

Après quelques jours de repos à Poitiers, on arrive à Jarnac le vingt-quatre septembre. Une lettre du roi de Navarre l'y attend. Il lui ordonne de ne plus avancer jusqu'à l'aboutissement des négociations de Lyon. Margot qui avait repris confiance est gagnée par l'angoisse. Va-t-on la manœuvrer comme un pion sur un damier ? Chaque jour elle écrit à son mari, à Alençon, à sa mère. Catherine lui a fait parvenir de confortables subsides qui lui permettent une vie aisée. Elle a pu même offrir à ses hôtes occasionnels des dîners, des concerts. On a dansé à Poitiers.

La vie à Jarnac est presque plaisante quand au bout d'un mois Margot reçoit une lettre de son époux la sommant de reprendre la route pour loger à Coutras, près de Bordeaux, pays protestant proche de la Navarre. Les négociations piétinent, le roi s'est énervé. Il veut mettre son beau-frère le dos au mur, le contraindre à reprendre Margot.

À Coutras, ville ensommeillée sans attraits mondains, Margot végète encore un mois. Une lettre de Catherine lui commande de partir. Les étapes prévues sont Libourne, Créon, Cadillac où on aménage le château de Foix-Candale pour l'accueillir.

Toujours aucune conclusion aux négociations, Henri veut Mont-de-Marsan que le roi lui refuse.

– On ne me traitera plus comme une pièce de bétail, s'énerve Margot. Nous partons pour Agen qui m'appartient. Là-bas je veux bien patienter car, étant chez moi, j'y organiserai ma vie et celle des miens comme je l'entends.

À Cadillac, les derniers jours de novembre sont sinistres, elle n'y restera pas plus longtemps, n'en déplaise à son frère et à son époux. Les naines s'ennuient et se jalousent, les valets se cherchent querelle, ses dames désœuvrées s'épient pour répandre les moindres propos malveillants.

Catherine presse son fils et son gendre. La situation de Margot est trop ambiguë et il faut que cela cesse. Voilà quatre mois que sa fille est à Agen. Que les négociateurs s'entendent à Lyon et qu'on en finisse au plus vite. Elle exige qu'au printemps les époux soient réunis et se fassent bonne figure. Margot a été chapitrée. Point de grands airs, point de condescendance, point non plus d'humilité. Elle est la reine de Navarre et rentre chez elle. Afin d'assister sa fille, la reine mère envoie monsieur de Pibrac. Elle sait que Margot a eu de l'amitié pour lui. Il est de plus un familier du roi de Navarre. Même si des différends les ont opposés au Louvre, Margot est priée de bien le recevoir. Entre deux lettres, des entrevues avec le roi, Catherine se claquemure dans ses appartements. Sa santé se détériore. Désormais édentée, elle ne peut se nourrir que de potages, de purées, de crèmes et de confitures. François, installé à Château-Thierry, la préoccupe aussi. On le dit fort maigre et suant le sang comme son frère Charles. Elle doit courir à son chevet.

À nouveau le froid, la pluie, les voitures humides et brinquebalantes. Mais elle doit faire bonne figure devant son fils, tenter de le réconforter.

François se meurt, il tousse, crache du sang, saigne du nez, ne s'alimente plus que de bouillons. En le voyant gisant sur un lit qui, elle le pressent, est son lit de mort, Catherine est atterrée. Pourquoi Dieu l'éprouve-t-elle ainsi ? En s'asseyant au chevet du mourant, elle regrette l'indifférence qu'elle lui a témoignée, ses injustices. Elle n'a pu l'aimer. Dans ces ultimes moments, elle prononce enfin les paroles affectueuses qu'il a attendues toute sa vie. Elle prend sa main glacée, la serre dans la sienne. Dans un pauvre sourire, il demande des nouvelles de sa sœur. Catherine raffermit sa voix. Tout va bien. Incessamment, Margot va rejoindre Nérac où son époux l'attend avec impatience. François sait qu'il n'en est rien, que Margot va regagner son petit royaume humiliée, meurtrie. Qu'il va lui falloir accepter la maîtresse en titre, les sourires entendus. Mais il ne peut plus rien pour elle.

Le dix-huit avril, surlendemain de retrouvailles polies avec Henri à Port-Sainte-Marie, Margot apprend la mort de François. Elle a tant pleuré depuis son installation à Nérac qu'elle ne peut plus verser de larmes. On la traite avec une indifférente politesse, ne lui parle que pour obtenir ses instructions sur la conduite de sa maison. Après huit mois d'errances, d'incertitudes, elle n'en peut plus. Et aujourd'hui son seul ami, son seul soutien, François, son petit frère, est mort. Henri n'est pas là pour la consoler, il n'est jamais là, soit auprès de sa maîtresse madame de Gramont surnommée « la belle Corisande », soit à la chasse ou chez des amis. Mais même hors de Nérac, il attend, il guette : quand va-t-on lui annoncer qu'il est le successeur légitime du roi Henri III si celui-ci n'a point de descendance ?

Le dix juin, la nouvelle lui parvient enfin. Lui, Henri de Bourbon, vicomte de Béarn, roi de Navarre, sera, faute de descendance mâle chez le roi Henri de Valois, et à la mort de celui-ci, couronné roi de France. Il est bien décidé à ce que Margot ne soit pas sa reine. Sans relation conjugale, point d'enfant. Cette stérilité s'ajoutera aux autres causes entraînant une facile annulation de leur union.

14

Les Guises n'acceptent pas qu'un huguenot prétende au trône de France. Avec rage, ils rassemblent les grandes familles désireuses de se ranger sous la bannière de la Sainte Ligue. On y accourt. Le roi lui-même ne peut endiguer le flot. Il faut accepter la conférence de Nancy, capitale du duché de Lorraine où se sont rassemblés les Guises en compagnie d'un grand nombre d'inféodés. Le pape leur fait parvenir sa bénédiction. Philippe II envoie cinquante mille écus d'or. Au terme de la rencontre, et par vote unanime, il est établi qu'un huguenot ne pouvant devenir roi de France, la couronne devra être attribuée à Charles de Bourbon, oncle d'Henri de Navarre et fervent catholique. Les États de Lorraine, de Bourgogne, plusieurs parlements approuvent cette décision ainsi que la majorité du peuple français. Il faut redorer l'image d'une royauté ternie par Henri de Valois. Les mignons et les dépenses extravagantes qu'ils occasionnent, la légèreté de la cour, la conduite déroutante d'un roi un jour mystique, le lendemain débauché décident les mécontents à se regrouper sous la bannière de la Sainte Ligue.

Avec consternation, Catherine voit ressurgir le spectre d'une guerre civile. Toute sa vie elle s'est battue pour que celles-ci soient éradiquées et ses efforts risquent d'être anéantis. Le duc de Guise veut le pouvoir, il l'a toujours voulu. Le père d'abord, puis le fils qui espérait obtenir Margot. Un homme redoutable, excellent chef de guerre, catholique intransigeant, exerçant sur les siens une autorité incontestée. Elle sait qu'Henri le jalouse, le craint même, et ne peut comprendre pourquoi son fils tant aimé ne parvient pas à dompter le duc, à s'imposer. Elle accuse les mignons, les premiers, ceux qui se sont entredévorés, mais surtout Joyeuse et Épernon qui le dominent. Elle n'a pas le pouvoir de mettre le roi en garde, encore moins celui de les écarter de lui. La reine elle-même n'ose proférer un mot. Henri et les archimignons sont un groupe inséparable, une famille. La reine ne désespère pas cependant, prie, prend des remèdes, des eaux réputées fécondantes. La mort de François la rend plus vulnérable encore. Qu'elle faillisse à son devoir de mettre au monde un héritier mâle, et la couronne ira à Henri de Navarre.

Inlassablement, Catherine écrit à sa fille. Elle croit en sa capacité d'obtenir une conversion de son mari. Henri III en doute. Il n'accorde plus aucun crédit à sa sœur.

– Il faut la pousser un peu, concède la reine mère, lui laisser miroiter quelques onces de pouvoir. En Navarre on la considère comme rien. Son mari couronné, elle serait reine de France.

Henri se décide. Il va lui envoyer son ami, son frère, son cher cœur, le duc d'Épernon. Comment oserait-elle lui tenir tête ? Elle sait combien il la déteste et le craint. Avec

Margot, la manière forte prévaut toujours. Épernon saura la convaincre.

L'annonce de la prochaine arrivée à Nérac de Jean-Louis de Nogaret de La Valette, duc d'Épernon, plonge Margot dans une extrême colère. Comment son frère ose-t-il lui envoyer cet individu ? Mais le premier moment d'irritation passé, elle se décide à faire bonne figure. Il faut désarçonner son visiteur, lui rentrer son venin dans la gorge. Le roi s'attend à un esclandre ? Il en sera pour ses frais. Quant à la maîtresse d'Henri, la belle Corisande qui espère la voir ramper, elle sera déçue. Pibrac lui a livré le but de la mission d'Épernon : elle doit par tous les moyens convaincre Henri de revenir au catholicisme. Par quels moyens ? En possède-t-elle un seul ? Mais elle est ambitieuse. Le désir ardent de devenir reine de France peut lui fournir des arguments : son mari pourrait être sensible à un accommodement. Il serait roi, elle reine, mais, comme Henri II, il garderait sa maîtresse, la traiterait avec honneur, lui ménagerait une place enviable à la cour. Elle ne verrait rien, n'entendrait rien. Mais cet espoir qui la stimule retombe vite : si, comme Louise, elle reste stérile, point d'accommodement possible. Coûte que coûte, elle doit concevoir. Après tout, elle a été enceinte voici peu de temps.

Épernon prend la route sans enthousiasme. Par amour et respect envers le roi, il rencontrera Margot à Nérac, tentera de la mettre du côté de ses négociateurs à Lyon. La femme le déconcerte, lui inspire de la répugnance : cet érotisme débridé, ces provocations, toute cette chair laiteuse, surabondante, ses seins énormes exhibés, ce ventre que le corset ne peut effacer, ces lèvres rouge sang, ces extravagantes perruques blondes ou rousses qui doivent dissimuler un crâne dégarni. Que reste-t-il de la beauté de la perle des Valois ? Les yeux certainement, l'éclat du teint quand celui-ci n'est pas enduit de blanc de céruse, de jolies mains. Ce ne sont point ces qualités qui excitent les hommes. Ils bandent pour ce qu'ils imaginent : une luxure savante, un insatiable appétit sexuel.

À son arrivée à Nérac, il est surpris par la joliesse du château, l'élégance des courtisans, la qualité de leurs divertissements. On le reçoit avec les honneurs dus à un émissaire du roi de France. Margot lui tend sa main à baiser, elle sourit. Elle l'entraîne dans ses appartements, s'enquiert de sa famille. Les mots directs, désobligeants qu'Épernon a préparés restent lettre morte. Il faut patienter. Ce combat à fleurets mouchetés peut devenir plus agressif. Si Margot veut obtenir le pardon de son frère, elle doit se ranger à ses côtés sans ambiguïté.

Henri de Navarre est présent au souper et accable le duc de compliments. Au fond de lui-même il éprouve une certaine admiration pour ce bel homme qui a si finement mené son jeu et encaissé la mise. Nommé duc et pair de France, richissime grâce aux largesses royales, courageux militaire par ailleurs, issu d'une famille respectée, il sert avec ardeur la personne du roi mais également sa politique. Henri de Navarre est trop bien renseigné pour ne pas connaître le but de sa visite : obtenir sa conversion en caressant le poil de Margot qui ne se tiendrait plus de joie d'être reine de France à la mort d'un frère qu'elle déteste et dont elle souhaite certainement la fin prochaine. On le dit atteint de la maladie qui a emporté ses deux frères. Il a des abcès, des infections, la poitrine creuse, le teint livide. Il faut accorder du temps à Épernon, il l'écoutera, mais sans l'importune présence de Margot.

Nonchalamment installé sur une banquette garnie de coussins, Henri de Navarre s'explique. Épernon doit reconnaître que le Gascon a une intelligence d'une grande finesse et que converser avec un homme aimable arrondit bien des angles.

– Je partage avec le roi de France, explique Navarre, une haute idée de la personne royale, ce qu'elle représente pour les Français. Mais, devenu catholique, je serais abandonné par les miens et mal servi par ceux qui estimeraient ma conversion comme la preuve de mes ambitions. Je m'éloignerais d'une communauté fort éprouvée pour me tourner vers des personnes qui se défieraient de moi.

– Qu'importe les doutes, Sire, si vous êtes roi de France. Ils disparaîtront avec la preuve de vos vertus.

– J'aime vous entendre évoquer mes vertus, monsieur le duc. Mais soyons raisonnables, le roi Henri mon beau-frère n'est point mort. Avant d'atteindre un but, il faut faire les premiers pas. La Ligue de monsieur de Guise me dérange beaucoup et je ne crois pas mon beau-frère très enthousiasmé par ce mouvement propice à diviser les Français un peu plus encore. Unissons-nous, catholiques et protestants animés du même esprit de tolérance, et combattons ces ennemis de la paix civile.

Embarrassé, Épernon garde le silence. Le roi n'est prêt à signer aucune alliance et, dût-il le faire une épée dans le dos, il s'allierait plutôt avec Guise pour mieux contrôler son beau-frère. La Ligue veut réduire à rien le pouvoir protestant, ce dessein ne va pas contre ce que souhaite profondément le roi. Il aime cependant Navarre, l'a nommé son héritier s'il n'avait pas de fils. La condition reste sa conversion.

— Je vous offre des soldats pour lutter contre la Ligue, propose soudain Henri en se redressant.

— Sire, un affrontement déplairait au roi mon maître.

Henri ne sourit plus. Si ce petit duc, porte-parole de son cher seigneur, n'est prêt à aucune concession, alors il s'ancrera pour longtemps encore dans le camp des siens. Huguenot il est, huguenot il demeurera. Il combattra la Sainte Ligue sans l'appui du roi, et si celui-ci joint ses troupes à celles du duc de Guise, il ne les épargnera pas. Les places fortes huguenotes sont nombreuses en France et offrent des abris sûrs lors de l'avance d'une armée.

— Je regrette que vous n'ayez pas reçu satisfaction de mon mari, soupire Margot en s'emparant du bras d'Épernon.

— Ce pays ne vous enchante-t-il pas ? poursuit-elle en l'entraînant vers la roseraie. J'y suis chez moi désormais.

— Mais vous le quitteriez, madame, pour ceindre la couronne de France ?

Margot rit de ce rire perlé qu'elle sait irrésistible.

— Nous n'en sommes pas là, monsieur le duc. Mon frère peut vivre longtemps encore et avoir des fils. En doutez-vous ? N'est-il point assidu auprès de la reine Louise ? Vous devriez l'encourager à partager davantage sa couche, comme madame de Poitiers incitait mon père le roi Henri II à rejoindre sa femme. Elle n'était point jalouse. Quel cœur noble pourrait-il éprouver ce vice détestable ?

Épernon se raidit. Cette femme est une vipère.

— Votre idée est bonne, madame, et je recommande fort à madame la comtesse de Gramont de l'adopter en ce qui vous concerne. Je suis nouveau venu dans ce royaume mais ai déjà beaucoup entendu parler de la belle Corisande, une délicieuse amante et conseillère. Le roi désire un enfant, c'est aussi votre souhait le plus cher. Quel dommage que la nature puisse parfois s'opposer à des intérêts si puissants !

Épernon quitte Nérac peu satisfait. Henri n'est point prêt à se convertir et Margot est filante comme une anguille. Elle veut tout et ne peut pas grand-chose. Le conseil qu'il donnera au roi de France sera de ne pas compter sur sa sœur. Elle n'a aucun pouvoir face à Henri de Navarre et n'en aura jamais. Mieux vaut oublier les Béarnais.

Les Parisiens sont pris d'enthousiasme pour Henri de Guise, adhèrent sans restriction à sa Sainte Ligue. Quand le duc passe dans les rues, on se presse pour le toucher comme on le ferait pour un saint, on tend vers lui les nourrissons pour qu'il les bénisse. Bien plus qu'Henri III, il règne sur la ville. Pourquoi le roi a-t-il choisi ce lointain Bourbon comme héritier et non le duc de Guise, descendant de Charlemagne ? La race des Capet est abêtie, débilitée, viciée, celle de Charlemagne verdoyante, vertueuse, combative, et surtout la seule héritière de l'orthodoxie catholique.

Catherine est fortement tourmentée par cet esprit de révolte. Leurs chers Parisiens se tourneraient-ils contre eux ? Elle a volontiers quitté la capitale pour passer l'été à Blois où on l'informe quotidiennement de la situation. Guise aurait signé secrètement un accord avec le roi d'Espagne. Une traîtrise très grave qui mériterait une punition exemplaire. Mais comment sévir si une sanction devait déclencher des séditions ? Il faut patienter encore et toujours, laisser des armes allemandes passer clandestinement les frontières vers la Champagne et la Lorraine. Mais que peut-elle espérer ? Le roi son fils est de plus en plus impopulaire, on critique son mysticisme outré, on critique ses prétendues débauches, on hait les mignons, on n'espère plus rien de lui que de nouveaux impôts pour agrandir encore la fortune de Joyeuse et celle d'Épernon. En cas de guerre civile, qui défendrait le roi ? Il refuse toute alliance avec Navarre, n'a point les moyens d'engager une armée de mercenaires. La seule stratégie possible est la sienne, celle qu'elle a toujours prônée : les négociations. Les Guises ne les refuseront pas. Ils n'ont point intérêt eux-mêmes à mettre le royaume à feu et à sang. Pillages, incendies, destructions, viols qui accompagnent les guerres civiles laissent des traces indélébiles. Si Guise part en campagne contre les huguenots, dans une certaine mesure le roi doit être à ses côtés.

L'échec de la mission d'Épernon ne l'a surprise qu'à moitié. Son gendre refuse d'être un pion et le seul poids que Margot représente est celui d'un boulet attaché à sa cheville.

Catherine réfléchit. Doit-elle appuyer Navarre s'il opte pour une séparation définitive ? Doit-elle au contraire défendre sa fille ? L'encourager à attirer son mari dans sa couche pour tenter coûte que coûte de concevoir ? Dans la dernière lettre qu'elle lui a adressée, Margot se plaint de ne compter pour rien dans sa propre cour. Elle doit supporter du matin au soir les regards indifférents et les paroles à peine

aimables des courtisans. Le roi la néglige absolument et ne lui témoigne même plus la bonne amitié d'autrefois.
Catherine répond. Elle doit se résigner, accepter Corisande comme elle-même a accepté Diane de Poitiers. Mais qu'elle prenne garde à ce que celle-ci ne la traite pas de haut comme cette traînée de Fosseuse. Diane de Poitiers lui avait toujours témoigné le plus grand respect. Elle sait que ses conseils exaspèrent sa fille. De la soumission encore et encore, elle n'en veut plus, elle a droit à des égards, à être aimée, à vivre selon sa naissance et son rang. Des mots... Ses ambitions ne sont suivies par aucun courage, aucune noblesse d'âme. Elle s'ennuie ? Qu'elle fasse la charité, entende la messe, laisse ses naines la distraire. L'une d'elles est morte et Margot l'a abondamment pleurée. Galopin est devenu triste, les guenons survivantes gisent, recroquevillées dans leur cage. Qui n'a pas connu la solitude, la frustration, le chagrin ? Margot croit-elle que la vie a épargné sa mère ?

On prépare Noël au Louvre sans beaucoup de joie. Le mécontentement qui suit la permanente élévation de Joyeuse et d'Épernon est général. On fait désormais bonne figure par obligation mais la rage de se voir spolier est dans tous les cœurs. La générosité de Joyeuse n'obtient pas de grands effets, même si, mois après mois, le jeune duc se crée un solide réseau d'inféodés. Contrairement à Épernon très avare, il ne refuse jamais d'aider un solliciteur en difficulté, un courtisan qui ne peut, par manque de fortune, faire bonne figure auprès du roi. Se vêtir, se parer, donner des soupers ou des concerts coûtent cher et bien des nobles ont dû se retirer dans leurs châteaux provinciaux. Leur rancune contre un roi qui néglige ses gentilshommes se fait tenace. La mort dans l'âme, ils laissent le champ libre aux « nouveaux élus » protégés par les archimignons, certains venant des plus anciennes familles comme les Guiche et les Crillon, ou issus de la robe comme Achille de Harlay, premier président du parlement de Paris, et Antoine Séguier, maître des requêtes et lieutenant civil de la prévôté de Paris.

Joyeuse comme Épernon profitent de la garde rapprochée des Quarante-Cinq, la plupart issus du Sud-Ouest, moqués par certains comme étant une bande de coupe-jarrets mais unanimement craints. Ils suivent le roi et ses amis partout, se méfient des Guises, affichent une détestable arrogance et sont payés avec une telle générosité que la reine mère s'en est offusquée et a osé demander leur licenciement. Henri a ricané et pour toute réponse augmenté encore leurs prébendes.

Lorsque le courrier pénètre dans la cour du Louvre après un long voyage de Nérac à Paris, Henri est avec son tailleur, examinant chaque détail de la coupe du pourpoint qu'il présente, imposant ici une altération, là une audace qui lancera une mode. La taille un peu plus pincée, certainement. Sa sveltesse lui permet des coupes très près du corps tant pour les pourpoints que pour les pantalons. Les culottes bouffantes sont toujours à la mode mais celles qui moulent les cuisses, suggèrent les fesses lui plaisent davantage. Combien doit-il à ses tailleurs, à ses joailliers, à ses brodeurs ? Il ne veut pas s'en encombrer l'esprit. Joyeuse et surtout Épernon sont là pour verser des acomptes sans pouvoir régler les soldes qui ne cessent de croître. Durant quelques instants Henri veut oublier la Ligue, le clan des Guises, l'obstination de Navarre à rester huguenot, la stérilité de sa femme, l'air pincé de sa mère qui, ne supportant pas de devenir un personnage de deuxième plan, se cramponne au pouvoir.

Le messager tend le pli et Henri fronce les sourcils. Navarre lui-même a pris la plume. Bon ou mauvais signe ?

– Par le sang du Christ, s'écrie le roi, quand cette putain me laissera-t-elle du répit !

Il tend la lettre à Joyeuse.

– Margot a quitté Nérac, abandonné son époux, renoncé à ses droits de reine. La voilà devenue ligueuse ! Cette traînée est donc encore accrochée à son séducteur ! Mais que croit-elle, qu'espère-t-elle ? Qu'on la foule un peu plus aux pieds et sa famille avec elle ?

La fureur d'Henri fait reculer le tailleur qui quitte furtivement la chambre. Avec tendresse, Joyeuse pose sa main sur l'épaule du roi.

– La reine de Navarre craint peut-être pour sa vie, Sire. On dit qu'Henri est décidé à la répudier. Elle a des ennemis. Sans la protection de son mari, il se peut qu'elle coure de potentiels dangers.

– Le plus grand danger qu'elle puisse courir est sa propre sottise. Henri n'a point l'intention d'épouser une maîtresse qui ne lui donnera pas d'héritier. Il a d'autres chats à fouetter que de perdre son temps en de vaines querelles conjugales. Margot a choisi de se réfugier dans les rêves ? Eh bien le réveil sera dur, crois-moi.

Atterrée, Catherine pose sur sa table de travail la lettre qu'Henri lui a communiquée. Peut-être devrait-elle partir aussitôt pour la Navarre, tenter de raisonner sa fille. Mais elle n'a plus le cœur à avaler cette nouvelle potion. Avec une tristesse immense, elle doit faire face à ses échecs. La France est à nouveau scindée en deux blocs hostiles qui refusent de négocier. Le très catholique Henri ne peut ni condamner la Ligue ni se laisser écraser par le pouvoir que celle-ci prend. Et le peuple abandonne un roi qu'il ne comprend pas. Elle seule le connaît. Il veut plaire à Dieu et charmer les hommes, il veut être aimé et pardonné. L'amour de sa mère ne lui suffit pas.

Elle tousse, respire parfois avec difficulté. La goutte et les rhumatismes la font horriblement souffrir. L'inquiétude l'empêche de dormir et le manque de sommeil se traduit par des étourdissements, de sévères pertes de mémoire. Elle doit convoquer au Louvre le duc de Guise et son frère Louis, le cardinal de Lorraine. Elle les a connus enfants et peut leur parler librement. Coûte que coûte il faut calmer le jeu, ne pas laisser les Guises écraser les Valois.

À Agen, le fief qui lui a été octroyé en dot, Margot fait une entrée royale. Oubliés les humiliations de Nérac, les silences d'Henri, l'indifférence des courtisans. Ici elle redresse la tête ; vêtue de velours noir soutaché d'argent, elle brille de tous ses feux. Ses meubles la suivent en coche d'eau ainsi que l'ensemble de ses biens. Elle ne laisse pas un mouchoir à Nérac.

On l'écoute, on la respecte. Elle parle de sa foi catholique, de la détermination qu'elle a à la défendre contre l'hérésie huguenote. Elle coupe les ponts, meurtrit définitivement Henri, jette aux orties sa couronne de reine de Navarre. Les Agenais applaudissent leur comtesse, forment un cortège pour la mener en son château. Quelques bourgeois cependant s'inquiètent. Quels avantages vont-ils tirer de sa présence ? Cette femme parée, parfumée, rutilante de pierreries va-t-elle les entraîner dans des aventures que nul ne souhaite ?

Le jeune sire d'Aubiac accueille Margot. Dès le premier regard, ils sont fascinés l'un par l'autre. Margot le déclare ravissant, Aubiac avoue qu'il donnerait plusieurs années de sa vie pour une nuit avec la reine. Il est bien bâti, très roux, chevaleresque, enthousiaste, elle est sevrée d'amour physique depuis si longtemps. Il l'aidera à s'imposer, à déclarer Henri hérétique, à inciter ses sujets à rejoindre la Ligue, il lui donnera toutes les audaces, même celle de déclarer la guerre à sa famille.

Dès le lendemain de son arrivée, des placards sont collés sur les murs de la ville. La princesse Marguerite de Valois déclare son alliance avec le duc de Guise contre le roi de Navarre et le roi de France. Elle respire mieux, s'épanouit. On va l'aimer, croire en elle, lui confier d'importantes missions comme celles menées en Flandres. Pour contempler le visage dépité de son mari, elle donnerait beaucoup. Il l'a méprisée ? À elle de lui rendre la monnaie de sa pièce.

Henri n'est guère surpris de la fuite de sa femme, de son installation tonitruante à Agen, de savoir le petit Aubiac se rouler dans son lit. On crie « Vive la Ligue ! » dans les rues d'Agen ? La belle affaire. Ces bons bourgeois vont bien vite comprendre leur douleur. Elle va les ruiner, et lorsqu'il se présentera derrière les murs avec une petite armée, ils seront contraints à abandonner leurs tranquilles occupations pour faire la guerre. Mais des soucis plus graves que les folies de sa femme le préoccupent. La Ligue est toute-puissante, elle veut le faire excommunier, rendant ainsi impossible sa succession au trône de France. Le roi leur cédera. Henri III est un velléitaire pris en étau entre le crucifix et ses vices. Catherine est lasse d'avoir consacré sa vie à réconcilier des ennemis jurés. Où trouverait-elle encore l'énergie de plaider la cause des huguenots, l'amitié entre Français ?

L'été commence à peine quand Henri de Navarre apprend la signature du traité de Nemours, un traité honteux qui l'abasourdit. Subjugué par le duc de Guise, Henri a déclaré le protestantisme illégal, retiré leurs places fortes aux huguenots, choisi son médiocre oncle Bourbon pour son successeur au trône de France. Une capitulation totale du pouvoir royal. Ses propres sujets de foi huguenote doivent se convertir ou s'exiler. La liberté de conscience elle-même est supprimée. La lâcheté de son beau-frère révolte Navarre. Il écrit lettre sur lettre pour donner libre cours à son indignation. « Votre Majesté a fait la paix avec les rebelles pour ruiner les obéissants. » « Les espérances entretenues par Votre Majesté ne laissent place qu'au désespoir. »

Les sept années de paix civile ont pris fin. Pour financer une guerre éventuelle, le roi lève de nouveaux impôts. On le conspue lorsqu'il sort du Louvre. Un cortège de violence et de haine l'accompagne.

15

Margot jubile. Le sire de Lignerac qui commande sa garde privée est jaloux d'Aubiac, son jeune amant. Heureuse, épanouie, elle peut s'impliquer sans restriction dans la Sainte Ligue et envoie message sur message à son ancien amant le duc de Guise. Le temps de leurs rencontres furtives dans un coin abandonné du Louvre lui semble si lointain ! Comme ses autres amants, il n'a pas pu faire face aux menaces, il a plié, s'est marié. Mais elle garde pour lui de la tendresse.

Il lui répond des lettres d'instructions où aucun sentiment particulier n'est exprimé : elle doit tenir Agen, fortifier la ville et rallier à la Ligue les bourgades gasconnes environnantes, créer un espace qui lui soit acquis. Dans ce but elle doit renforcer le groupe armé stationné à Agen, recruter jusqu'à deux mille hommes.

Ces ordres inquiètent Margot. Où loger tous ces soldats ? Comment les nourrir ? Lignerac lui donne une réponse évidente : chez l'habitant. Elle doit exiger qu'on lui remette les clés de la ville, faire comprendre aux notables qu'Agen a coupé toute alliance avec les rois de Navarre et de France.

La réaction des Agenais est immédiate. Loger des soldats ?

Ces gueux pillent, violent et ravagent les demeures qui leur ont donné l'hospitalité. Les édiles veulent des garanties, des engagements signés sur des compensations financières. Margot fronce les sourcils, n'est-elle pas maîtresse chez elle ? Comment ces gens-là osent-ils exiger des dédommagements ?

Aubiac la tempère. Si elle veut l'adhésion des Agenais à la Ligue, que lui coûte-t-il de faire quelques promesses ? Les rois, les reines savent si bien manier carotte et bâton. On lui obéira, il lui donne sa parole d'honneur.

Son amant fête ses vingt ans. Il n'est jamais las dans les jeux de l'amour, elle exulte. Voilà un homme qui l'aime pour elle, il n'a aucune fonction à la cour, ne dépend ni du roi ni d'un grand seigneur. Il n'appartient qu'à elle.

Guise la prévient que les premières batailles sont proches. Elle doit fortifier son château, rendre la citadelle imprenable.

Pour rattacher le château aux remparts, elle doit faire abattre tout un quartier, des humbles maisonnettes mais aussi des demeures plus cossues appartenant à des commerçants, des magistrats. Guise, Aubiac, Riberac la pressent. Il faut raser cette partie de la ville qui escalade la butte où est bâtie la citadelle.

La fureur des habitants explose. Ils se sont fait des illusions sur leur bonne comtesse. Comme les autres princes, elle n'est qu'une sangsue qui leur tirera jusqu'à la dernière goutte de sang. Ainsi qu'ils le craignaient, les troupes récemment installées mangent leur pain, boivent leur vin, mettent leurs pieds mal chaussés sur leurs tables, jurent et blasphèment devant leurs femmes et leurs filles. N'a-t-elle pas promis des compensations ? Margot n'a pas un sou. Philippe d'Espagne, qui à la demande du duc de Guise devait lui verser une somme importante, n'a rien donné. Il méprise Margot. Lignerac quant à lui s'est mis la population à dos en quelques jours seulement, trois de ses cavaliers ont violé des jeunes filles. Margot les fait décapiter. Justice est faite. On la respectera, elle sera obéie.

Les soldats sont sur pied de guerre. On a signalé des troupes ligueuses aux environs, il faut renforcer leurs rangs, les aider à écraser l'hérésie.

Deux premiers combats, deux désastres. Les huguenots ont anéanti les ligueurs. Des cinq cents soldats expédiés par Margot il en revient dix. Margot est abasourdie. Ne lui a-t-on pas fait miroiter victoire sur victoire ? Lignerac dirige la destruction de la vieille ville, entend les malédictions prononcées contre la comtesse. Certains veulent se saisir d'elle, la jeter en prison. Il ricane. Toute chose viendra en son temps.

Depuis les défaites subies par ses soldats, plus de courrier du duc de Guise. Margot s'inquiète. Qu'attend-il d'elle maintenant ?

Ce dernier a écrit à la reine mère pour laquelle il lui reste de l'affection : sa fille est une nuisance, elle a sacrifié la vie de près de huit cents soldats dont trois cents lui appartenaient dans un combat mal préparé et mal livré. Il ne la compte plus comme une alliée. Qu'elle moisisse à Agen où, dit-on, on l'abhorre. Catherine se prend la tête entre les mains. Il faut écrire au commandant des troupes royales monsieur de Bellièvre pour lui dire de ne point attaquer Agen. En bas de la lettre elle ne peut s'empêcher d'ouvrir son cœur : «Je vois que Dieu m'a laissé cette créature pour la punition de mes péchés aux afflictions que tous les jours elle me donne. C'est mon fléau en ce monde. Je vous assure que j'en suis si affligée que je ne sais quel remède y trouver qui n'augmente davantage mon ennui. Je vous prie de penser ce que j'y pourrai faire et quand je vous verrai que vous m'en puissiez consoler. »

La rupture entre sa fille et elle, entre sa fille et le roi est définitive.

À Agen, la peste se répand avec une vitesse effrayante, les pauvres trépassent par dizaines et quand les plus aisés veulent se retirer dans leurs maisons de campagne, on le leur interdit. Margot ne quitte plus sa forteresse désormais reliée au couvent des Jacobins et aux murailles. À peine peut-elle faire l'aumône, elle n'a plus d'argent et refuse de se dessaisir de ce qu'il lui reste de ses joyaux pour assurer la paye des soldats, à la demande de Lignerac. Il la guette, la toise, l'évalue, son regard lui fait peur et l'excite.

Prières et processions semblent sans effet sur le fléau. Septembre amène des orages avec leurs pluies diluviennes. Les expropriés qui se sont regroupés dans des cabanes à la périphérie de la ville pataugent dans la boue et cherchent refuge sur les places et les artères pavées. La colère gronde, il faut se débarrasser coûte que coûte de cette princesse source de tous leurs malheurs. La meilleure façon n'est-elle pas d'ouvrir les portes de la ville aux soldats du bon roi de Navarre ? On le sait proche, en Saintonge ou en Poitou. Il veut contourner les armées ligueuses du duc de Mayenne.

Margot se tranquillise. On l'a menacée, on a levé le poing sur son passage mais ces bons bourgeois ne tenteront rien contre leur comtesse suzeraine. Aubiac a quand même préparé des plans de repli. Davantage qu'elle au contact de la population, il ne sous-estime pas la haine qu'on voue à sa chère princesse. Elle ne doit plus quitter l'enceinte du château, faute de quoi un soulèvement serait probable.

Le vingt-cinq septembre, une violente explosion fait voler en éclats les bâtiments du noviciat, à deux pas du réfectoire des moines où Margot prend ses repas. Elle aime se rendre à pied d'un bâtiment à l'autre. Des jardiniers ont créé de belles allées sablées bordées de plantes odoriférantes. Là on lui sert des plats simples, de la volaille élevée par les moines, des légumes de leur potager, des fruits de leur verger, le vin un peu acide de leurs pressoirs. Après plusieurs verres elle se sent gaillarde, confiante en l'avenir.

Le tonnerre de la poudre à laquelle on a mis le feu, celui des pierres de la toiture qui vole en éclats sèment la panique. Tant de novices ont dû périr. On entoure Margot, la force à sortir. Il faut regagner en hâte le château, faire seller les chevaux disponibles et décamper. L'explosion n'est que le premier signe d'une révolte générale.

– Fuir ! s'exclame Margot.

– Oui, madame, et au plus vite si vous tenez à la vie.

– J'exige que mes meubles, mon argenterie, mes tapisseries me suivent. Si le maréchal de Matignon s'emparait d'Agen pour mon frère, il me rendra bien le service de tout me faire parvenir. Trouvez un chariot pour mes naines, mes servantes. Je veux des filles de chambre et les quelques dames de compagnie et pages qui seraient prêts à m'accompagner.

L'énergie lui est revenue, la volonté farouche de plier les événements à ses propres intérêts. En un instant elle a trouvé une solution de repli : son château de Carlat au sud d'Aurillac, une forteresse bâtie sur un piton volcanique qui, comme le château d'Agen, fait partie de son douaire. En route, elle demandera l'hospitalité à des seigneurs qu'elle connaît, le sire de Brassac, celui de Bournazel et le comte d'Entragues, parent du trop fameux mignon Entraguet. Et elle trouvera des abbayes ouvertes aux voyageurs. Un parcours d'une semaine seulement en compagnie d'Aubiac et de Lignerac qui pourra rejoindre son frère gouverneur du château et du bourg blotti à son pied.

Le temps est beau, sec, et les chemins carrossables. Margot préfère voyager à cheval. Profiter du paysage, sentir les effluves des herbes sèches, voir les rivières cascader en moussant sur les rochers lui font retrouver les plaisirs simples qu'enfant elle goûtait en Touraine. Chaque jour y était une succession de bonheurs dont elle n'avait pas alors conscience : jeux, promenades, étude dans les vastes bibliothèques des différents châteaux. C'est de Cheverny, du temps où Diane de Poitiers en était la maîtresse, qu'elle garde le plus beau souvenir.

En se remémorant son passé tandis que son cheval gravit la pente menant à la petite ville de Montsalvy, sa dernière étape avant Carlat, Margot revoit les égorgés, les éventrés qui jonchaient les rues de Paris durant la Saint-Barthélemy. Elle songe à ce gentilhomme blessé qui s'était réfugié dans sa chambre au Louvre. Est-il toujours vivant ? Fugitivement, les visages, les silhouettes des mignons lui reviennent en mémoire. Elle avait éprouvé de l'attirance pour Entraguet mais il nourrissait de plus hautes ambitions que de partager son lit. Les autres la détestaient pour son assurance, son ironie, sa féminité épanouie et triomphante. Ils avaient arraché le peu d'amour pour elle qui demeurait dans le cœur d'Henri. Aujourd'hui son frère ne veut plus entendre parler d'elle. Inutile qu'elle écrive, il ne lirait pas ses lettres.

Margot aperçoit des troupeaux de moutons, des abris de bergers. Elle entend le son des clochettes, l'aboiement des chiens. Une vie paisible et monotone. Elle n'est pas faite pour cette existence-là. Ce qui apporte du bonheur, c'est le plaisir physique, la confrontation avec l'amant ou l'ennemi, obtenir l'amour du premier, avoir la satisfaction de vaincre le second. Puisqu'on lui refuse une couronne de vraie reine, elle étend sa domination autrement. La haine qu'elle inspire à certains est en elle-même une preuve de son pouvoir.

Aubiac et Lignerac chevauchent côte à côte à hauteur de sa jument. Ils se jalousent, s'observent. Si Aubiac glisse un mot à l'oreille de Margot, Lignerac tente de le capter. Sur eux, elle règne en maîtresse absolue. Deux de ses amants ont péri de mort violente, ceux-là pourraient fort bien s'entretuer.

L'abbaye de Montsalvy sera son refuge pour la nuit. Les bons moines ont préparé des cellules à l'intention de la petite troupe, cuisiné un repas pour les voyageurs, demandé aux paysans alentour du foin pour les chevaux. Offrir l'hospitalité à la fille, la sœur de rois de France n'est pas une mince affaire. On l'escorte à l'office du soir auquel elle assiste pieusement. Avec ferveur, elle semble prier. Comment croire aux ragots qui la prétendent la maîtresse du petit gentilhomme rouquin qui tient son missel ? Celle de tant d'autres avant lui ? Sa dignité, sa démarche royale impressionnent les candides religieux. La forteresse de Carlat où elle va résider n'est pas loin. Peut-être bénéficieront-ils de ses aumônes ?

Carlat, un château féodal perché sur des rocs qui dominent des précipices, une place forte dite imprenable dont dépendent un couvent, une commanderie de Templiers, une église et la maison du gouverneur Gilles de Lignerac, frère de son protecteur. Le village est en contrebas et s'y rendre est une entreprise difficile. Dans sa citadelle, Margot se sent protégée. Elle va organiser un semblant de cour, choyer le jeune Aubiac, continuer à aguicher Lignerac.

Les meubles, la vaisselle, les tapis et tapisseries, ce qui reste de sa garde-robe parviennent à grand-peine au château. Il a fallu atteler des mulets, utiliser le dos des paysans qui bougonnent. Maintenant il faut rendre un peu de panache à ces murs humides, noircis par le temps. On doit refaire les sols, remettre des vitres aux fenêtres, peindre les plafonds et leurs poutres rongées par les vers.

Assise devant sa table de travail, elle écrit à sa mère, à son mari. Elle a besoin d'argent. Pas des dons, un emprunt qu'elle remboursera. Comment ? Elle ne veut pas y songer. Henri refuse. Il la traite d'ivrogne, de gargouille. Catherine ne lui enverra pas un liard mais lui offre un château en Auvergne tout aussi sinistre que celui de Carlat.

L'hiver surgit avec ses pluies, un froid mordant. Margot est malade, elle s'ennuie. Pourquoi ne pas se donner à Lignerac ? Son regard la transperce, la viole. Comme amant elle sait qu'il la malmènera, la forcera, la comblera. Aubiac est trop amoureux. Un certain regard d'elle et Lignerac a compris. Il pénètre en pleine nuit dans sa chambre, arrache sa chemise de nuit. Les seins énormes, le ventre rond, la blancheur laiteuse de la peau le rendent fou.

Il pleut durant tout le mois de janvier. Monter sans cesse les lourdes bûches au château révolte les paysans. Que vient faire chez eux cette Valois qui se pavane comme une reine dans sa citadelle battue par les vents ? Quelle vie y mène-t-elle ? Les rumeurs les plus révoltantes parviennent au village. Une débauchée, leur princesse ? Une soûlarde ? Une demi-démente ? Dieu merci, on ne la voit pas chez eux, elle se terre là-haut comme un rapace dans son aire. De temps à autre, l'apothicaire va au château sur sa mule. On dit la princesse souffrante. Elle prend ses gouttes, ses herbes macérées, ses vinaigres et le renvoie sans rien payer. Jamais le moindre liard.

Par une pluie mêlée de neige, un serviteur frappe à la porte de l'herboriste. Son Altesse Royale est alitée, elle tousse, veut du sirop d'eucalyptus, une décoction de valériane. Monter par ce froid à la citadelle rebute le vieil homme. Il va envoyer son fils que cette courte escalade n'intimidera pas. Et le petit est curieux de ce qui se passe « là-haut ». Au village, on parle du château de la princesse ou du repaire de l'ogresse.

À la tombée du jour, la pluie noie la chambre de Margot. Seule une lumière jaunâtre s'étend sur l'écarlate de la courtepointe.

Le jeune apothicaire est charmant, blond, mince, timide. Margot le regarde avancer vers elle les yeux baissés. Que craint-il ? Il va lui remettre ses fioles et déguerpir. Il est tout proche maintenant, serre contre lui le coffret confié par son père. Sa peau sent les herbes qu'il pile et mélange, les tiges séchées qui pendent au plafond de la boutique. Il a une pâleur de blond, les lèvres pleines, des fossettes au milieu des joues.

Un désir soudain crispe le bas-ventre de Margot, la fait frissonner. Elle s'empare de la main du jeune homme, l'attire vers elle. Effaré, il se retrouve sur le corps opulent de cette femme qui a relevé sa chemise, exhibant ses fortes cuisses, sa toison épaisse et bouclée, un ventre blanc, plissé, où la graisse forme des vagues. Avec fébrilité elle délace ses chausses, les repousse vers les genoux. Le petit ne bande pas. De quoi a-t-il peur ? Elle s'empare de son sexe, le sent enfin raidir.

La porte claque, un pas résonne sur le sol. Lignerac est là, tout proche, un poignard à la main. Tétanisée, Margot ne prononce pas un mot, n'esquisse pas un geste tandis que l'arme pénètre dans le dos du jeune homme, puis d'un second coup lui tranche la gorge. Un flot de sang l'inonde, ruisselle sur le drap, la courtepointe écarlate.

Enfin un hurlement, celui de Margot mêlé au cri d'Aubiac qui vient d'entrer et dégage son épée pour se jeter sur Lignerac.

– Cessez de vous battre, je vous l'ordonne ! hurle Margot.

Aubiac n'est pas de taille à lutter contre Lignerac. Elle ne veut pas qu'il meure à son tour. Les deux hommes s'écartent l'un de l'autre.

– Ôtez ce corps d'ici, ordonne Aubiac aux servantes que les cris ont fait accourir, et ramenez-le à son père.

La rage, l'émotion l'ont tant fait rougir qu'on ne voit plus ses taches de rousseur.

– Je vous ai vengée d'un violeur, prononce Lignerac d'une voix de tonnerre, et vous délivrerai un jour ou l'autre d'un importun qui croit pouvoir jouer les maîtres ici.

16

– Il me faut boire ce calice jusqu'à la lie, gémit Catherine.
La nouvelle de l'assassinat du jeune apothicaire vient de parvenir au Louvre. Accourue chez le roi pour la lui livrer elle-même, la reine mère est surprise par le calme de son fils. Elle attendait des cris, des imprécations, pas cette voix glaciale, ce regard fixe.
– Les péchés des Valois retombent sur ma personne, prononce-t-il d'une voix lasse. Je suis la tête de cette famille, hélas pourvue d'un corps vicié. Les catholiques eux-mêmes se retournent contre moi. On crie « Vive Guise » dans mon royaume. Dieu qui me prive de descendance veut désormais m'éprouver dans ma foi.
Consternée, Catherine ne sait que dire. À nouveau son fils va s'enfermer dans un couvent, jeûner, se flageller. Sa santé est fragile et les épreuves qu'il s'inflige la compromettent un peu plus encore. Et le peuple ne comprend pas ces mortifications. On l'accuse de négliger son royaume, on le traite de lâche, de mauvais souverain, plus préoccupé du salut de son âme que de l'honneur de la France. Partout circulent des pamphlets, on raille son hypocrite bigoterie,

ses mœurs, on accuse ses mignons, on ne pardonne aucune des dépenses faites en leur faveur. Qui est ce roi tantôt vêtu en femme, tantôt en moine ? Il se veut ermite ? Eh bien qu'il abdique et s'enferme dans un couvent comme le fit Charles Quint.

Catherine connaît cette haine, ce mépris et en souffre mille morts. Sa propre santé se détériore de mois en mois. Elle respire avec peine, ne marche qu'appuyée sur deux cannes ou sur les épaules de dames d'honneur. La nuit, son corps énorme ne lui permet aucune position reposante.

– Vous n'avez pas, mon fils, à expier un péché que vous n'avez pas commis.

Elle s'empare de la main d'Henri qui la lui retire aussitôt. Catherine le voit blême, tremblant.

– Qu'on fasse venir monsieur de Joyeuse, ordonne-t-elle à un page.

Seuls Épernon et lui savent chasser les idées morbides de son fils, calmer tout autant ses exaltations que ses crises de désespoir.

– Madame, prononce le roi en la congédiant, vous avez su gouverner la France mais point sauver votre âme. Quant à ma malheureuse sœur, la sienne appartient au diable. Qu'on dédommage l'apothicaire et ne le mentionne plus devant moi.

Le duc de Guise éclate d'un rire sarcastique. Son ancienne belle et jeune amante couverte par un vilain que Lignerac poignarde ? Des lettres d'elle lui parviennent régulièrement. Elle soutient la Ligue mais ne peut prendre à ses côtés la tête de ce parti ! À ses côtés ! Qu'aurait-il à faire de cette femme que ses vices ont perdue ? Si elle se dit ligueuse, c'est pour exaspérer sa mère et son frère qui la détestent aujourd'hui. Cette femme déchue, fille, sœur, épouse de roi n'a pas un sou, plus de cour. Elle n'est plus rien alors que lui triomphe. Si le Midi et l'Ouest sont dominés par les protestants, le reste de la France, et Paris tout spécialement, lui appartient. Pas de traité possible, seule l'extermination des huguenots apportera la paix à la France dont il pourrait bien devenir le roi.

À Épernay, un de ses fiefs champenois, il attend Catherine, cette imposante femme percluse de goutte et de rhumatismes qui l'a connu tout enfant et s'adresse à lui comme à un fils. Il va l'écouter avec patience, lui offrir les mets délicats qu'elle prise, puis tapera sur la table, exigera le gouvernement des villes importantes, première étape dans son ambition d'étendre son pouvoir sur le royaume tout entier.

Désespérée, Catherine regagne le Louvre. Elle n'a pu trouver chez Henri de Guise la moindre faille où se glisser. Cet homme est un roc sur lequel ruissellent ses promesses et flatteries. Son fils n'a plus le choix, il devra faire la guerre contre les huguenots, remettre le pays à feu et à sang. Qu'avait-elle à offrir à Guise en échange d'un accord de paix ? Rien.

Acculé, le roi doit signer. Guise obtient de lui une entière capitulation. Navarre proteste avec vigueur. On veut la guerre ? Il la fera et commandera son armée comme le roi a décidé de commander la sienne. Le premier édit royal : nommer son mignon si blond à la tête de l'armée du Midi, celle qui a anéanti les forces huguenotes.

Joyeuse part, bivouaque près de Fontainebleau puis, mû par un désir irrésistible, saute à cheval, galope jusqu'à Saint-Maur où réside le roi qui le serre dans ses bras. Sa jeunesse, sa grâce, son réel amour le touchent profondément. Anne de Joyeuse est le gentilhomme qu'il aurait voulu être, libre, rieur, hardi, charmeur, musicien. Devant son beau-frère*, le roi, il n'a jamais exprimé en public que du respect. Ses sept frères, sa sœur ont été comblés de ses faveurs, il est le bienfaiteur de la famille des Joyeuse tellement plus aimable que la sienne. Ils s'aiment, ont du bonheur à se retrouver, à festoyer, à converser tous ensemble. Que reste-t-il des Valois ? Catherine, une reine mère à bout de souffle, Margot, une femme déchue, et lui, le stérile, le solitaire, le triste roi de France.

À Carlat l'été est torride, l'atmosphère irrespirable. Une seule naine, deux guenons survivent, un perroquet qui ne parle plus. Lignerac et Aubiac ne se supportent pas et ne se déplacent dans le château qu'armés de leurs épées et de leurs dagues, s'insultent dès qu'ils se croisent. On a brûlé la courtepointe maculée du sang du jeune apothicaire pour la remplacer par un couvre-pied de soie rose, mais Margot sans cesse revoit les taches brunes sur le tissu écarlate, le sang imprégnant sa chemise de nuit de batiste jetée elle aussi au feu ainsi que les draps, les oreillers. Le souvenir du fils de leur apothicaire prétendument « violeur de la reine » est une plaie inguérissable dans le cœur des villageois. Margot sent la

---

* Anne de Joyeuse a épousé Marguerite de Lorraine, une demi-sœur de la reine Louise.

haine monter jusqu'à elle, la respire. Elle l'étouffe, lui ôte le sommeil. Il faut quitter Carlat, y laisser Lignerac qui désormais la terrorise, ne prendre que le gentil Aubiac, ses dames, sa naine.

Dès le début de l'automne, la caravane dévalera le chemin escarpé pour se diriger vers Ibois, en Auvergne, un château qui appartient à sa mère. Margot apprend que la guerre a repris, que Joyeuse marche vers les armées huguenotes commandées par son mari. Pourrait-il s'arrêter à Carlat pour l'assassiner ? Ou bien Lignerac pourrait-il la faire prisonnière et la traîner au Louvre ? Il faudra l'acheter pour qu'il laisse s'ébranler le convoi. Depuis longtemps il lorgne ses bijoux, elle les lui offrira à poignées et en rachètera d'autres. Ses joyaux, son corps, peu importe.

– La garce veut se réfugier à Ibois ! tonne Henri. Je ne le permettrai pas. Que le marquis de Canillac l'y rejoigne, l'arrête, qu'il fasse pendre son amant, enferme Margot dans la forteresse d'Usson où elle moisira jusqu'à la fin de ses jours.

Une fois encore, Catherine se tait. Depuis des semaines elle rumine l'union d'Henri de Navarre avec Christine de Lorraine, sa petite-fille tant chérie qu'elle garde auprès d'elle depuis la mort de Claude sa mère. Une annulation de mariage sera facile, à moins qu'un accident, une mauvaise maladie n'emporte Margot.

L'action reste sa seule raison de vivre, elle va reprendre la route, retrouver son gendre là où il se trouve pour parlementer. Elle lui a écrit lettre sur lettre, jusque-là toutes restées sans réponse. Dès l'automne elle ira traquer le renard dans sa tanière. Il trouvera à qui parler.

Dans ses bagages elle emmène Christine. Sa beauté, sa jeunesse l'aideront à prendre la décision d'expédier Margot à tous les diables.

Son corps est si endolori qu'elle ne sait plus d'où elle souffre vraiment. Le carrosse a versé et il faut attendre dehors, les pieds dans la boue, qu'on répare l'essieu. Ses dames gémissent, égrènent des chapelets, et les jeunes valets s'égayent de voir cette volée de vieilles pies désemparées, crottées, trempées.

À Saint-Maixent, Henri de Navarre n'est pas venu au rendez-vous convenu. C'est à Cognac que gendre et belle-mère se retrouvent.

Henri sait que Catherine n'a rien à offrir. Son seul atout, la petite princesse Christine, ne l'intéresse pas. Il en a par-dessus la tête des Valois, de leurs amis, des mignons d'Henri. Joyeuse se dirige vers le Languedoc, Épernon vers la Provence et à l'est, le duc de Guise comme un vautour attend ses proies.

– Madame, annonce-t-il enfin alors que Catherine, désespérée, s'apprête à reprendre la route, votre fils le roi a été un loup pour moi et vous-même n'avez cessé de vous comporter en lionne. Comment espérez-vous ma confiance ? Serais-je assez benêt pour vous croire encore ?

Catherine essaie de se contrôler. Elle déteste perdre et sent que la maîtrise de la situation ne lui appartient plus.

– Vous voilà bien hargneux, mon fils, envers une mère venue les bras ouverts. Je vous croyais d'un caractère plus enjoué.

– Je l'avais, madame, mais les fâcheux traitements dont

vous avez usé à mon endroit m'ont changé et fait perdre ma bonne nature.

La reine mère sait que le vague traité de paix qu'Henri consent à signer n'a aucune signification. Il a obtempéré afin de la ménager, lui épargner l'humiliation d'avoir accompli pour rien ce long voyage.

Les hostilités ont bel et bien repris. Henri de Navarre s'installe à Coutras où Joyeuse qui n'a pas le temps de battre en retraite devra lui livrer bataille. Il a quatre mille fantassins, mille cinq cents cavaliers. Joyeuse compte à peu près le même nombre de soldats, un peu plus de cavaliers.

Entouré par ses cousins Condé et Soissons, Henri attend l'assaut. Ses soldats entonnent des cantiques. Dieu leur donnera la force de vaincre.

Le furieux combat finit en corps à corps. Les morts par milliers jonchent la petite plaine. Soudain les catholiques semblent en désarroi, beaucoup tournent le dos à la bataille, d'autres restent immobiles, frappés de stupeur.

– Que se passe-t-il ? s'inquiète Henri.

– Monseigneur le duc de Joyeuse et son frère, monsieur de Saint-Sauveur, ont été tués.

Henri pâlit. Plus que la défaite militaire, le décès de celui qu'il chérit va anéantir le roi.

– Qu'on respecte leurs dépouilles. Je ne tolérerai aucun geste d'impiété.

Il songe à son cousin Condé dénudé, jeté en travers d'un âne, probablement assassiné après la défaite de Jarnac par son vainqueur le roi Henri, alors duc d'Anjou. Il ne le vengera pas en profanant le corps de Joyeuse. Peut-être même écrira-t-il à son cousin une lettre de consolation avant de se replier vers le Béarn. Son intérêt n'est pas de poursuivre la guerre, d'anéantir les troupes royales. Guise alors raflerait la mise.

– Ma vie ne sera plus que chagrin et désolation.
En vain, la reine Louise tente de consoler Henri. Elle a accepté son affection charnelle pour le jeune duc, s'est même attachée à ce joli garçon son beau-frère, qui la traite avec une extrême déférence. Le malheur d'Henri, celui de sa propre sœur qui se retrouve veuve à vingt ans lui est une insupportable charge affective. Désormais elle ne se fait plus aucune illusion, son mariage restera stérile et Henri de Navarre deviendra roi de France.

Avec désespoir, Louise voit son époux s'infliger les pénitences les plus rudes, s'éprouver par le jeûne, d'interminables stations à genoux. Sans cesse il baise sa médaille de l'ordre du Saint-Esprit, espérant sa propre Pentecôte. Ces fantasmagories offrent à la reine une réponse à son étrangeté. La mort de Joyeuse ne fera qu'isoler davantage Henri, l'enfermer dans un monde mystique qui lui procure désormais ses dernières consolations. Ses portraitistes ont reçu l'ordre de le peindre tel qu'il est : un homme prématurément vieilli qui a abandonné pour toujours les parures et fanfreluches tant prisées autrefois. Il se vêt de noir et de blanc, ne fait plus friser sa chevelure, porte comme tout bijou une seule perle à l'oreille. Les larmes aux yeux, la reine contemple ce visage blafard et émacié. Où est passé le beau jeune homme qui caracolait vers la Pologne, celui qui revenait de Venise des rêves plein la tête ? Pourquoi laisser à la postérité cette image d'un roi ermite, d'un homme dévasté ?

À quoi bon vouloir plaire désormais ? Elle se vêt de couleurs neutres, ne porte plus de bijoux que pour les grandes célébrations.

De plus en plus souvent elle a l'impression que leur couple est déjà effacé par l'ombre. Tout scintillant de pourpoints brodés, c'est le duc de Guise qui s'est emparé du cœur des Français.

À Ibois, rien n'a été prévu pour l'arrivée du cortège de la reine de Navarre. Les murs ruissellent d'humidité, les réserves de bois sont à moitié vides. Dans la cuisine on n'a trouvé qu'un sac de fèves sèches, des grappes d'oignons, du lard ranci dans un pot de terre. Drapée dans une cape de velours gorge-de-pigeon, Margot a accompli l'ultime partie de la route en char à bœufs. Impossible pour son carrosse de s'aventurer sur le sentier pierreux raviné par les pluies d'automne. Quand elle découvre la formidable silhouette de la forteresse, la panique la saisit. Où est-elle venue se jeter ?

Un cavalier vient à sa rencontre : le marquis de Canillac, gouverneur du château. Il la salue d'un sourire mielleux. Elle craint que la mise à disposition de ce château par sa mère soit un présent empoisonné.

Canillac installe la reine de Navarre et sa suite dans le seul appartement que l'on a fait chauffer. Sur des tréteaux on a dressé une table où sont disposés une soupe aux pois, un morceau de fromage de brebis, quelques miches de pain que l'on a enveloppées dans des torchons mouillés pour le ramollir. Dès le lendemain il obéira aux ordres qu'il a reçus du roi : renvoyer toutes les servantes de Margot, emprisonner Aubiac. Il doit en outre confisquer les derniers bijoux de la reine et la mener sous bonne escorte au château d'Usson où elle sera tenue prisonnière aussi longtemps que le roi le souhaitera. Pas un mot de la reine mère en faveur de sa fille.

Au milieu de la nuit, Margot se réveille en sursaut. Épuisé par le voyage, Aubiac dort à côté d'elle. Un pressentiment terrible oppresse la jeune femme, Ibois est un piège où elle s'est laissée prendre. Elle aurait dû repartir vers le Sud-Ouest, se jeter aux genoux d'Henri.

Quand va-t-on se saisir d'elle et pour la mener où ? Soudain, s'impose à elle la certitude que son jeune amant est en danger. Il faut le réveiller, le cacher puisque toute fuite est impossible.

Aubiac, qui tout d'abord a souri des alarmes de Margot, sent la peur l'envahir à son tour. En étant le partenaire d'une reine adultère, il humilie les Valois. Pourquoi le roi hésiterait-il à se débarrasser de lui ?

Fébrilement, Margot coupe les cheveux de son amant, rase sa barbe. Il doit se vêtir en valet, se terrer dans une quelconque arrière-cuisine, une cabane de jardin, une étable, tout lieu où on ne le cherchera pas.

Les dernières dames qui lui restent dorment dans la pièce voisine. Elle entrouvre la porte. Deux soldats croisent leurs piques.

– Personne ne sort, madame.

L'aube est grise, des nuages gris frôlent les toits gris du château. À l'horizon on ne voit que des bois, des champs labourés ; pas un signe de vie humaine.

– Vous êtes en état d'arrestation, madame, déclare poliment le gouverneur de la forteresse. Veuillez me suivre.

Margot hurle, tente d'agripper la cape que porte Canillac. Le regard que lui jette le capitaine est plein de pitié.

– Ressaisissez-vous, madame. Vous quitterez le château après la messe.

– Où m'emmènera-t-on ?

– À Usson, madame, par ordre du roi.

– Qu'on m'apporte du papier, de l'encre, ordonne-t-elle d'une voix blanche.

Elle va écrire à sa mère, son dernier recours, la supplier de la maintenir à Ibois avec ses dames et son écuyer le sieur d'Aubiac. En échange, elle acceptera l'annulation de son mariage, laissera Henri libre d'épouser Christine de Lorraine. La déshonorer par ailleurs serait jeter l'opprobre sur toute leur famille. Sa mère pourrait-elle le tolérer ? Elle va également l'implorer d'envoyer quelques fonds. Aucun de ses serviteurs n'a été payé depuis plus d'un an, elle-même manque de l'essentiel.

La lettre achevée, Margot éclate en sanglots. Qui acceptera de porter son courrier à Paris ?

Les quelques dames et servantes qu'on lui laisse, sa dernière naine sont hissées dans un tombereau.

– Vous partirez ultérieurement, madame, annonce Canillac. Je vais mettre ma voiture à votre disposition.

Il a pitié de cette femme qui fut l'astre de la cour des Valois et n'est plus qu'une personne seule et désespérée.

– Votre lettre sera transmise à madame la reine mère.

Margot a un pauvre sourire. Peu lui importent les bijoux qu'on lui a volés, la nourriture immonde, le manque de vin

et même la séparation d'avec la plupart de ses dames et servantes.
– Où se trouve monsieur d'Aubiac ?
– Il paye pour ses crimes, madame.
– Il n'en a commis aucun et m'a au contraire toujours fort bien servie, se révolte-t-elle.
– Trop bien peut-être, madame.
– Rendez-lui la liberté, c'est un ordre.
– Madame, je ne peux plus rien.
Canillac n'aime guère sa mission. Aubiac vient d'être pendu, Margot sera dépouillée de toute pension, tout revenu, et des terres qu'elle possède. Usson sera sa prison pour longtemps.

Par décence, Canillac accompagne la reine déchue pendant quelques lieues avant de la confier à une escorte armée.

Margot ne pleure pas, ne proteste pas. Elle est assise très droite dans le carrosse rustique du gouverneur d'Ibois. Avant son départ, elle a écrit un mot à Aubiac pour le rassurer. Elle fera tout ce qui est en son pouvoir pour le secourir. Elle l'aime « plus que ses yeux ».

Profitant d'une halte, elle fouille sa poche, en tire un billet et un anneau d'or où brille un petit diamant, un des seuls bijoux qui lui restent. D'un signe discret, elle fait s'approcher un soldat.

– Cette bague est à toi si tu fais parvenir ce pli à monsieur d'Aubiac.

Le soldat la contemple, ahuri.

– Monsieur d'Aubiac a été pendu hier soir, madame.

Il se garde de préciser que l'amant de la reine de Navarre a été pendu par les pieds, une interminable agonie.

Le hurlement de Margot fait accourir Canillac. Quel prétexte sa prisonnière a-t-elle encore trouvé pour ralentir la progression de son voyage ?

17

Février 1587

Henri prend le temps d'écrire à sa chère Corisande pour lui apprendre la mort de la reine Marie Stuart, exécutée par sa cousine Élisabeth d'Angleterre. Une histoire de jalousie, de trahison, de vengeance. La reine d'Écosse déchue est morte en martyre catholique. Quant à Margot, elle semble se résigner à son sort. La plume du roi court sur le papier :

« Je n'attends que l'heure d'ouïr que l'on aura envoyé étrangler la jeune reine de Navarre. Cela, avec la mort de sa mère, me ferait chanter le cantique de Siméon. Quant au roi de France, il consent enfin à faire quelques pas vers moi. Chaque jour il craint la popularité grandissante de son cousin Guise. La reine mère n'a pas perdu l'espoir de me marier à sa petite-fille Christine qui me donnerait de "beaux petiots", cette dangereuse bête restera une mauvaise femme jusqu'au bout. Mon cousin le duc de Guise tient le roi par la barbichette et veut établir une Inquisition en France sur le modèle de ses bons amis espagnols. Il souhaite l'exécution des protestants prisonniers, une Saint-Barthélemy de plus modeste envergure. Quant à moi, je suis haï pour ma foi. Un roi de France protestant ? Le pays en a des haut-le-cœur. Mais vous me connaissez, madame, lorsque j'ai un os entre les dents je ne le lâche point. Les ligueurs montent complot sur complot pour abattre le roi. Je les observe avec une certaine ironie car, s'il se sent acculé, le roi mordra comme une bête aux abois. Je pourrais alors peut-être m'entendre avec lui. »

Margot prisonnière, le roi empêtré dans les ambitions des Guises, la reine mère à bout de souffle, Henri de Navarre respire mieux. On doit étouffer au Louvre. Épernon est le dernier mignon à tenir le roi sous sa coupe, il hait le duc de Guise qui le lui rend bien. Et comme le favori vient de commettre l'irréparable erreur d'insulter celui que les Parisiens vénèrent, il a creusé un peu plus encore le fossé séparant le souverain de ses sujets.

Du haut de leurs chaires, les curés accablent Épernon, ce petit duc qui aveugle leur roi, le jette du côté des hérétiques par haine de la Ligue. Bien que mort avec grand courage en pleine bataille, la mémoire du duc de Joyeuse est également souillée. L'« archimignon » est devenu l'« archimartyr » dont le souvenir fait sans cesse pleurer le roi. À l'idolâtrie de sa mémoire, on associe l'insolente richesse d'Épernon. Pair, amiral de France, colonel général de l'infanterie, gouverneur de Normandie, de Provence, de Paris, du Bourdonnais, de l'Angoumois, de la Saintonge, de la ville et du château de Loches, premier gentilhomme de la chambre du roi, c'est bien un vice-roi qu'il est devenu, plus riche, plus puissant que son maître.

– Je vous implore, monsieur, de m'escorter jusqu'à Usson. Je crains d'être seule en compagnie de soldats qui manquent parfois du respect dû à une fille de France.

Canillac hésite. Il n'a pas reçu d'ordres précis du roi concernant le voyage de la reine de Navarre entre Ibois et Usson. Par ailleurs, son devoir de gentilhomme n'est-il pas de protéger une femme qui affronte seule des chemins parfois dangereux ? Sa foi en la cause royale chancelle. Dévot catholique, il considère que, bien mieux qu'Henri III, le duc de Guise défendra le royaume. La reine Margot est une guisarde, affirme-t-on. Là à ses yeux n'est pas son crime. Quant aux péchés qu'elle a commis, seul Dieu pourra les juger.

– Je vous escorterai, madame.

Le voyage lui donnera le temps de réfléchir. Parvenu à Usson, il prendra peut-être la poudre d'escampette pour rejoindre les troupes du duc de Guise. Le nombre des fidèles du roi s'amenuise de mois en mois et les pamphlets qui le clouent au pilori se multiplient, signes du courroux divin. On évoque désormais ouvertement « l'abominable péché de sodomie », inversion totale des valeurs. L'inversion, le dédoublement, l'artifice deviennent des symboles politiques. La France ne possède plus de chef, de guerrier idéal, de père. Efféminé, incapable d'engendrer, il ne mérite plus le trône prêté par Dieu.

Prisonnière à Usson, n'ayant plus pour entourage qu'une poignée de servantes et de dames de compagnie, les fidèles parmi les fidèles, Margot se laisse hanter par son passé. Du haut de son piton, la forteresse domine la plaine de la Limagne barrée à l'horizon par la chaîne des Puys que le temps a arrondie. Les murs, les tourelles, les créneaux, tout baigne dans la grisaille.

Des heures durant, Margot reste prostrée devant une des fenêtres de sa chambre. Elle se souvient de Chenonceau, d'Amboise, du château de Fontainebleau. Elle revoit les jardins, les fêtes, les bals, entend le son joyeux des trompettes qui annoncent l'arrivée des princes et des princesses. Elle a dix ans, quinze ans, elle est belle, fêtée, adulée. On s'empresse à satisfaire le moindre de ses désirs : atours, bijoux, parfums, animaux de compagnie. Elle a des bichons, des chats de Perse, des singes habillés de satin et de velours, une immense volière. Bouleversée par les incessants changements, sa dernière guenon s'est enfuie. Un chat sauvage ou un renard l'a probablement dévorée. Quant à l'ultime perroquet, après sa voix il perd ses plumes et exhibe un croupion rosâtre. Seule Iphigénie, sa naine, a repris un peu de gaieté. Un valet de cuisine la trousse et elle remonte avec empressement la nuit dans son réduit. Margot est heureuse pour elle. L'amour lui manque. Elle transpire, se tourne et retourne dans son lit. Aucun amant en particulier ne la hante. Elle veut le corps d'un homme, ses mains, sa langue, elle veut humer l'odeur de sueur que la peau exhale après l'amour. Si Canillac n'était pas parti, peut-être l'aurait-elle séduit.

À Usson, elle est enterrée vive. Qui se souvient d'elle avec tendresse ? Henri son époux la méprise, son frère le roi n'ose pas se débarrasser définitivement d'elle, sa mère ne lui écrit plus. Guise peut-être ? Son premier et bel amant auquel elle a promis de rester ligueuse. Comment a-t-il permis son enfermement ? « Qu'elle croupisse à Usson », a ordonné le roi. Guise n'a pas protesté, n'a rien tenté pour la faire délivrer. Heureusement, on lui a autorisé le vin. De bonnes barriques s'alignent dans la cave. Elle oublie...

Par compassion, Catherine s'est décidée à lui faire parvenir le coffret de ses bijoux de jeune fille, une malle contenant du linge, une autre où sont enveloppés ses fards et parfums, ses perruques. Elle peut enfin se regarder dans un miroir.

Canillac est réapparu pour prendre en main la gouvernance d'Usson. Il rassure Margot. On se souvient bien d'elle. Pas après pas, Guise se rapproche du trône. Devenu roi de France, il la fera libérer. Canillac a auprès de lui une vieille épouse, Margot n'a personne. Ils se retrouvent. Il est grisonnant, grêle sur jambes, elle est obèse, a perdu une partie de ses dents mais connaît sur le bout du doigt l'art d'aimer, sait ranimer l'amant qui faillit, donne de l'imagination aux esprits qui en sont dénués. Ils se contentent l'un de l'autre dans ce lit trop vaste tendu de draps de soie au milieu d'une chambre qu'aucun feu de bois ne parvient à tiédir.

Durant le jour on brode, on joue aux cartes, on écoute les quatre choristes de la chapelle, de médiocres chanteurs et musiciens qui officient le dimanche à la grand-messe d'Issoire, le bourg voisin. L'hiver passe, on s'aperçoit à peine du retour du printemps.

Épernon vient de se mettre en route pour gagner la Normandie dont il est le gouverneur. Le roi le regarde s'éloigner. Il a froid en cette fin d'avril. Toute une nuit passée à prier et aucune réponse de Dieu. Doit-il renoncer à son der-

nier amour ? Au beau duc d'Épernon, à son amant, son ami, son fils ?
Paris frissonne de haine. Le roi n'ose plus quitter l'enceinte du Louvre. On l'invective, on l'insulte. Henri se détourne de la fenêtre. Épernon a disparu, le reverra-t-il ? Il doit maintenant se ressaisir, agir en roi de France.
– Qu'on aille chercher monsieur de Bellièvre, ordonne-t-il.
Il faut fermer Paris aux Guises. Son secrétaire d'État leur remettra un ordre leur interdisant toute entrée dans la capitale. Que le duc se montre et l'insurrection éclatera. Sa mère l'approuve, le danger est bien là, couvant comme des braises sous la cendre. Et ses devins l'ont alarmée un peu plus encore. Tous ont vu la terre trembler, le trône royal vaciller, ont entendu des bruits d'épées, ont vu le sang couler. En cas d'émeutes, les Quarante-Cinq ne pourront protéger son fils, en dépit de leur fidélité.
La litière de la reine mère se fraye un chemin à travers la foule des badauds. Son hôtel est tout proche, elle l'a fait bâtir près de Saint-Eustache, n'épargnant aucune dépense, ne sacrifiant aucun luxe. Là elle trouve refuge et soulagement à ses maux. Ne s'y montrent que ses amies et les charmantes jeunes femmes qui composent encore sa suite. Elle aime les frais visages, les lèvres gourmandes, les tailles fines. Sa peau est olivâtre, flétrie, ses lèvres sont grosses et blêmes, sa taille a la circonférence d'une barrique. Mais elle garde dans son cœur beaucoup de jeunesse.
Le matin du neuf mai, elle se lève un peu plus dispose qu'à l'ordinaire, se fait porter du lait chaud, la brioche de belle taille et le pot de confiture qu'elle engloutit en quelques

instants. Bientôt elle se lèvera, se fera vêtir, ira à Saint-Eustache en chaise à porteurs pour ouïr la messe.

Des clameurs de joie, des applaudissements, des sons de trompette, des roulements de tambour la font redresser sur son lit.

– Le duc de Guise est là, madame, clame une de ses naines.

Catherine ne peut la croire. Henri de Guise aurait osé désobéir au roi !

– Il est à votre porte, madame.

La reine mère comprend que le chef de la Ligue veut la voir avant de rencontrer le roi dont la fureur sera terrible. Ils se connaissent bien tous les deux, s'estiment à leur juste valeur. Il la sait médiatrice née, elle n'ignore pas qu'il est joueur et aime gagner.

– Faites-le entrer, ordonne-t-elle, mais laissez-le patienter dans le vestibule.

En hâte, elle se fait vêtir, la robe de la veille jetée sur un fauteuil, la chemise toute froissée dont le col est taché de la sauce du ragoût englouti au souper, le bonnet de velours où est accroché son long voile noir de veuve. On entend clairement « Vive Guise », « Vive la Ligue ».

– Vous n'auriez pas dû venir, mon ami, dit-elle en tendant une main au duc.

– J'obéis, madame, à un intérêt qui est au-dessus des miens, celui de Notre-Seigneur.

Catherine soupire. Il va lui falloir à nouveau jouer les intermédiaires, tenter une impossible réconciliation.

– Allez prévenir Sa Majesté que j'arrive chez lui en compagnie du duc de Guise, ordonne-t-elle à un page.

Il ne faut en aucun cas surprendre Henri, mais lui laisser le temps de dominer sa rage.

– Qui vous amène ici ?
Henri se tient à côté de la reine. L'un et l'autre sont blêmes. Quand la nouvelle de l'entrée dans Paris du duc de Guise lui est parvenue, Henri s'est écrié : « Il est venu, il en mourra. » Convoqués, les Quarante-Cinq sont prêts à intervenir au premier ordre.

Mais le roi de France s'est repris. Faire égorger le duc, là, tout de suite, serait une erreur. La fureur des Parisiens serait telle que lui-même se mettrait en danger de mort. On peut toujours trouver un terrain d'entente, accorder des concessions du bout des lèvres, faire semblant d'envisager un compromis, gagner du temps.

– Vous monsieur, votre famille, la maison de Lorraine, êtes tous des traîtres. La félonie est dans votre sang.

Guise tressaille. Instinctivement, il cherche la poignée d'une épée qu'il ne porte pas.

– Ne vous laissez pas entraîner par la passion, mes enfants, supplie Catherine. Qui veut la perte de l'autre ? Notre famille et la France n'auraient rien à gagner d'une dissidence mortelle entre vous. L'un comme l'autre êtes de bons catholiques. Accordez-vous un pardon réciproque selon les préceptes de Notre-Seigneur Jésus-Christ.

Face au silence du roi et du duc de Guise, la reine mère ne trouve rien à ajouter.

– Allons déjeuner, suggère-t-elle enfin d'un ton qu'elle veut amène. Nous reparlerons de tout cela plus tard.

Le bruit des acclamations parvient par les fenêtres ouvertes de la chambre royale. Le roi sait qu'il a le dos au mur. Suivant les bons préceptes de sa mère, il va dissimuler tout en se préparant à faire face à une possible insurrection : chasser les mendiants, toujours prêts à participer aux rixes, doubler la garde du Louvre, imposer un couvre-feu, relever le nom de tous les hôtes des tavernes et logements garnis, renforcer le guet aux portes des remparts, ordonner aux chevaliers du Saint-Esprit de se tenir prêts à le défendre. Il doit en outre avoir l'audace d'ignorer la vieille tradition qui interdit à des troupes armées de franchir l'enceinte de Paris et ouvrir les portes aux quatre mille suisses cantonnés aux alentours pour les placer dans les endroits stratégiques : la place de Grève, le pont Saint-Michel, le Marché neuf et le Petit Pont qui commande la rive gauche.

L'entrée des soldats dans la ville met à son comble la colère des Parisiens. Le roi les défie, peut-être veut-il les massacrer, comme au temps de la Saint-Barthélemy ? Aussitôt boutiques, ateliers, échoppes ferment. On se rassemble, on proteste, on tend le poing vers le Louvre. On entend même : « À bas le roi », « Mort au tyran ». Les bruits les plus fous circulent : la troupe construirait des centaines de potences où les bons catholiques seraient pendus, le roi ferait assassiner le duc de Guise et sa famille. En masse compacte, la foule se dirige vers l'hôtel des Guises tandis que des chaînes sont tendues en travers des rues, que l'on roule des barriques remplies de sable, que l'on s'approvisionne en pierres prêtes à être jetées sur les soldats introduits dans la ville pour assassiner les habitants.

Bloqués dans la position où les ordres du roi les ont placés, les suisses n'osent bouger. On les conspue, on les bombarde de pavés. Un ordre est venu du Louvre : défense de tirer sur le peuple. Au moindre sang versé, Henri sait que la populace se ruera sur le palais royal. Comprenant qu'on ne fera pas feu, les révoltés redoublent d'audace. Place Maubert, on annonce une révolte générale, signal que les étudiants de la Sorbonne ne comprennent que trop bien. Le cortège atteint Notre-Dame où se tiennent deux cents suisses. Les deux groupes se font face en silence, se défient, les Parisiens armés de piques, de couteaux, les soldats de mousquets et arquebuses posés à terre comme l'a ordonné le roi.

Le cri parti du premier rang des frondeurs devient général. On se rue sur la troupe. Le sang coule, excitant les derniers hésitants. On entend : « Au Louvre ! », « Mort au roi ! », « Vive Guise ! », « Vive la Ligue ! »

Un sourire aux lèvres, le duc de Guise lit le bref message du roi. Il lui demande d'intervenir pour faire cesser le carnage. « Une supplique, pense-t-il, le malheureux veut sauver non seulement son trône mais sa vie. »

Lorsqu'il sort de son hôtel, vêtu de blanc, sans arme, des hurlements de joie l'accompagnent. Il est vraiment le maître de Paris.

Le duc avance. La foule s'écarte. Devant le Louvre, il s'immobilise.

– Je ne tolérerai aucun massacre, bonnes gens, clame-t-il d'une voix forte. Ayez confiance en moi, aucun mal ne vous sera fait. Ces soldats qui occupent illégalement votre ville vont la quitter tout de suite. Rentrez chez vous le cœur tranquille.

Henri sait que tous, y compris les suisses, lui sont acquis désormais. Le roi n'a plus pour le protéger que sa garde des Quarante-Cinq. Il est son otage.

Une fois encore, Catherine se décide à jouer le tout pour le tout. Elle doit se rendre à l'hôtel de Guise, faire comprendre au duc que menacer l'autorité royale est une erreur qu'il risque de payer cher.

Par respect pour cette vieille femme qui s'est tant dépensée pour le royaume, on laisse passer la litière de la reine mère. En dépit de l'heure matinale il fait déjà chaud. Les arbres sont feuillus, des buissons accrochés aux pierres des vieilles demeures mêlent leur vert tendre au vert foncé des mousses. Paris a retrouvé un semblant de calme mais les chaînes sont toujours là, prêtes à barrer les rues, les tonneaux ont juste été roulés de côté.

Un troupeau de porcs que l'on mène à l'abattoir immobilise un instant la reine mère. À peine s'en aperçoit-elle tant ses pensées la préoccupent. Un peu plus loin, la chaise à porteurs s'arrête à nouveau.

– On écarte quelques barriques qui gênent notre progression, madame, explique un des valets.

Comme son compagnon, il tremble de peur. Un mot mal interprété, un geste qui semblerait menaçant et les badauds si tranquilles d'aspect peuvent se changer en assassins. Chaque carrefour, chaque ruelle contient de potentiels dangers. Enfin on s'immobilise devant la porte de l'hôtel de Guise que le concierge fait ouvrir à double battant. Aidée par un page des

Guises, Catherine met pied à terre. Durant son court voyage, ses espoirs de succès n'ont cessé de régresser. Les positions ligueuses tiennent bel et bien Paris.

Le duc l'attend dans son cabinet de travail, l'impolitesse de ne pas être venu à sa rencontre montre clairement qu'il n'est pas d'une humeur accommodante.

– Si vous êtes venue me prier de quitter la ville, madame, je vous répondrai tout de suite que c'est au roi de s'en aller. Personne ne souhaite plus sa présence au Louvre. S'entêterait-il à y rester, il s'en mordrait vite les doigts.

L'attaque frontale déroute Catherine, plus habituée aux circonvolutions de langage, aux sous-entendus, aux demi-mots.

– Ne pourriez-vous, mon cousin, y demeurer l'un et l'autre? Le roi est prêt à accepter votre présence si elle ne lui cause point de trouble.

– Le roi, madame, n'est plus en position d'accepter ou de refuser quoi que ce soit. Je ne l'ai pas souhaité. C'est lui-même qui par sa légèreté et son aveuglement s'est jeté dans la gueule du loup.

– Vous approuvez donc les émeutiers?

– Je les comprends, madame. Les Parisiens ont montré beaucoup de patience. Ils n'en ont point été récompensés. La porte Neuve n'est pas gardée, faites-le savoir au roi. Comprenez qu'il n'a comme choix que la fuite, ses suisses me sont désormais acquis, le Louvre est cerné, je le ferai investir selon ma volonté.

Catherine retrouve un semblant de sourire. Le roi savait depuis le petit matin que la porte Neuve n'était point défendue. Pendant qu'elle cause avec Guise, son fils doit galoper vers Chartres et vers la liberté. Mais il a laissé à Paris sa femme et sa mère. Ce sera donc à elle d'agir encore une fois pour trouver un compromis garantissant leur sécurité.

Le duc de Guise veut une abdication du roi, non pas en sa faveur mais en celle de son catholique et insignifiant cousin le cardinal de Bourbon, oncle du roi de Navarre, roi potiche qui lui cédera à son tour sans délai et le plus légalement possible son trône. Dans un premier temps, il exige aussi que le roi signe un acte qui abolisse tous les droits des huguenots, accorde l'amnistie aux Parisiens révoltés, et bannisse l'impopulaire duc d'Épernon.

Le messager portant au roi les exigences du duc de Guise parvient à Chartres alors que celui-ci soupe.

– Sire, je dois reprendre la route demain à l'aube avec une réponse.

– Vous la reprendrez quand je vous permettrai de le faire. Monsieur le duc de Guise, votre maître, a-t-il omis de vous préciser qu'il vous envoyait chez le roi de France ?

Une lettre de sa mère, une autre de sa femme lui sont parvenues dans l'après-midi. Elles sont bien traitées au Louvre mais bel et bien prisonnières. Catherine se moque des hypocrites marques de respect dont elle jouit, Louise se plaint de l'absence d'un époux tant chéri. La pression qu'elles subissent pour que le roi signe le « traité » proposé par Guise est grande. « Vous n'êtes pas, mon fils, en position de force, écrit Catherine, et dans de telles situations j'ai toujours trouvé bénéfice à ployer le col tout en gardant droit le dos. » Elle exclut par ailleurs le mot « capitulation ». « C'est celui de concession que je suggère, écrit-elle. Signez, réconciliez-vous avec votre cousin, caressez-le dans le sens du poil et l'envie de vous mordre le quittera. Alors, la bête étant adoucie, vous en ferez ce que bon vous semble. »

Henri signe. Le déchire plus encore que les autres exigences celle du bannissement du duc d'Épernon. Il lui a déjà envoyé une longue lettre où il expose les heures d'humiliation et de haine qu'il a vécues. Rien ni personne ne pourra jamais ôter la tendresse, l'amitié, l'estime qu'il éprouve pour lui, mais dans ce moment d'épreuve il lui faut réduire son cœur au silence. « Je veux vous voir une fois encore. Venez à Chartres, mon bel ami. Ce sera pour vous un Canossa car je devrai vous dépouiller de vos charges et honneurs. Au moins recevrez-vous ce coup face à moi et non par lettre. Vous êtes et serez à jamais ma seule consolation. »

Le pli remis au duc de Guise, Catherine et Louise prendront-elles la route de Chartres ? Ne pouvant pardonner la sédition de sa capitale, oublier les cris de haine, le roi a catégoriquement refusé de regagner Paris. Si la reine mère veut demeurer au Louvre, grand bien lui fasse, il n'éprouve nulle peine à être débarrassé d'elle, de ses conseils, de son insistance à les imposer.

Le départ d'Épernon pour Loches puis Angoulême, et le titre de lieutenant général du royaume accordé à Guise jettent le roi dans la plus morne consternation. Que peut-il tenter pour protéger son ami sur lequel pèsent tant de menaces de mort ?

Louise rejoint son mari à Chartres. Le couple royal et leur suite s'apprêtent à prendre la route de Blois où sont convoqués encore une fois les états généraux. Auparavant,

Henri veut se débarrasser de tous ceux qui sont inféodés à sa mère. Les temps sont passés des accommodations et des conciliabules. Il a pris ses résolutions et les mènera à terme. Le rôle de sa mère auprès de lui est achevé. Elle tient à ménager les Guises, la Ligue ? C'est son droit. Qu'elle aille hanter les antichambres du duc qui ose la faire attendre, qu'elle tente de mélanger l'huile et l'eau. Il s'en moque, il ne veut plus d'elle. Certes, il lui jettera quelques petits compliments lors de l'ouverture des états généraux prévue pour le début d'octobre comme on jette un os à un chien fidèle. Elle ne sera point dupe, mais, mieux que personne, sa mère sait avaler les couleuvres. Puis, après des paroles d'apaisement qui ressembleront de loin à un pardon, il suggérera avec une autorité qui n'échappera pas aux Guises de dissoudre la Ligue qu'aucune association ou confrérie ne pourra remplacer.

Le discours d'ouverture des états généraux alarme Catherine. Son fils vient d'attaquer de front les Guises qui ne manqueront pas de réagir. Que peut tenter Henri désormais pour les faire taire ? Ses forces l'abandonnent. À peine a-t-elle l'énergie de faire quelques pas au bras de sa chère petite-fille Christine de Lorraine qu'elle vient de fiancer à son cousin le grand-duc Ferdinand de Médicis. Tous ses biens italiens lui reviendront, ses tapisseries, ses plus beaux meubles. Elle sait qu'elle n'a guère de temps devant elle et veut au milieu de tant d'alarmes savourer le bonheur de cette enfant qui pour sa plus grande chance va quitter une France au bord de l'abîme. Comme elle aimerait l'escorter en Italie ! Retrouver ce pays de lumière et de beauté, sentir à nouveau la fragrance des orangers en fleur, voir frissonner les feuilles argentées des oliviers. En France, elle a été heureuse et a beaucoup souffert. Aujourd'hui où son fils bien-aimé la rejette, elle ne se sent plus le courage de lutter.

Après le bal donné pour le départ de Christine, Catherine se réfugie dans ses appartements de Blois. Louise vient de lui faire visite ainsi que le duc de Guise. Elle veut le mettre en garde. Il écoute à peine. « Mon cousin n'osera pas. »

D'Usson lui parviennent quelques nouvelles. On dit que sa fille a attiré Canillac dans sa couche. Elle a pitié de ce vieux serviteur succombant au crépuscule de sa vie à la folie lubrique d'une femme qui certainement le méprise. Son frère va-t-il laisser croupir à jamais sa sœur dans cette austère forteresse ? À d'autres moments la reine mère pense au roi d'Espagne qui fut son gendre. Il vient de subir une terrible défaite navale : lancée contre l'Angleterre, sa grande Armada a été anéantie par les tempêtes. Quelle amertume pour celui qui se prend pour le lieutenant de Dieu sur la terre ! Cette débâcle affecte grandement les Guises qui ne pourront plus compter sur le secours de Philippe II.

Chaque jour l'autorité de son fils est mise à mal. À Blois, on le bafoue. Il doit produire aux députés tous les livres des comptes, justifier les dépenses paraissant excessives à ces gens du commun, légitimer le montant des impôts qui pèsent sur le peuple. Inacceptable pour un roi de France ! Les comptes ? Il ne doit les rendre qu'à Dieu. S'ils veulent une guerre contre les huguenots, ces bons catholiques devront la payer.

Un instant, le roi croit tenir Guise quand le duc de Savoie s'est emparé du marquisat de Saluces, dernière terre française en Piémont. Il accuse aussitôt celui-ci de complicité avec Henri de Guise. Enfin, clame-t-il, le chef de la Ligue se révèle, non pas comme son ennemi personnel mais comme celui de la France. On découvre bientôt que le roi lui-même a monté ce coup de force pour noircir son ennemi.

Les députés du tiers persistent dans leurs exigences. Le pouvoir absolu du monarque n'est plus nécessaire en France. Ses sujets sont fort capables de participer à leur propre destin. Des états généraux réunis chaque année contrôleraient mieux les excès qui ruinent le pays et fâchent les Français. On voterait des lois propres à satisfaire non pas les lubies d'un roi mais les besoins d'un peuple. Henri contrôle mal sa colère. Partager le pouvoir avec ces rustres ? L'héritage qu'il a reçu de ses aïeux, il le transmettra intact à Henri de Navarre. Si le duc complote pour l'amoindrir, l'humilier en flattant la plèbe, il prend le risque de le payer cher.

Le roi convoque ses proches. Lui reste-t-il un choix ? S'il ne tue pas, il sera tué. Que le roi se souvienne du coup de Jarnac, rappelle Bellegarde, le premier gentilhomme de sa chambre. Celui qui s'estime le plus fort n'est pas toujours le vainqueur.

Convoqués, les Quarante-Cinq se tiennent prêts. Le moment propice est choisi : le roi réunira son conseil de très bon matin le vingt-trois décembre.

Dans le lit de la reine, Henri tente de trouver le sommeil. Quelques heures encore, et il sera débarrassé d'un cousin qu'il en est venu à haïr. Auparavant il veut ouïr la messe, entendre le message de Dieu qui l'a fait roi.

Toute la nuit, il pleut à verse. Guise rejoint sa maîtresse qui l'a accueilli, soucieuse. Comme sa famille, elle le met en garde. Il doit quitter Blois, le roi est lâche et rusé. Qu'il ne mésestime pas sa perfidie. Son amant se moque, la serre dans ses bras. « Le roi, s'attaquer au duc de Guise ? » Doué pour menacer, le souverain a hérité de sa mère une certaine souplesse d'échine qui l'aide à subir les affronts. Guise par ailleurs possède tous les édits que le roi a signés.

Charlotte de Sauve n'est qu'à moitié tranquillisée.

– Il y a au palais d'étranges mouvements de troupe, insiste-t-elle.

– Les soldats veulent une augmentation de leur solde. On dit qu'ils vont demain en faire la requête, la rassure son amant.

Il fait encore nuit noire quand le duc se vêt et part rejoindre le roi. N'ayant pas dormi de la nuit, il est épuisé. Il a froid et faim. Il demandera qu'on lui serve une collation avant le conseil. Au souper pris avant de rejoindre sa maîtresse, il a trouvé dans sa serviette un billet l'avertissant d'un grand danger. Son entourage est-il pris de folie ?

Suivi de trois de ses officiers, il longe la petite galerie menant de ses appartements à la terrasse d'Anne de Bretagne, puis au grand escalier.

À la porte de la salle du Conseil, selon l'usage, on écarte les officiers, pages et laquais. Seul, le duc y pénètre, éclairé par des torches qui jettent sur les murs une lumière jaunâtre. Les membres du Conseil sont assemblés par petits groupes.

– On grelotte ici, proteste Guise. Allumez donc quelques fagots.

Sa haute stature se détache dans la lueur dansante de flambeaux.
Peut-être après tout aurait-il dû demeurer dans le lit de Charlotte. Il ne se sent pas très bien.
– Apportez des fruits secs, exige-t-il encore, je n'ai rien mangé ce matin.
Sur un plateau on lui porte des prunes séchées. Il n'a pas achevé la dernière qu'il entend la voix du secrétaire d'État.
– Monsieur le duc, le roi vous demande, il est en son vieux cabinet.
Guise emprunte l'étroit passage fermé par une tapisserie qui mène chez son cousin. Aucun bruit suspect, pas un souffle. Les quatre membres des Quarante-Cinq chargés de l'exécution sont regroupés dans l'antichambre, Montsery, Halfrenas, Sainte-Maline et Laugnac, leur capitaine.
À peine la tenture est-elle retombée derrière le duc de Guise qu'ils s'élancent. On frappe à la gorge, au ventre, dans le dos. Guise se bat avec acharnement, les mains nues. Le sang ruisselle en si grande abondance que les assassins ne savent plus où planter leurs poignards. Enfin le duc s'écroule, son corps est agité de soubresauts, ses doigts s'ouvrent et se ferment comme pour saisir une dague, une épée, un ultime moyen de défense.
Les ordres sont accomplis. Reste maintenant à arrêter le cardinal de Guise et l'archevêque de Lyon, présents dans la salle du Conseil.

Longuement le roi observe le cadavre de son cousin, cet ami d'enfance avec lequel il avait partagé ses jeux puis ses rêves de jeune homme, avant de le voir en opposant puis en ennemi mortel. Il le contemple enfin à terre mais grand, si grand.

– Enfin je suis roi, clame-t-il. Quiconque osera porter atteinte à mon autorité apprendra par cet exemple ce qu'il doit attendre de moi.

Déjà ses sbires se dirigent vers les appartements du duc pour les fouiller de fond en comble, rassembler tous les indices prouvant ses trahisons.

Dès qu'elle voit son fils pénétrer dans sa chambre, Catherine comprend. Il ne s'assied pas. L'arrogance de son attitude frappe la reine mère d'une mortelle inquiétude. Elle le laisse parler. Pourquoi se justifie-t-il ? Un roi agit, n'explique pas.

Enfin, lorsque le roi se tait, elle se redresse, le regarde droit dans les yeux :

– Quoi, mon fils, vous avez fait mourir le duc de Guise ! En avez-vous bien prévu les conséquences ? Dieu veuille que vous ne soyez pas devenu roi de rien du tout.

La voix de la vieille femme tremble, elle pleure la décision de son fils et la disparition d'un homme qu'elle avait vu naître et que finalement elle estimait.

– Prévenez le légat du pape, continue-t-elle d'une voix plus sûre, et assurez-vous aussi promptement que possible des villes fidèles au duc de Guise.

Elle laisse sa tête retomber sur l'oreiller.

– Vous avez décousu, monsieur, eh bien maintenant il faut savoir recoudre.

Catherine ne se fait plus d'illusions. Les Guises vengeront leur chef. Henri est en grand danger.

– Songez-vous à la famille du duc ?
– Ils sont tous aux arrêts, ma mère, femmes, hommes, jeunes et vieux. Le cardinal de Bourbon, ce vieux fou qui s'est laissé enivrer par les paroles d'Henri de Guise, est également consigné. Je vais lui délivrer un beau sermon qui lui rendra le sens commun. Il se voulait en géant ? Eh bien, il se verra bientôt en nain.
– Le frère du duc est cardinal, monsieur, y toucherez-vous ?
– Il va mourir, madame, je ne peux prendre le risque de le laisser venger son frère. Quant à leurs dépouilles, je ne veux pas de pèlerinages sur des tombes qui me menaceront mieux que des forteresses. Elles seront brûlées dans la chaux vive.

Catherine ferme les yeux. Elle ne veut plus entendre un mot. Son unique souhait désormais est de mourir en paix.

Blois, puis Paris et enfin la France sont en effervescence. La nouvelle de l'assassinat des deux frères a frappé comme la foudre. À la stupéfaction succèdent la consternation puis la rage. Du haut de leurs chaires lors des messes dominicales, les curés galvanisent leurs ouailles : nul ne doit plus obéissance à ce roi parjure et assassin, l'allié des huguenots. À nouveau Paris a la fièvre. Le roi osera-t-il se montrer ? On envahit l'église Saint-Paul, fracasse les somptueux mausolées des mignons, jette dans une fosse commune les restes de ceux que le roi avait trop aimés, ces arrogants, ces pilleurs, ces sodomites.

Le sept janvier, les étudiants en pleine révolte à la Sorbonne déclarent les Français déliés et libérés du serment de fidélité prêté au roi. Chacun peut désormais s'armer pour le combattre et l'anéantir. À Orléans, Chartres, Troyes, Poitiers, Dijon, Rouen, Le Havre, les cloches sonnent le glas. On en chasse les officiers du roi sous les huées et les quolibets.

Catherine sent que sa mort est proche. Elle l'attend. Mais Ruggieri lui a toujours prédit qu'elle mourrait près de Saint-Germain et elle est à Blois. Dieu va-t-il la punir de ses péchés en prolongeant sa misérable vie ?

Mandé en urgence, le médecin se penche sur la moribonde. Avec peine, la reine mère cherche son souffle. Le médecin lui fait avaler quelques gorgées d'un sirop au miel.

– Merci monsieur, murmure Catherine. Votre nom, s'il vous plaît ?

– Je me nomme Saint-Germain, madame.

La mort de celle qui eut si longtemps en main les rênes de la France passe presque inaperçue tant l'émotion causée par l'assassinat des Guises est intense. Henri est venu les yeux secs se recueillir auprès de la dépouille de sa mère. D'un geste prompt, il lui retire du cou le talisman qu'elle n'a jamais ôté, une pièce de métal fondu mélangé avec son sang et celui d'un animal à cornes. Sur le talisman on peut déchiffrer des signes cabalistiques, des formules magiques en latin, en français et en hébreu.

Semblant hésiter, le roi caresse longuement l'amulette, lève les mains comme pour l'accrocher à son propre cou et finalement la fourre dans une poche de son pourpoint. Sa mère a émis le souhait d'être inhumée à Saint-Denis. Dans la situation actuelle, ce vœu est impossible à réaliser.

On l'enterre à Blois dans le chœur de l'église Saint-Sauveur. En dépit de l'admirable oraison funèbre de l'archevêque de Bourges, Regnaud de Beaume, peu de monde s'est rassemblé.

« Roi de rien », a soupiré Catherine sur son lit de mort. On s'est bien gardé de le rapporter à son fils.

18

La brève missive envoyée par son mari relatant les derniers moments de la reine mère tombe des mains de Margot. Au seuil de la mort, sa mère ne lui a adressé aucun mot d'affection, n'a pas formulé le souhait que sa fille ne l'oublie pas dans ses prières.

Depuis son enfance, Catherine l'a dominée, écrasée, rendue dépendante d'un compliment, d'un regard bienveillant, l'un comme l'autre d'une extrême rareté. Même morte, l'hostilité de sa mère l'accable encore. Dans son testament elle ne lui a rien laissé, pas même un meuble, un bijou, un objet personnel. Elle a considéré ne plus avoir de fille et tout légué à ses petits-enfants, particulièrement à ceux qu'elle chérissait : Charles, le fils bâtard de Charles et de Marie Touchet, fait comte d'Auvergne et duc d'Angoulême, et Christine de Lorraine, désormais la femme de Ferdinand de Médicis, grand-duc de Toscane.

D'Autriche, sa belle-sœur Élisabeth a fait parvenir à Usson une belle lettre dans laquelle elle l'assure de son éternelle affection : « La vie frappe parfois durement, conclut-elle. Nous avons souffert l'une et l'autre de manière différente mais la souffrance n'a point de nuances. N'hésitez pas à me demander des secours financiers si vous êtes dans le besoin. C'est assez d'être prisonnière sans être misérable. » « Henri et moi sommes les derniers Valois, pense Margot en repliant la lettre, deux êtres pitoyables sans descendance, et dépourvus de famille. » Henri sera damné. Assassiner un archevêque, un prince de l'Église le fera jeter en enfer où il retrouvera ses chers mignons. Ses péchés à elle ne sont que véniels. Dieu pardonne toujours des fautes commises au nom de l'amour.

– Sa Majesté, assure sa dame d'honneur madame de Canillac, sera excommuniée. Le sort du cardinal de Guise n'aurait dû dépendre que du pouvoir papal.

– Le roi sera lui-même assassiné, ricane la naine. Le sang appelle le sang.

Réunies dans les appartements de Margot, les dames brodent. À Usson, la souveraine a aboli le protocole auquel elle attachait autrefois tant d'importance. On peut s'asseoir en sa présence, parler librement. La mort du duc de Guise suivie par celle de la reine mère a fort agité le petit cénacle des captives. Ces nouvelles viennent fort à propos ranimer des conversations qui languissaient. La vie quotidienne est spartiate, les vivres, le vin même sont strictement contrôlés par l'intendant. On ne mange de la viande qu'une fois par jour et ne peut boire plus d'une demi-bouteille de vin à chaque repas.

Margot s'assoit devant son écritoire. Elle va répondre à Élisabeth qu'elle accepte avec gratitude son aide. Il lui faut des vêtements chauds pour l'hiver, des livres, de la nourriture en abondance, beaucoup de barriques de vin dans la cave. Lui manque un amant, mais dans ce domaine la pieuse Élisabeth ne peut rien pour elle. Elle ne veut plus de Canillac, plus généreux en mots doux et en caresses qu'en preuves de virilité. Va-t-on enfin la libérer ?

Mais Usson l'enferme bel et bien dans son sein de pierres. Le roi, apprend-elle, a quitté Blois pour s'installer à Tours. Il cherche une alliance avec Henri de Navarre pour débouter ce qui reste des Guises. Margot sait que, vainqueur ou vaincu, son mari ne la reprendra pas. Mais peut-être pardonnera-t-il, peut-être lui permettra-t-il de regagner Paris, de jouir d'un bel hôtel où elle pourrait régner à nouveau au milieu de ses admirateurs ? À une annulation de son mariage elle consentirait alors volontiers.

Les ligueurs sont proches d'Usson. Canillac décide d'aller les rejoindre. Les adieux sont dépourvus de tendresse. Il veut se battre ? Grand bien lui fasse. Peut-être au cœur de la mêlée se sentira-t-il enfin un homme.

La somme envoyée d'Autriche est considérable, le douaire annuel d'une reine de France. Margot retrouve sa joie de vivre. Elle commande aussitôt un carrosse pour se promener dans les environs. Des soldats la suivront pour empêcher toute fuite ? Peu lui importe. Elle chantonne en imaginant sa voiture bleu et or doublée de satin azur. Elle va faire confectionner des livrées assorties pour le cocher et les deux valets de pied. Elle va briller à nouveau, être admirée. Il faut donner au plus vite à Usson un air de palais. Elle commande de la vaisselle, de l'argenterie, des verres de Venise. On invitera les seigneurs des environs, il y aura des banquets, des bals où elle apparaîtra en soie incarnate portant le vertugadin qu'elle n'a jamais voulu abandonner et qui lui donne une allure royale. Elle écrit à l'évêché, elle veut une chapelle digne d'elle, un harmoniste, des choristes. De Moulins on lui envoie huit jeunes gens doués de voix d'anges. Le chef de chœur a dix-huit ans, il est blond, ressemble à Aubiac. Dès qu'il se tient devant elle, un peu embarrassé, elle le désire. Les bonheurs reviennent tous ensemble, l'apparat, l'amour physique.

Maladroit, le petit Claude apprend vite. Si ce corps obèse ne l'excite guère, le stimule pourtant la pensée de posséder une fille, sœur et épouse de roi. Margot le couvre de caresses et lui fait parvenir maintes gâteries : confitures, dragées, massepains qu'il partage avec les autres choristes. Un soir, elle a suggéré que le petit Vincent âgé de seize ans les rejoigne dans son lit. Il est si frais, si mignon ! À trois, ils trouveront des jeux bien plaisants. « Claude et Vincent ont de charmants talents », confie-t-elle à madame de Canillac en grand deuil de son mari, mort lors d'une échauffourée avec les huguenots. Margot a fait dire une messe et promis à la veuve de la garder auprès d'elle. Madame de Canillac pince les lèvres. À ce qui se passe dans la chambre de la reine de Navarre, elle ne veut point même penser. On raconte que son pauvre mari... elle refuse de croire ces boniments.

Henri ordonne le transfert à Tours des membres de la famille de Guise toujours emprisonnés à Blois. De Tours, il les fera mener à Azay-le-Rideau où la sécurité est plus facile à assurer. Cette fratrie est un nœud de vipères. Pour les écraser tous, il lui faut de la patience, savoir les occire à petit feu. D'abord il va confisquer leurs biens. Cette fortune l'aidera à raffermir son alliance militaire avec Henri de Navarre contre le plus dangereux de cette famille maudite, le duc de Mayenne, encore en liberté, qui est devenu le chef de la Ligue. Ce dernier s'est replié sur Paris qui en grande majorité lui reste fidèle.

Avec les chaleurs de l'été, la population est fort agitée. On hait le roi mais on craint un siège. Les Guises ne sont pas prêts à capituler. Faudra-t-il affronter la disette ? Que fera Navarre s'il réussit à s'emparer de Paris ? Les fera-t-il tous massacrer comme les siens l'ont été après la Saint-Barthélemy ? Verra-t-on des huguenots trancher la gorge de bons catholiques, les soldats protestants violer leurs femmes ?

Le roi réside à Saint-Cloud, Henri de Navarre se partage entre Meudon, Vanves ou Issy. Le siège de Paris se prépare.

Un moment, le roi se contemple devant un miroir. Il a le teint couleur ivoire, les lèvres exsangues, de profonds cernes sous les yeux. En dépit des pilules et décoctions que ses médecins lui font avaler, il ne cesse de tousser. Des abcès surgissent à fleur de cou, en bas du dos. Est-ce la maladie qui a tué Charles et François ? Va-t-il devoir mourir excommunié, haï par beaucoup de ses sujets avant la victoire ? De Saint-Cloud il aperçoit dans le lointain sa capitale, imagine le Louvre désert. Il doit y revenir, réveiller le château endormi, prouver à son peuple qu'il peut se fier à son roi, que la paix va revenir et avec elle la prospérité. Mais au plus profond de lui, Henri sait que rien ne sera plus comme avant. Le peuple de Paris l'a trahi, a détruit les tombeaux de ses plus chers amis, dispersé dans des fosses publiques les restes de ces hommes magnifiques qu'il a tant aimés. Comment pardonner à ceux qui ont prêché la révolte contre leur souverain, renié leur devoir d'allégeance ?

Henri se détourne du miroir. Louise, qu'il a mise en sécurité à Chenonceau, lui manque. Sa mère décédée, elle reste sa seule et meilleure conseillère. Il va lui écrire un court billet pour l'assurer de son affection. S'il n'a point été un bon amant, il est un mari aimant et le restera jusqu'à son dernier souffle. « Que Dieu, conclut-il, vous ait en sa Sainte Garde. »

À Issy, Henri de Navarre se frotte les mains. Sa réconciliation avec Henri lui ouvre la route du trône de France, route, il ne l'ignore pas, semée de pièges, d'embûches et de chausse-trapes. Mais Paris est bel et bien à l'horizon. Il sait qu'avec son avènement plus ou moins proche, c'est toute une époque qui changera : le dernier Valois est fin, brillant orateur, raffiné, efféminé, lui est direct, simple, viril. Il fera annuler son mariage avec la pathétique Margot, prendra une épouse enjouée, accommodante et féconde. Jamais il ne pourra se claquemurer dans aucun palais, il aime trop les bonnes discussions avec les seigneurs comme avec les humbles, la liberté de se mouvoir où il veut, quand il veut. Corisande appartient au passé. Il l'a aimée mais veut tourner la page. Désormais ses pensées vont vers la belle Gabrielle d'Estrées. Elle lui a été présentée par le grand chancelier Bellegarde que l'on disait être son amant et il en est aussitôt devenu fou. Mais tout en jurant qu'elle n'a point d'autre homme dans le cœur, elle lui résiste.

– Rien n'est écrit d'avance, glisse-t-elle, faites ma conquête.

Henri doit tout d'abord s'emparer de Paris avec le roi toujours à Saint-Cloud. On le dit morose, agité, de méchante humeur et il a décoché un formidable coup de pied à un des nains de sa mère qui par mégarde l'avait bousculé. Le malheureux a eu une jambe brisée. Puis le roi s'est mis en prière et n'a pas dormi de la nuit. Quel allié fera-t-il dans cette bataille décisive ? Paris est défendu par quarante mille hommes d'une milice bourgeoise financée par Philippe II.

Son insomnie dans la nuit du premier au deux août l'a encore aigri. Depuis plusieurs mois il souffre de diarrhées. On le saigne, lui fait boire des infusions de pimprenelle, de salicaire, de racines de néfliers et de myrtilles. Souvent les coliques le prennent le matin lorsqu'il sort du lit. On l'aide alors à s'installer sur sa chaise percée où il reçoit à Saint-Cloud visiteurs, solliciteurs, ligueurs repentis, huguenots assurant la liaison entre le roi de Navarre et le roi de France. Des chiens se faufilent entre les jambes, les domestiques disposent confiseries et fruits sur les tables. On échange les dernières nouvelles, on se réjouit de l'imminence d'une attaque sur Paris. Le roi a affirmé qu'il frapperait sa capitale « droit au cœur ».

Sur sa chaise percée, Henri prend connaissance de quelques lettres qu'on lui tend.

– Sire, annonce un valet de chambre, il y a là un moine qui a une requête à vous présenter.

Le roi relève la tête. Il éprouve une grande bienveillance envers les religieux. N'est-il pas un des leurs en quelque sorte ? Il fait partie de tant de confréries, de congrégations, de cercles de dévotion, il a tant jeûné, prié, marché pieds nus dans le froid ou sous la pluie derrière la Croix du Christ, il s'est flagellé, a supporté la neige, la rudesse des pavés sous ses genoux durant de longues heures.

– Qu'on le fasse entrer.

Le moine, un dominicain, est jeune. Il semble intimidé et porte une lettre à la main.

– Approchez, prie le roi d'une voix amène.
– Sire, balbutie le solliciteur, il s'agit d'une affaire importante et secrète. Il me faut être seul avec vous.
Le premier gentilhomme de la chambre fronce les sourcils. Jamais on ne laisse le roi seul avec un inconnu.
Henri devine la réticence de Bellegarde.
– Éloignez-vous de quelques pas, vous, mon neveu Angoulême et monsieur d'Épernon.
Dans ce temps de grande anxiété et de faiblesse physique, il ne tolère près de lui que des hommes qui lui sont chers. Jean-Louis de Nogaret de La Valette, duc d'Épernon, est le dernier survivant de sa « chère troupe ». Dès l'élimination du duc de Guise, il l'a rappelé auprès de lui et, avec le tant estimé Bellegarde, il est son dernier rayon de soleil. François d'O a lui aussi regagné la cour et l'amitié de son roi. Il est lié à tant de souvenirs ! Mais le temps des folies est passé. François est un ami cher, rien de plus.
Le moine est devant lui. Henri regarde sa main gauche qui serre une lettre et l'encourage.
– Donnez-la-moi, mon frère. Je vais la lire aussitôt.
Il déplie le feuillet, quitte sa chaise. Les chausses sont sur ses genoux et d'une main il les empêche de tomber à terre.
Une piqûre acide et brûlante, point trop douloureuse, le fait se plier en avant. Le moine enfonce dans son ventre une lame de poignard. Henri lâche ses chausses, agrippe le manche du long couteau, parvient à le retirer.
– Ah ! malheureux, s'exclame-t-il, que t'avais-je fait pour m'assassiner ainsi !
Puis il lève la tête, pousse un cri.
– Venez m'assister, mes amis, cet homme a voulu me tuer !

Ses proches se précipitent pour porter le roi sur son lit, Épernon, Charles d'Angoulême et Bellegarde fondent sur le dominicain.

Bras en croix, le moine se tient droit, ne cherchant nullement à fuir. On le massacre. Son corps n'est plus que bouillie sanglante qu'on jette par la fenêtre. Il a fait sacrifice de sa vie pour la Sainte Ligue. Le duc de Guise est vengé. Point de procès, point de torture, point d'aveux. L'exécution sommaire du meurtrier est certes très favorable aux ennemis du roi.

Deux chirurgiens sondent la plaie. Elle est profonde et le couteau a pénétré l'intestin. Peu d'espoir leur demeure mais il faut donner le change, réconforter le roi et les siens. On panse la blessure en serrant bien les bandages pour arrêter le sang. La couleur revient au visage du roi. Il souffre peu. Les chirurgiens reprennent confiance. Avec l'aide de Dieu, le blessé pourrait se remettre.

– Qu'on fasse venir mon secrétaire, demande Henri. Les nouvelles se répandant rapidement, je veux écrire à la reine pour la rassurer. Qu'on affiche sans tarder dans tout le royaume ce message : « Le roi a été victime d'un attentat. Avec l'aide de la Sainte Trinité, il sera bientôt hors de tout danger. »

Il soupire et pense à sa mère. Ne l'avait-elle pas averti que le meurtre de Guise se retournerait contre lui ? Mais le duc de Guise est occis, son corps décomposé et lui, le roi, compte bien se rétablir. Maintenant il doit convoquer Henri de Navarre qui sera seul à mener l'assaut sur Paris. Son impuissance à partager ce grand moment le désole.

Soudain, la souffrance commence à le submerger. Henri a l'impression d'avoir un brasier dans le ventre.
— Il faut purger, Sire, décide le premier médecin.
Le second chirurgien fronce les sourcils : une purge quand l'intestin est perforé ? Mais le roi étant au plus mal, peu importe. L'administration d'un lavement peut rassurer le blessé.
Après la purge, l'état d'Henri empire.
— Mon cousin de Navarre arrive-t-il ? interroge le roi d'une voix faible.
— Me voici, mon roi.
Navarre marche à grandes enjambées jusqu'au lit royal. Il a galopé jusqu'à Saint-Cloud à bride abattue. Parvenu près du roi, il saisit la main que celui-ci lui tend et la baise.
Longuement, Henri III observe son cousin.
— Mon frère, vous voyez comme vos ennemis et les miens m'ont traité. Il faut que vous preniez garde qu'ils ne vous en fassent autant.
— Votre blessure est sans gravité, m'a-t-on affirmé, Sire, et vous serez bientôt à cheval à mes côtés.
— Non, mon ami. Dieu va me reprendre auprès de lui, je le sens, je le sais maintenant. Vous allez devenir roi et sur mon lit de mort, je vous implore pour votre salut comme pour celui de la France de vous convertir. Devenez un catholique zélé et ne changez plus d'opinion. Me le promettez-vous ?
Navarre tombe à genoux. Depuis longtemps, en son for intérieur, il a accepté cette conversion comme condition à l'accession à la couronne de France.
— En ce qui concerne monsieur de Guise, poursuit le roi, j'y ai été contraint après une longue patience pour éviter ma

ruine et celle du royaume que Dieu m'a confié. J'ai dû user de l'autorité souveraine qu'il avait plu à la Divine Providence de me donner. La rage de mes ennemis s'apaisera avec mon assassinat et si vous affirmez votre détermination à régner en souverain catholique, ils vous obéiront.

Autour du lit se regroupent les amis du roi, quelques-uns de ses proches serviteurs. L'air est oppressant, des mouches bourdonnent. Beaucoup pleurent.

– J'ai encore quelques recommandations à vous faire, mon frère, murmure le roi. Prenez soin de mon neveu le duc d'Angoulême, le fils de feu mon frère le roi Charles IX. Je vous demande non seulement de le protéger mais aussi de l'aimer comme votre propre enfant. Vous savez aussi comme j'affectionne MM. d'Épernon et de Bellegarde. Tous deux vous serviront fidèlement. Gardez-les auprès de vous.

Une partie de la journée, le roi garde les yeux fermés et seuls quelques rictus trahissent les souffrances qu'il endure. La nuit tombe. Le roi ne veut garder dans sa chambre qu'Henri de Navarre, son neveu, Bellegarde, Épernon, François d'O, MM. de Richelieu de Chenerault, de Clermont et de Larchant, tous des proches. La nuit tombe. On ferme les fenêtres pour empêcher les insectes de troubler le repos du roi.

Il fait si chaud que beaucoup de gentilshommes ont dû ôter leur pourpoint et veillent en chemise le moribond.

Quand minuit sonne, Henri appelle son neveu qui le prend entre ses bras.

– J'étouffe, mon enfant, articule le roi avec peine.

Charles baise le front couvert d'une sueur glacée. Son oncle vient de mourir. Il allait avoir trente-huit ans.

19

Margot est la dernière survivante des Valois. Après cinq années passées à Usson, elle devient reine de France. Mais elle doit vite déchanter. Aucune bonne nouvelle ne parvient dans l'austère citadelle, aucune lettre de son époux. Le silence s'est installé dans cet impénétrable bastion où elle tente de garder la tête haute avec ses atours, ses bijoux, et ses jeunes amants. Elle lit, apprécie la musique, écrit ses Mémoires qui seuls lui feront justice. Elle aime s'attarder sur ses moments de gloire comme la mission flamande, et ceux, trop rares, de bonheur, son rôle à la cour de France et à celle de Navarre, mais omet les pages sinistres de sa vie, ses échecs, ses désillusions, ses amertumes, les trahisons de ses amants ou leurs abominables destins.

Elle se promène régulièrement dans son somptueux carrosse bleu azur sur les chemins creux des alentours, traverse de pauvres villages où on regarde avec ahurissement cet insolent équipage.

Avec l'argent de la reine Élisabeth sa belle-sœur, elle continue ses extravagants achats qui la réconfortent, lui apportent de grandes joies en lui remémorant le faste des jours passés quand, surnommée « la perle des Valois », elle éblouissait la cour de France.

Son plus vieil admirateur, le poète Brantôme, lui fait parvenir encore quelques lettres adressées « à la plus belle femme que la terre ait portée ». Elle veut le croire. Bien sûr, elle a pris des rondeurs mais sa peau reste si blanche, ses yeux tellement caressants. Si elle a perdu quelques dents, beaucoup de ses cheveux, des sourires discrets et de belles perruques remédient à ces disgrâces.

Ses jeunes amants sont ardents et, elle l'espère, conquis par toute cette chair royale qu'ils peuvent posséder à leur guise. À Usson, point de sang, de trahisons, de luttes pour le pouvoir. Mais que lui réserve l'avenir ? Henri pourrait-il songer à la faire assassiner pour se libérer d'un pesant lien conjugal ? Et l'Auvergne appartient à son neveu Charles d'Angoulême.

Brantôme est venu la visiter quelques jours, un vieillard dont les compliments extravagants la gênent. Il lui a donné des nouvelles de Paris. Henri de Navarre s'impose contre les Guises, Clément VIII est devenu pape après le décès d'Urbain VII. Margot l'a écouté d'un air absent. Ces nouvelles ont-elles ou non de l'importance pour son avenir ?

Son choriste Claude, elle en est sûre, la trompe avec une jeune lingère et cette préoccupation l'emporte sur toutes les autres. Elle est jalouse, l'épie, descend dans les quartiers des serviteurs à l'improviste, espérant surprendre les coupables. En soufflant, elle remonte le raide escalier à vis. La petite lingère occupée à repasser des jupons lui a adressé le plus hypocrite des sourires.

Pour venger ses humiliations, elle rigidifie le protocole autour de « la reine de France ». Désormais elle déjeune et dîne seule à table. Ses dames se tiennent debout derrière elle. On lui tend sa serviette, la coupe d'eau tiède dans laquelle elle se rince le bout des doigts.

Les saisons, les années, les nouvelles se succèdent. Henri IV a fait son entrée solennelle dans Paris et va être sacré à Chartres. Il est toujours fou amoureux de Gabrielle d'Estrées dont il a deux fils et qu'il veut épouser.

À cette nouvelle, Margot réagit aussitôt. La voici enfin en position de force. Elle est prête à accepter l'annulation de son mariage mais en imposant ses conditions : sa liberté, un bel hôtel à Paris, des revenus substantiels. Ses désirs satisfaits, elle sera, écrit-elle à Henri, « la meilleure des sœurs et amies ».

Intimidé par ce nouveau titre de « reine de France » ou lassé par les exigences de plus en plus pressantes de sa volumineuse maîtresse, le jeune Claude a quitté Usson avec ses compagnons choristes, remplacés par des hommes d'un certain âge dont la beauté de la voix n'est en rien en harmonie avec celle de leurs attraits.

Margot ne cesse d'attendre : un accord définitif d'Henri pour l'annulation de leur mariage, un nouvel amant, des lettres des rares dames qui, de Paris, lui écrivent encore et lui parlent des modes nouvelles, de l'air du temps « tellement propice au bonheur », des colifichets qu'on s'arrache, comme les aumônières où des pierres précieuses dessinent des motifs de fleurs, d'oiseaux, de papillons. On ne se parfume plus au musc mais aux légères essences d'herbes et de fruits. Gabrielle d'Estrées, si blonde, si gracile, si charmante, lance les modes. Le nouveau roi de France est à ses pieds.

Des lettres sont adressées à Gabrielle d'Estrées qu'elle

nomme presque avec affection « madame la marquise », à Sully, proche conseiller du roi qui peut avoir sur ses décisions une influence déterminante, à son neveu Angoulême pour l'amadouer et le dissuader de s'approprier Usson. Qu'y viendrait faire un parfait gentilhomme comme lui ? Dans chacune de ses missives, elle suggère son retour, une vie discrète consacrée à ses amies, loin des affaires du royaume dont elle n'a plus aucune connaissance.

Elle apprend le décès du roi d'Espagne Philippe II, les accouchements successifs de la belle Gabrielle qui contrarient hautement le sage Sully prônant comme épouse royale la richissime Marie de Médicis.

Enfin lui parvient une lettre d'Henri qui lui annonce l'atroce mort en couches de sa bien-aimée. Elle lui laisse cinq bâtards reconnus et une peine éternelle. Mais la France exige une reine et il consent à entreprendre des négociations avec les Médicis. Margot doit considérer avec bienveillance l'annulation d'un mariage qu'on leur a imposé à l'un comme à l'autre. Et, cousins issus de germains, ils n'ont jamais reçu la dispense papale. Leur union sera annulée avec la plus grande facilité.

Le bonheur d'être bientôt libre se mêle à l'amertume d'être répudiée. Une autre Médicis s'installera sur le trône de France, une petite-cousine de sa mère, sa parente donc. Celle-ci ne pourra qu'éprouver de la bienveillance envers la dernière des Valois.

Le temps s'étire, les négociations s'éternisent entre l'Italie et la France. Margot n'a presque plus de cheveux, la moitié de ses dents sont tombées. Ses amants occasionnels ont des défaillances. Elle oublie en vidant des bouteilles de vin.

Soudain, on ne parle plus de mariage italien ! Henri s'est énamouré d'Henriette d'Entragues, fille de Marie Touchet. Celle-ci, après la mort de Charles IX, a épousé « Entraguet ». La famille d'Entragues qui a tant à gagner de cette passion pousse au mariage. Un mignon d'Henri III et la maîtresse de Charles IX ? Margot s'étonne. L'histoire a ses folies mais ce nouvel amour éloigne le procès en annulation de son propre mariage. Sully la rassure. Henri retrouvera la raison. Il a trop à perdre en boudant une union avec la fille de créanciers auxquels il doit une fortune. En outre, pulpeuse, blonde comme les blés, Marie devrait lui plaire.

À Usson reviennent certains courtisans qu'elle a perdus de vue depuis de nombreuses années. Ils arrivent tout sourire, la plume au chapeau, mais ne tardent pas à faire grise mine après quelques jours passés dans cette austère forteresse.

Il faut se hâter pour conclure l'annulation. Le roi propose cinquante mille écus tout de suite et une rente de douze mille écus annuels. « Je ne signerai rien à moins de quatorze mille écus, se fâche Margot. Si je veux vivre avec décence à Paris, il ne m'en faut pas un de moins. »

Les lettres partent, d'autres arrivent. On attend avec fièvre la réponse définitive du roi Henri qui finalement accepte. Les termes de ses missives deviennent presque affectueux. Finies, les insultes. « Ivrognesse » et « Chameau » ne sont plus de mise. Il l'appelle aujourd'hui « ma mie », « ma sœur tant estimée ».

Pour satisfaire à ses exigences, on vendra Usson. Une fois encore, Margot se rebiffe. Son neveu n'aura jamais Usson, porte de l'Auvergne, pays protestant. Charles d'Angoulême proclame que la reine mère, sa grand-mère, lui a promis le pays tout entier. Il peut présenter un danger s'il réunit en Auvergne un groupe de catholiques intransigeants. Elle veut l'éviction de ce neveu qu'elle n'a jamais aimé en dépit d'une hypocrite réconciliation. Henri cède. Henri III lui avait cependant fait promettre sur son lit de mort qu'il traiterait le duc d'Angoulême comme son fils. Mais la politique a ses raisons : Angoulême est embastillé pour un temps, la famille d'Entragues son alliée condamnée à demeurer sur ses terres. Margot jubile et promet de léguer tous les biens auvergnats que possédait sa mère au futur dauphin. « Je dois deux cent cinquante mille écus, ajoute-t-elle, ce serait convenable que vous les remboursiez. »

La demande d'annulation a été portée à Rome. Les palabres s'éternisent. Une délégation papale vient interroger Margot à Usson. Elle confirme avoir été « obligée par la force » à ce mariage. Pour recevoir le chef de la mission monsieur Brulard de Sillery, elle s'est parée. La peau flétrie du visage de la reine est recouverte de blanc de céruse, ses pommettes ainsi que ses lèvres sont fortement rougies. Ses plus belles perles sont enroulées autour de son cou. « Oui, mon frère m'a bien donné un coup de poing sur la nuque pour me faire incliner la tête lorsque l'archevêque a demandé mon consentement. » « Certes, admet-elle avec modestie, le mariage a été consommé. » « Je voulais cependant, précise-t-elle avec un doux sourire, épouser le duc Henri de Guise auquel je m'étais promise. »

— L'aïeule maternelle du roi Henri IV était sœur de votre grand-père le roi François Ier, constate l'émissaire du pape. Pas de dispense pour ce mariage consanguin au deuxième degré ?

– Aucune, monsieur.

Sillery hoche la tête. Il sait que ces motifs tiennent plus ou moins bien, mais le roi doit être libre, donner un dauphin à la France. Après avoir beaucoup souffert, le pays est en train de retrouver la paix et la prospérité.

Un quinzième hiver passé à Usson. Margot et Henri échangent désormais de nombreux billets. Elle n'est plus une prisonnière mais une Valois résidant sur ses terres auvergnates. Connaissant désormais par ses amies les fournisseurs parisiens à la mode, elle commande des collerettes plissées, des manchettes au point d'Angleterre, des rabats finement brodés, des dentelles arachnéennes, un miroir d'or, des nappes, des serviettes et draps de toile fine. Enfin le sort joue en sa faveur, elle peut se montrer royale.

De retour à Usson, le choriste Claude est pardonné, anobli et devient sire de Pominy. Voulant heureux celui qui fut son jeune compagnon d'infortune, elle le marie à une de ses filles d'honneur, mademoiselle de Fangière, qu'elle dote généreusement. Et tous les bonheurs revenant ensemble, elle aperçoit par hasard dans son jardin un homme d'une grande beauté. Convoqué, il s'exprime avec un fort accent provençal, possède mal le français. Elle comprend qu'il joue de la viole dans les bals de village. Elle l'écoute, s'enthousiasme. Désormais il ne consacrera ses talents qu'à la châtelaine d'Usson.

Après toutes ces années noires, elle voit le soleil partout, prie à souper les grands seigneurs des alentours qui boudaient la recluse mais accourent présenter leurs hommages à celle que le roi nomme «ma mie». On voit à Usson les Noailles, les La Rochefoucauld-Randon, les Saigne, les Lastic. Qu'Henri le lui permette ou non, dès l'annulation prononcée et le mariage d'Henri conclu, elle regagnera Paris. Après dix-neuf années, elle n'est plus prête à patienter. Qu'on lui retire le titre de reine pour le remplacer par celui de duchesse de Valois est acceptable aux yeux du monde. Mais dans son for intérieur, elle est et demeurera toujours reine. Marie de Médicis par ailleurs le sera-t-elle, hormis de nom ? Peu après la nuit de noces, Henri sans aucun doute la trompera. Henriette d'Entragues est toujours là, sa « chère marquise » prête à tout pour conserver son royal amant. Elle pourrait lui procurer quelques conseils sur l'art d'affoler les hommes. « Si un gentilhomme ne vaut rien au lit, aime-t-elle instruire ses dames, remplacez-le par un valet bien constitué. Ces gaillards-là ont de l'énergie à revendre et pas de prétentions. »

L'annonce de la naissance d'un dauphin le vingt-sept septembre 1601 à Fontainebleau la laisse perplexe. Elle aurait dû être la mère de cet enfant. Presque en même temps, Henriette accouche d'un garçon nommé Gaston Henri. Le roi est fou de joie. Désormais poussent sept de ses enfants dans les appartements qui leur sont réservés, sept petiots couvés par une horde de nourrices, berceuses, gouvernantes. Dieu merci, ces appartements sont loin du roi et les plus âgés des bâtards royaux ne peuvent entendre les éclats de voix hystériques de la reine et de la maîtresse en titre. Celle-ci ayant traité Marie de « grosse banquière », la reine a pris un fouet à chien et pourchassé son ennemie en criant « *Putana, putana !* » Le roi se bouche les oreilles. L'une comme l'autre ont l'air de poissardes, rouges, échevelées, hurlant des imprécations.

Margot se souvient que dans son royaume de Navarre elle voyait les femmes tourner comme des guêpes autour d'Henri. Pourquoi le trouvaient-elles si attirant ? Certes, elle a aimé coucher avec lui pour l'amour, pas pour l'amant. S'il ne manquait pas de fougue, il ne témoignait guère d'affection à ses partenaires de lit, les quelques mots doux banals de l'homme satisfait mais pas de déclarations éperdues, aucun serment ou promesse de dévouement éternel. Un homme simple, gai, qui ne prenait pas l'amour comme une grande affaire. Avec plaisir elle le retrouvera « en sœur », ils ont tant de souvenirs joyeux ou amers à partager. Qui d'autre qu'elle maintenant se souvient de leur prime jeunesse à la cour de France ? Des taquineries et malices d'Henri envers la fratrie des Valois ?

Avant de préparer son départ d'Usson, Margot sait qu'elle doit rabattre un peu de son orgueil et écrire à la reine. Son alliance lui est indispensable. Elle y confirmera la promesse faite à Henri. Après sa mort, l'intégralité de ses biens reviendra au petit Louis, le futur roi de France. Marie ne peut qu'être bien impressionnée par cette générosité. Elle vient d'accoucher d'un deuxième enfant, une fille prénommée Élisabeth, et promet de mettre au monde une tribu de petits Bourbons. La reine répond avec bienveillance. Sa chère sœur Marguerite est attendue à Paris avec joie.

Margot règle ses comptes, paie ses fournisseurs, convoque son notaire pour officialiser la rente annuelle qu'elle consacrera aux pauvres de son ancienne paroisse, demande l'édification d'un asile pour les vieillards sans famille et sans ressources. Ses dix-neuf années passées à Usson l'ont beaucoup marquée. Elle y a passé plus de temps que dans ses châtcaux de la Loire.

À la mi-mai 1605, elle est prête à prendre la route, en princesse royale, dans son carrosse avec ses pages en livrée, ses domestiques, une file de chariots chargés de son linge, de ses meubles, ses tapisseries, ses tapis, sa vaisselle. La population s'est rassemblée pour acclamer cette princesse dont on a tant médit et qui à la veille de son départ se montre si généreuse envers eux.

De petits nuages picotent le bleu intense du ciel. Il fait doux. L'air sent le lilas et le chèvrefeuille.

Pour résidence, on a proposé à Margot le château de Chenonceau. Elle l'a refusé, c'est à Paris qu'elle veut être. Près d'Orléans, Sully lui souhaite la bienvenue. Il lui confirme que le château de Madrid, à une lieue de Paris, est prêt à l'accueillir tant que dureront les travaux de rénovation dans l'hôtel qu'elle possède, tout près du Louvre.

Margot s'y installe, se rend à Paris grouillant d'activité. On ne la reconnaît pas, elle n'intéresse personne. Qui pourrait associer cette volumineuse silhouette vautrée dans son carrosse à « la perle des Valois » ?

Étonné, le roi Henri observe sa « chère sœur ». Celle qu'il n'a pas revue depuis vingt-trois ans est méconnaissable mais il fait bonne figure, pose un baiser sur ses joues. Il a fait préparer une collation, des confitures, des fruits confits, des massepains dont, tout comme sa mère, elle raffole, des cruches de vin de Loire qu'elle apprécie tant. L'entretien est plein de gaieté. Le roi rit beaucoup, Margot s'attendrit. Tant de souvenirs...

Il faut maintenant être présentée à la reine. Elle fait toilette, passe une robe d'un bleu royal, se couvre de bijoux, choisit une perruque brun rosé qui adoucit ses traits. Au bras du roi, elle monte tout essoufflée le grand escalier au bout duquel l'attend Marie de Médicis, fraîche, grassouillette mais radieuse dans sa maternité épanouie. Les deux femmes s'embrassent tandis que les dames d'honneur se poussent du coude : cette baleine démodée, la pimpante princesse Marguerite ?

Après le baiser de bienvenue, Margot s'incline en une courte révérence que lui permet encore son embonpoint. Marie sourit avec bonté. Les deux femmes seront amies. Dernière survivante de sa famille, Margot vient d'en trouver une d'adoption.

Son énergie, sa joie de vivre vont être consacrées à l'aménagement de son hôtel. Elle commande sans compter, fait travailler les meilleurs artisans orfèvres, ébénistes, parquetiers, horlogers, soyeux, veloutiers. L'hôtel de Sens est vaste, mais point trop. Elle pourra y tenir une sorte de cour, s'entourer des plus beaux esprits de Paris. Situé rue du Figuier, l'hôtel est séparé de la rue par un imposant portail, une cour d'honneur où dès le printemps on dispose des caisses d'orangers. Deux gardiens en livrée occupent le pavillon d'entrée.

Les dames, désormais âgées, qui ont formé sa suite autrefois reviennent la visiter, accompagnées de leurs filles et parfois de leurs petites-filles. Attiré par ces fraîches figures, le roi lui fait le plaisir d'une visite de temps à autre. Le protocole est strict, presque sévère. Puisqu'elle ne représente plus grand-chose, Margot se doit d'en imposer, persuader ses visiteurs qu'ils sont non pas en face d'une ombre du passé mais d'une princesse de sang royal. Elle ne dîne et soupe qu'en musique, exige que le valet qui la sert mette un genou à terre comme il était d'usage à la cour de ses frères. D'Usson elle a ramené un de ses pages, monsieur de Saint-Julien, qui partage sa couche quand l'envie d'un corps masculin se fait pressante. Les domestiques sont habitués à le voir dans son lit et ne lui prêtent aucune attention.

En Henri son ex-époux, Margot trouve un frère. Elle le chérit et le respecte. Tous les souvenirs de trahisons, de médisances, de jalousie sont oubliés. Le roi lui-même est plein d'indulgence envers cette femme qui a accompagné tant en bien qu'en mal toutes les étapes de sa vie. Margot est une momie, l'incarnation un peu pathétique d'un temps révolu. Le roi ne supporte pas qu'on la raille. Il n'ose des remarques que sur ses dépenses immodérées. Toute sa maison est vêtue de bleu azur et d'argent. Elle dispose de trois carrosses, de dix chevaux de grande race dans ses écuries. De Turquie arrivent des tapis, de Chine des soieries d'une finesse arachnéenne, de la vaisselle. « Que voulez-vous mon ami, soupire Henri quand Sully s'irrite de ces extravagances, la duchesse de Valois est un monument historique et leur entretien est toujours coûteux. »

Un nouveau soupirant, monsieur de Vermont, vient tourner autour de cette « reine des abeilles ». Horriblement jaloux de Saint-Julien, il lui lance toujours quelque mot blessant lorsqu'il le croise. Sermonné par Margot qui ne veut pas entendre parler d'un duel, Saint-Julien fait la sourde oreille. Mais c'est lui qui trône à ses côtés dans le carrosse bleu azur tandis que Vermont trotte au niveau de la portière sur sa monture.

Le cinq avril 1606, on se rend en cortège à la messe. Dans le carrosse, Saint-Julien a passé en maître un bras autour de la volumineuse taille de Margot. Il ne voit pas le regard de haine que lui porte Vermont. Le coup de feu claque. Saint-Julien s'effondre sur sa maîtresse. De la plaie à la poitrine coule un flot de sang. Margot hurle, ordonne que Vermont soit arrêté, jeté au fond d'un cachot. À bout de nerfs, elle sanglote : trop de violence, trop de sang, trop de jolis amants assassinés.

Elle assiste à l'exécution du jeune Vermont qui n'a que vingt ans. Lorsque la tête tombe, elle s'évanouit.

La nuit suivante, une crise de nerfs la terrasse. Elle hurle, sanglote, se griffe le visage. Accourus, les médecins lui font boire du sirop de valériane, une décoction de camomille mélangée à de l'opium.

Margot refuse de rester dans son hôtel de Nevers, les fantômes de Saint-Julien et de Vermont l'y hantent. Elle a peur : et si revenaient les temps anciens ? Tant de violence, les pendus d'Amboise, les gifles du roi, la Saint-Barthélemy, les morts successives de ses amants chéris...

Elle se réfugie dans le château qu'elle possède à Issy, exige le bannissement de tous les Vermont. Qu'ils aillent crever sur leurs terres du Rouergue. Ils ont anéanti un bonheur si difficilement construit. Elle les hait, elle les voudrait tous morts, des vieillards aux nourrissons.

D'Issy, Margot exige qu'on lui aménage une nouvelle demeure sur les quais de la Seine en face du Louvre. Elle veut un hôtel prolongé par un parc cerné de murs. Elle s'enivre de projets, se laisse griser par les plans de son futur palais. Les jours passés dans la plus grande euphorie ne font pourtant pas oublier les nuits d'insomnie, les étouffements, les points de côté de plus en plus persistants. Embaumé, le cœur de Saint-Julien est placé dans un coffret d'or posé sur le manteau de la cheminée de sa chambre. Elle le contemple parfois, éclate en sanglots.

Comme sa mère, elle est sujette aux bronchites. Un jour d'hiver où elle veut voir le chantier de son «palais», elle regagne Issy fiévreuse. Elle tremble, elle tousse. Sa poitrine est comme dévorée par des braises.

Le roi accourt. Il trouve à son chevet un grand et gros garçon qui se dévoue jour et nuit au service de sa princesse. «Si bien soignée, Margot se rétablira vite», pense-t-il. «Un petit priape», souffle-t-elle. Henri éclate de rire, la paillardise est leur faiblesse à l'un comme à l'autre.

Le priape donne des signes d'épuisement, il a perdu ses belles couleurs, ses joues se creusent. Au lit, il reste comme hébété. Margot le chasse.

Le palais est presque prêt à l'accueillir. La santé est revenue à Margot et avec elle un nouveau mignon, monsieur de Villars, joli choriste comme son bel amant d'Usson. Elle l'adore, le coiffe, le parfume sans penser qu'elle imite ainsi son frère Henri tant exécré. Elle joue à la poupée. Le temps s'immobilise. Le petit Villars, comme elle, est vêtu à la mode d'Henri III. Rien ne bouge.

Le palais est un écrin royal. Tout est d'un luxe inouï, le parc, un royaume d'harmonie, mêle couleurs et senteurs. Margot a récupéré la bibliothèque de sa mère léguée au désormais banni Charles d'Angoulême, meublé trois salons, la salle de bal, les corridors, les antichambres. Elle a une chapelle privée où elle assiste chaque jour à la messe. Avec l'âge elle devient pieuse, prépare son salut éternel.

La reine Marie de Médicis accouche chaque année. La dernière venue de la nichée, Henriette Marie, promet d'être ravissante. La perle des Bourbons après celle des Valois.

De l'autre côté de la Seine, Margot voit le Louvre, demeure du roi. Sa vraie maison. Henri en a évincé tous les Valois et y est le maître désormais. Il est amoureux fou d'une jeune fille de quinze ans, Charlotte de Montmorency. À cinquante-cinq ans, il tremble devant sa bien-aimée comme un puceau. Pour ne point déshonorer sa belle, Henri la marie au jeune prince de Condé, un mariage qui doit rester blanc mais qui devient passion entre les jeunes époux. Afin d'échapper au roi, ils s'enfuient en Bourgogne puis en Picardie. Henri tombe dans la plus sombre neurasthénie. Il mange à peine, cherche la compagnie de Margot. Elle lui prend la main comme le ferait une mère, l'apaise.

Le treize mai 1610, la reine est couronnée. Le soir, Margot et Villars regagnent Issy, épuisés. Ils veulent un moment de repos à la campagne. Un courrier qui a lancé sa monture au grand galop les rattrape. Le roi vient d'être assassiné rue de la Ferronnerie par un certain François Ravaillac.

Margot défaille. Le dernier témoin de son passé disparaît, son meilleur ami, son frère qui fut durant un temps très court son mari et son amant.

Au Louvre, la reine s'effondre en larmes dans les bras de Concino Concini. Âgé de neuf ans, le dauphin devient roi de France.

Margot est à genoux devant le lit où repose Henri, vêtu de satin blanc. Selon le protocole, il y restera dix-huit jours et chaque matin elle vient lui adresser un nouvel adieu. Aussitôt le roi inhumé à Saint-Denis, elle sait que la clique italienne de la reine s'imposera, tous des intrigants qui se sont alliés à des gentilshommes ambitieux et sans scrupules. Margot se rend au Louvre le moins possible mais elle aime son filleul le petit roi, si sérieux, si secret. On lui a fait voir le cadavre sanguinolent d'un père tant vénéré et depuis ce choc émotionnel, il s'est replié sur lui-même. Margot lui apporte des friandises, lui chante des chansons du vieux temps. Il écoute, sourit rarement et à peine.

Pour le baptême de Gaston d'Orléans qui n'a été qu'ondoyé à sa naissance, Margot veut se mettre pour la dernière fois peut-être en grande tenue de cour. Peu auparavant, elle a donné un bal en l'honneur du duc de Pastrana, un visiteur italien que le luxe de sa demeure a ébloui. Soudain lui vient l'envie de se vêtir telle qu'elle était apparue aux ambassadeurs de Pologne venus au Louvre rencontrer leur futur roi, son frère Henri, en août 1573. Elle avait tout juste vingt ans. Svelte, gracieuse, elle avait conquis les rudes Polonais par sa connaissance du latin, son aisance à s'adresser à un public qui ne demandait qu'à la critiquer. Mais les sarcasmes étaient restés dans les gorges. On l'avait applaudie, elle était rose de plaisir. Durant le banquet suivi du bal, elle avait brillé en reine. Aujourd'hui, vieillie, le corps difforme mais toujours habitée par le même goût du plaisir, la vanité d'être une princesse cultivée dans un monde qui ne prise guère l'érudition, par l'envie de séduire, elle va se faire confectionner la même robe du rouge incarnat qui glorifie son teint, même si celui-ci ne doit aujourd'hui son éclat qu'à une épaisse couche de fards. Le satin est rebrodé de roses en argent, piqué de diamants. Elle a conservé bien sûr les volumineux vertugadins, porte une perruque arrangée sur le modèle des coiffures à la mode quarante années plus tôt, une pile de boucles piquées de roses fraîches où s'entrelaçaient des tresses de perles.

Avec étonnement, la Cour voit avancer vers la reine Marie cette énorme dame aux atours surgis du passé. Mais on s'écarte devant elle avec respect. Elle représente toute une page de l'histoire du pays, née au temps de Henri II, elle a enterré son père, tous ses frères, ses sœurs, son mari le roi Henri. Margot est une survivante.

Villars la fait danser. Il est évident que ce gentilhomme porte une authentique dévotion à la duchesse de Valois sa maîtresse. Au terme de sa vie, sans doute a-t-elle trouvé l'amour.

L'hiver 1614-1615 est glacial. La Seine charrie des glaçons. On enlève au matin les corps des mendiants raidis par le froid durant la nuit. Le pain atteint des prix inaccessibles aux pauvres. La vue des enfants pieds nus dans la boue glacée émeut ceux qui se déplacent en carrosse, leurs chaussons fourrés posés sur des chaufferettes.

En mars, la pluie succède au gel. Margot, qui a voulu faire au bras de Villars le tour de son parc, rentre fiévreuse. Elle tousse, a mal à la tête, respire avec difficulté. Les médecins qui ont diagnostiqué une pneumonie gardent peu d'espoir. Villars insiste pour qu'elle reçoive l'extrême-onction. Elle délire. À plusieurs reprises, elle appelle sa mère, cette mère qui ne l'a jamais aimée. Le ton implorant semble quémander un mot tendre, un regard affectueux. « Mère, aimez-moi. »

Villars et les dames de compagnie, toutes des amies de Margot, sanglotent tandis qu'on lui administre les derniers sacrements.

Le visage jusque-là crispé par la souffrance se détend, devient paisible. Margot a quitté le monde des pendus, des éventrés, des décapités, des égorgés, des brûlés vifs, des trahisons, des mensonges, des lâchetés pour rejoindre Chenonceau au printemps, la grande allée bordée d'arbres à travers lesquels joue la lumière, le scintillement du soleil sur la rivière, les parterres de fleurs. En haut des marches, Diane de Poitiers l'attend. Celle qui fut le grand amour de son père joua le rôle d'une mère. Elle aimait la cajoler et lui murmurer à l'oreille des petits mots d'amour : « Tu es, Margot, la plus jolie petite princesse du monde, ta beauté te fera reine. »

Arbres généalogiques

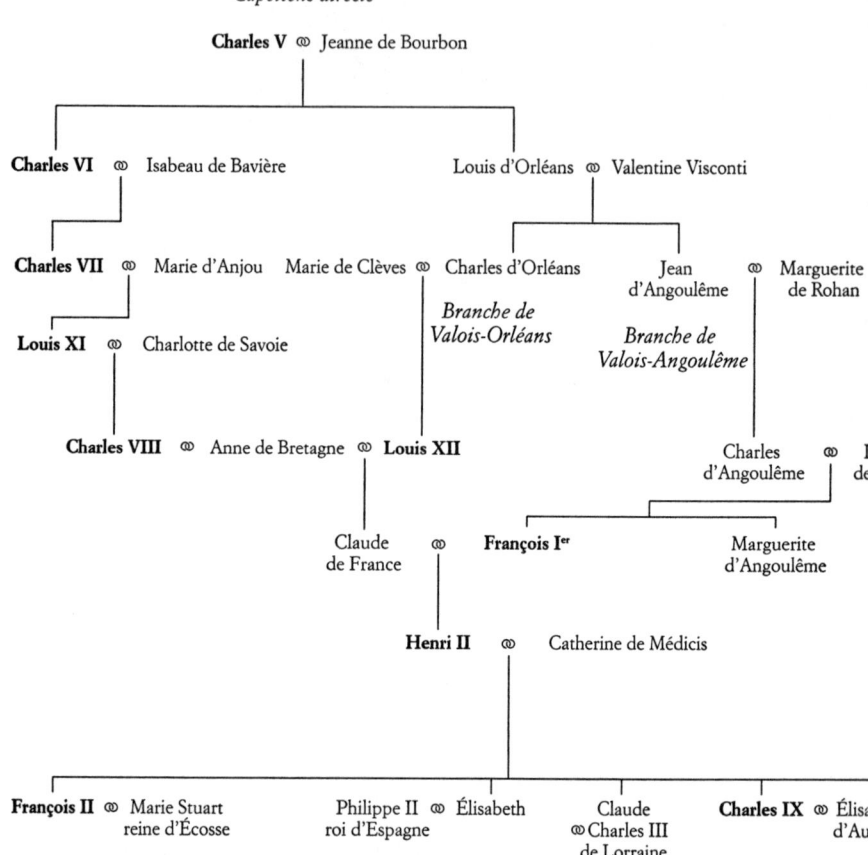

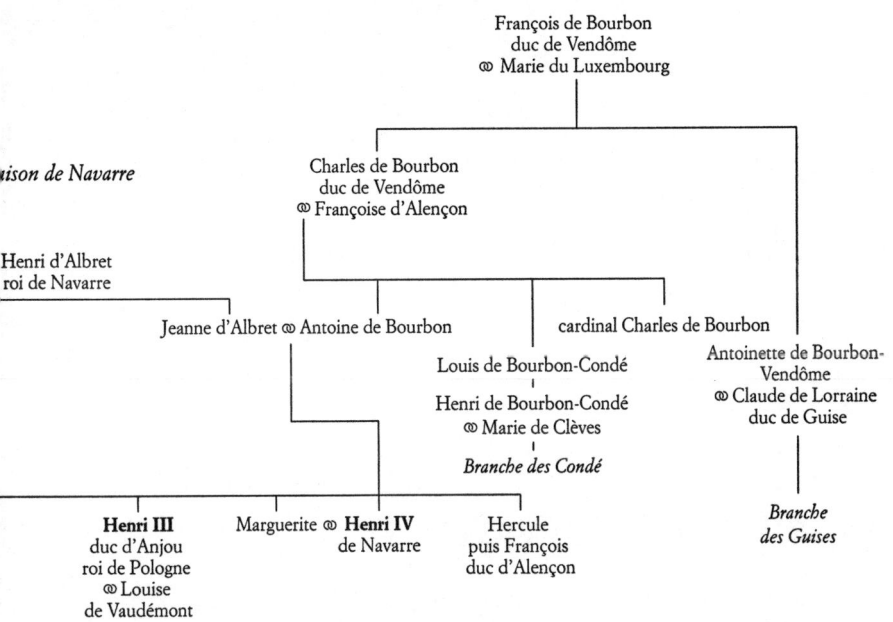

Maison de Guise-Lorraine

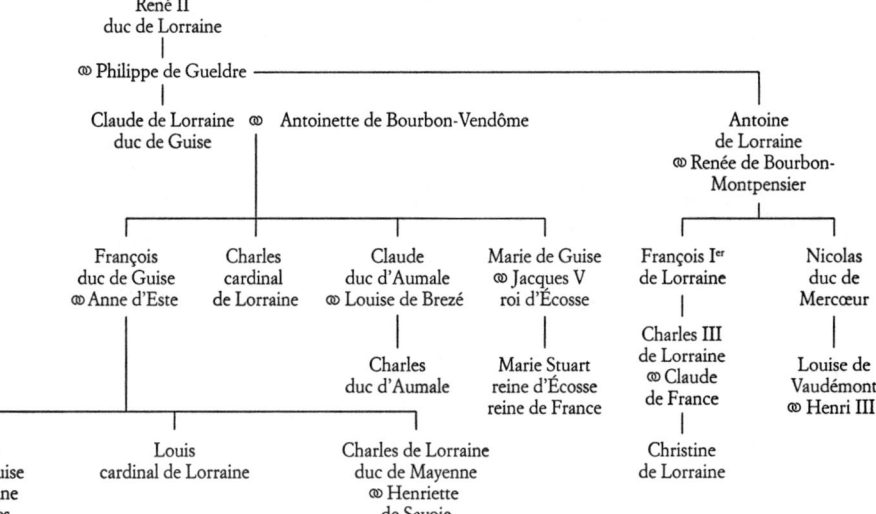

Sources

Au cours de mes recherches, j'ai consulté de nombreux ouvrages. Je me suis limitée ici à ne citer que ceux qui ont constitué l'essentiel de mes recherches. Certains ont un angle passionnant mais étroit ; tous m'ont aidée à donner à cet ouvrage la plus grande exactitude possible.

Bayrou, François, *Henri IV, le roi libre*, Flammarion, 1993.

Bersier Coligny, Eugène, *The Earlier Life of the Great Huguenot*, BiblioBazaar, 2009.

Bertière, Simone, *Les Reines de France au temps des Valois, tome 2 : Les années sanglantes*, Livre de Poche, 1996.

Bordonove, Georges, *Charles IX : Hamlet couronné*, Pygmalion, 2009.

Dargent, Raphaël, *Catherine de Médicis, La reine de fer*, Grancher, 2011.

Dufour, Hortense, *Margot, la reine rebelle. Les épreuves et les jours*, Flammarion, 2010.

Garrisson, Janine, *Marguerite de Valois*, Fayard, 1994.

Girault, Pierre-Gilles et Mercier, Mathieu, *Fêtes & Crimes à la Renaissance : la cour de Henri III*, Somogy Éditions d'Art, 2010.

Goldstein, Nancy, *The Rival Queens : Catherine de' Medici, Her Daughter Marguerite de Valois and the Betrayal That Ignited a Kingdom*, Little, Brown and Company, 2015.

Haquet, Isabelle, *L'Énigme Henri III. Ce que nous révèlent les images*, Presses universitaires de Paris, 2012.

Jouanna, Arlette, *La Saint-Barthélemy : Les mystères d'un crime d'État (24 août 1572)*, Gallimard, 2007.

Le Roux, Nicolas, *La Faveur du Roi : Mignons et courtisans au temps des derniers Valois*, Champ Vallon, 2013.

Le Roux, Nicolas, *Les Guerres de religion 1559-1629*, Belin, 2014.

Mémoires de Marguerite de Valois – La Reine Margot, Mercure de France, 2004.

Orieux, Jean, *Catherine de Médicis ou La Reine noire*, Flammarion, 1986.

Pigaillem, Henri, *Les Guises*, Pygmalion, 2012.

Solnon, Jean-François, *Catherine de Médicis*, « Tempus », Perrin, 2009.

Solnon, Jean-François, *Henri III*, « Tempus », Perrin, 2007.

Viennot, Éliane, *Marguerite de Valois, « La reine Margot »*, « Tempus », Perrin, 2005.

DU MÊME AUTEUR

Aux Éditions Albin Michel

LES DAMES DE BRIÈRES (t. 1)

L'ÉTANG DU DIABLE (t. 2)

LA FILLE DU FEU (t. 3)

LA BOURBONNAISE

LE CRÉPUSCULE DES ROIS :

   LA ROSE D'ANJOU (t. 1)

   REINES DE CŒUR (t. 2)

   LES LIONNES D'ANGLETERRE (t. 3)

LORD JAMES

LE GARDIEN DU PHARE

LE ROMAN D'ALIA

LES ANNÉES TRIANON

MERVEILLEUSES

LE SIÈCLE DE DIEU

LA BÊTE

Chez d'autres éditeurs

LE GRAND VIZIR DE LA NUIT, prix Femina 1981, Gallimard

L'ÉPIPHANIE DES DIEUX, prix Ulysse 1983, Gallimard

L'INFIDÈLE, prix RTL 1987, Gallimard

LE JARDIN DES HENDERSON, Gallimard

LA MARQUISE DES OMBRES, Olivier Orban

UN AMOUR FOU, prix des Maisons de la Presse 1991, Olivier Orban

ROMY, Olivier Orban

LA PISTE DES TURQUOISES, Flammarion

LA POINTE AUX TORTUES, Flammarion

LOLA, Plon

L'INITIÉ, Plon

L'ANGE NOIR, Plon

LE RIVAGE DES ADIEUX, Pygmalion

Composition : IGS-CP
Impression : CPI Bussière *en septembre* 2016
Éditions Albin Michel
22, rue Huyghens, 75014 Paris
www.albin-michel.fr

ISBN : 978-2-226-32389-7
N° d'édition : 21713/01 – N° d'impression : 2021606
Dépôt légal : octobre 2016
Imprimé en France